HEIDEGGER
ET LA PENSÉE À VENIR

DU MÊME AUTEUR

Heidegger et la question du temps, « Philosophies » n° 26, Paris, P.U.F., 1990, 3 e édition, 1999.

Hölderlin, Tragédie et modernité, La Versanne, Encre Marine, 1992.

Dire le temps. Esquisse d'une chronologie phénoménologique, La Versanne, Encre Marine, 1994, 2 e édition, 2002.

La Mort, Essai sur la finitude, « Optiques », n° 210, Paris, Hatier, 1994.

Husserl, Des mathématiques à l'histoire, « Philosophies » n° 60, Paris, P.U.F., 1995, 2 e édition, 1999.

Hölderlin, Le retournement natal, La Versanne, Encre Marine, 1997.

Comment vivre avec la mort ? « Lundis Philo », n° 6, St Sébastien sur Loire, Pleins Feux, 1998.

Études de Philosophie ancienne et de Phénoménologie, Cahiers de Philosophie de Paris XII-Val de Marne, n°3, F. Dastur et C. Lévy (éd.), Paris, L'Harmattan, 1999.

Chair et langage, Essais sur Merleau-Ponty, La Versanne, Encre Marine, 2001.

Heidegger et la question anthropologique, « Bibliothèque philosophique de Louvain », n° 56, Louvain-Paris, Peeters, 2003.

La phénoménologie en questions. Langage, altérité, temporalité, finitude, « Problèmes et controverses », Paris, Vrin, 2004.

Philosophie et différence, Chatou, La Transparence, 2004.

À la naissance des choses. Art, Poésie et philosophie, La Versanne, Encre Marine, 2005.

Dominique Janicaud, L'intelligence du partage, F. Dastur (dir.), « L'extrême contemporain », Paris, Belin, 2005.

Comment affronter la mort ?, « Le temps d'une question », Paris, Bayard, 2005.

Heidegger. La question du logos. « Bibliothèque d'histoire de la philosophie », Paris, Vrin, 2007.

La mort. Essai sur la finitude (nouvelle version augmentée), « Épiméthée », Paris, P.U.F., 2007.

*Lectures d'*Être et temps *de Martin Heidegger, Quatre-vingts ans après*, Ph. Cabestan, F. Dastur et l'École Française de Daseinsanalyse (dir.), « Collection Phéno », Le Cercle Herméneutique, Paris, 2007.

Pourquoi la mort ? Dessins d'Anne Hemstege, « Chouette penser ! », Paris, Gallimard jeunesse/Giboulées, 2009.

PROBLÈMES ET CONTROVERSES

Directeur : Jean-François COURTINE

HEIDEGGER
ET LA PENSÉE À VENIR

par

Françoise DASTUR

PARIS

LIBRAIRIE PHILOSOPHIQUE J. VRIN

6, Place de la Sorbonne, V e

2011

Imprimé en France
ISSN 0249-7875
ISBN 978-2-7116-2390-7

www.vrin.fr

AVANT-PROPOS

Quelques jours avant sa mort, Heidegger a choisi de mettre en exergue à l'édition complète de ses œuvres la maxime suivante : « Des chemins – non des œuvres ». Il indiquait par là clairement à ses futurs lecteurs que sa pensée ne pouvait être réduite à un ensemble de thèses et que, dans sa dimension essentiellement questionnante, elle gardait le caractère d'un cheminement inabouti. Sur le chemin de pensée heideggérien qui conduit de la Dissertation de 1914 au séminaire de Zähringen de 1973, il est cependant possible de distinguer des « jalons » [1], puisqu'il ne peut y avoir *un* chemin que si d'un bout à l'autre la pensée persiste, malgré les détours, à s'orienter vers la *même* question. Heidegger a en effet toujours affirmé que la question de l'être est demeurée l'unique préoccupation de sa pensée. Mais il a aussi parlé, à partir des années trente, du « tournant » de sa pensée et de la nécessité où il s'est trouvé, en reprenant la question directrice de la philosophie et en l'approfondissant, de se situer en quelque sorte en dehors de ce que l'Occident a nommé philosophie. C'est ce « tournant », qui l'a fait passer de l'approfondissement de la métaphysique traditionnelle à un « dépassement » de la métaphysique qu'il s'agit aussi de comprendre comme son « assomption », qui a été choisi ici comme axe privilégié de référence.

Le projet de la « répétition » de la question de l'être a orienté la démarche de Heidegger jusqu'en 1929, date à laquelle il a aussi renoncé définitivement à achever *Être et temps*. Le début des années trente, période qui est celle de l'engagement politique de Heidegger, fut aussi celle de son « tournant » philosophique. En acceptant la charge de recteur de l'université de Fribourg en avril 1933, Heidegger poursuivait un but essentiellement pédagogique, celui d'une réforme du savoir qui, par la

1. « Wegmarken » : c'est là le titre qu'a donné Heidegger à un recueil paru en 1967, puis réédité en 1976, qui rassemble selon un ordre chronologique les textes déjà publiés dont Heidegger juge qu'ils forment les principaux « jalons » de son chemin de pensée.

« destruction » d'une tradition sclérosée, réenracinerait celui-ci dans son essence philosophique. L'échec du rectorat et le retour de Heidegger à sa tâche d'enseignant sont l'aveu que ce réenracinement n'est plus possible, mais peut-être aussi qu'il n'est plus souhaitable. Car se fait jour, après l'épisode du rectorat, le thème du « dépassement » de la métaphysique, directement repris de Nietzsche et de son projet de « renversement du platonisme ». On peut considérer toute cette période comme celle d'une interrogation sur les limites de la pensée philosophique, comme le montrent non seulement la longue « explication » de Heidegger avec Nietzsche, poursuivie dans ses cours des années trente, mais aussi, au cours de la même période, le dialogue constamment entretenu avec la poésie pensante de Hölderlin et la lecture des Présocratiques, entreprise afin de prendre toute la mesure du commencement grec de la pensée occidentale.

Sans doute la question que pose alors Heidegger est-elle une question « métaphilosophique », comme l'indiquent d'ailleurs à la fois le titre de son cours inaugural de 1929 « Qu'est-ce que la métaphysique ? » et le thème de sa conférence de 1955 à Cerisy « Qu'est-ce que la philosophie ? ». Mais, comme il le souligne dans cette conférence, il ne s'agit nullement pour lui de faire de la philosophie le thème d'une réflexion simplement historisante, mais au contraire de voir en elle l'*accomplissement* même de l'existence humaine. C'est d'ailleurs ce qui explique qu'à l'époque de *Être et temps*, il ne soit pas agi pour Heidegger de « renverser » la métaphysique traditionnelle, mais bien au contraire, à la suite de Kant, de lui donner le fondement qui lui manque et qui n'est autre que l'existence de l'homme, à savoir ce qui en l'homme rend possible la compréhension de l'être. L'homme en effet n'entretient de rapport avec l'étant que sur la base d'une préalable ouverture à l'être : exister pour lui, c'est donc accomplir la différence ontologique. À cette époque, Heidegger reconnaissait avec Kant la « nature » métaphysique de l'homme et on peut dire que la tâche qu'il se proposait alors était de rendre la métaphysique à son authenticité, d'abord en renouant avec la recherche ontologique de Platon et d'Aristote, et ensuite en montrant que le temps constitue l'horizon de toute compréhension de l'être. Ce qu'il s'agissait en 1927 de mettre en question, c'était l'idée d'être qui gouverne depuis son début le questionnement philosophique et qui comprend celui-ci comme un *nom* plutôt que comme un *verbe*. Car c'est une telle équivalence entre être et présence constante qui, déjà dans la pensée grecque, conduit à chercher le fondement de l'étant dans un autre étant dont la stabilité et la permanence ne fassent *jamais* défaut.

C'est l'approfondissement de la question qui porte sur le rapport de l'être *et* du temps qui amènera plus tard Heidegger à critiquer sous le nom de « constitution onto-théo-logique de la métaphysique » le mode de pensée qui consiste à rendre compte de l'étant en le rapportant à un fondement lui-même étant dont la figure suprême est celle du Dieu philosophique défini comme *causa sui*. Ce qui constitue le trait le plus fondamental de la pensée heideggérienne, c'est précisément la mise en évidence du caractère « verbal » ou « processuel » de l'être, qui le conduira finalement à « barrer » le nom même d'être et à lui préférer comme terme directeur de sa pensée celui d'*Ereignis*. Par ce terme, dont le sens courant est celui d'« événement », mais auquel on peut aussi donner la signification d'advenue au propre *(eigen)*, Heidegger veut penser la « coappartenance » rigoureusement indéchirable de l'homme et de l'être et mener à son terme la critique de l'opposition traditionnelle de l'être et du devenir sur laquelle se fondent non seulement la métaphysique elle-même, mais également toutes les tentatives modernes qui visent à son « renversement ».

De la pensée qui n'est plus métaphysique, Heidegger dit qu'elle est moindre que la philosophie, plus « pauvre » que celle-ci, précisément parce qu'elle ne se tient plus à la hauteur d'une pensée de la fondation et que, loin de pouvoir rendre compte d'elle-même, elle est, dans sa finitude et son essence *provisoire*, tout entière au service de ce à quoi elle *répond*, à savoir l'événement même de l'être. Ce à quoi une telle pensée donne congé, c'est en effet à la structure onto-théo-logique du discours métaphysique de la fondation, au profit de ce que Heidegger nomme, dans son dernier séminaire, une « phénoménologie de l'inapparent ». On ne peut guère s'autoriser de cette expression pour arguer, comme on l'a fait déjà bien des fois, d'une dérive vers la poétique ou la mystique de la pensée heideggérienne. Car cet « inapparent » ne renvoie à aucun « arrière-monde », mais seulement à cette inapparence qui réside en tout apparaître, à cet « être » de l'étant que la « philosophie » au sens traditionnel de ce terme n'est parvenu à penser que sous la figure « étante » du fondement. C'est dire que ce que Heidegger nomme « fin de la philosophie » ne signifie nullement son anéantissement, mais ouvre au contraire la possibilité d'une appropriation plus authentique de ce qui a été en question depuis le départ en elle. À la fin de la *Lettre sur l'humanisme*, Heidegger déclarait : « La pensée à venir ne sera plus philosophie, parce qu'elle pensera plus originellement que la métaphysique, mot qui désigne la même chose ». C'est de cette pensée plus originelle, telle que Heidegger n'a cessé d'en préparer la venue depuis les années trente, dont il est question dans ce qui va suivre.

Les textes qui sont ici rassemblés et qui s'échelonnent sur une vingtaine d'années ont tous été consacrés, selon des perspectives et des thématiques différentes, mais qui pourtant se recoupent sur bien des points, à l'explicitation de ce « tournant » qui fait passer de la question du rapport entre l'être et le temps à la pensée de l'*Ereignis* et ouvre ainsi sur ce que Heidegger a lui-même nommé, dans ses écrits des années trente, « l'autre pensée » [1].

Je remercie Jean-François Courtine d'accueillir dans sa collection le recueil de ces textes, dont la seule ambition a été, à chaque fois, de tenter de prendre toute la mesure de la « révolution du mode de penser » à laquelle en appelle Heidegger.

1. *Cf.* M. Heidegger, *Besinnung* (1938/39), Gesamtausgabe Band 66, Frankfurt am Main, Klostermann, 1997, p. 4.

LA PENSÉE À VENIR : UNE PHÉNOMÉNOLOGIE DE L'INAPPARENT ?

Ce n'est certes pas seulement au début de ce siècle, au moment de la parution du second volume des *Recherches logiques* de Husserl, que le terme, formé à partir du grec, de « phénoménologie » fait son apparition. On le trouve en effet déjà, au début du siècle précédent, dans le titre de la première œuvre signée du nom de Hegel [1], la *Phénoménologie de l'esprit*, et même plus tôt, sous la plume de Lambert, qui l'a sans doute forgé, et auquel Kant se proposait de l'emprunter, pour désigner ce qu'il nommera finalement, d'un autre terme issu directement du grec, « esthétique transcendantale ». Mais Lambert ne définissait encore la phénoménologie que de manière négative et comme cette science de l'apparence devant servir de propédeutique à la métaphysique proprement dite [2], et Hegel lui-même ne voit encore en elle que la voie d'accès au savoir absolu et au système de cette science qu'est devenue pour lui la philosophie. Ce n'est qu'avec Husserl que la phénoménologie devient le nom même de la philosophie, dont la méthode, foncièrement différente de celle, explicative, des sciences positives, consiste, selon la formule célèbre des *Recherches logiques*, à « revenir aux choses elles-mêmes » qu'il s'agit alors simplement d'élucider et de décrire. Mais par retour aux choses elles-mêmes, Husserl entend retour réflexif aux *vécus* dans lesquels se donnent pour nous les

1. Si l'on excepte le petit opuscule publié à Iéna en 1801, *La différence entre les systèmes philosophiques de Fichte et de Schelling*, qui est la toute première publication de Hegel, ses articles parus en 1802 et 1803 dans le *Journal critique de philosophie* ayant été publiés sans nom d'auteur.

2. Dans son *Neues Organon*, publié en 1764, J. H. Lambert nomme « phénoménologie » la quatrième partie de son traité de la méthode qui constitue une propédeutique à la philosophie proprement dite et lui assigne la tâche de reconnaître l'apparence et de fournir les moyens de l'éviter.

choses[1], ce qui implique que le phénomène husserlien ne se confond ni avec ce que l'on nomme habituellement phénomène, c'est-à-dire la chose transcendante objective, ni avec ce que l'on entend par là au sens philosophique traditionnel, c'est-à-dire l'apparence dans sa distinction avec l'être caché de la chose : le phénomène au sens de la phénoménologie désigne en effet simplement *le pur apparaître de la chose à la conscience*. Husserl s'inscrit encore ainsi dans le droit fil du cartésianisme, comme il le reconnaîtra d'ailleurs par la suite dans ses *Méditations cartésiennes*[2]. C'est pourquoi la démarche phénoménologique ne doit pas être comprise d'emblée comme une destitution de la notion moderne de sujet ni comme un retour à ce qui se montre de soi-même et suscite ainsi cet émerveillement, ce *thaumazein*, dans lequel les Grecs ont vu l'*arkhè* de la philosophie.

Dès le départ pourtant, Husserl n'a cessé de se laisser inspirer par la manière grecque de philosopher. Car cette clarification du sens du vécu qui définit d'abord la tâche phénoménologique proprement dite n'est rendue possible que par une nouvelle conception de la conscience qui ne voit plus en celle-ci un simple contenant, mais comprend au contraire l'*acte* de conscience comme une *intentionnalité*, terme que Husserl emprunte à son maître Brentano, qui a lui-même situé son origine dans la philosophie d'Aristote, dont il est un interprète averti. C'est cette notion, antique et médiévale, qui permet à Husserl de sortir de ce que Sartre nommera avec pertinence l'« illusion d'immanence »[3], laquelle consiste à penser, comme c'est le cas pour les modernes depuis Descartes, la conscience comme le réceptacle des images des choses, pour voir au contraire en elle la pure visée d'un objet qui lui demeure nécessairement transcendant.

C'est encore à la tradition grecque, sceptique et stoïcienne, que Husserl emprunte un de ses concepts fondamentaux, l'*epokhè*, pour caractériser la méthode phénoménologique de la réduction qu'il faut bien distinguer de la démarche cartésienne du doute méthodique et hyperbolique. Descartes en effet doute pour sortir du doute et trouver ce qui seul résiste au doute : l'apodicticité du *cogito*, du je pense. Husserl pratique lui aussi l'*epokhè* pour constituer une science véritable du monde, mais cette science ne se

1. Voir le § 2 de l'introduction aux *Recherches logiques*, où l'on trouve bien la formule « Nous voulons retourner aux "choses elles-mêmes" », mais où en même temps Husserl explique qu'il s'agit de ne pas se contenter de la « compréhension symbolique » des mots mais de revenir aux « intuitions complètes » qui rendent évidentes leurs significations (E. Husserl, *Recherches logiques*, t. 2, 1re partie, Paris, P.U.F., 1961, p. 6).

2. Husserl, dans les conférences qu'il donne en 1929 à la Sorbonne, précisément dans l'amphithéâtre Descartes, caractérise d'entrée de jeu la phénoménologie comme un « néo-cartésianisme » (E. Husserl, *Méditations cartésiennes*, Paris, P.U.F., 1994, § 1, p. 43.)

3. J.-P. Sartre, *L'imaginaire*, Paris, Gallimard, 1940, p. 15.

conquiert pas, comme chez Descartes, *contre* le doute et par le rétablissement de l'évidence naturelle, ce qui exige la garantie de la véracité divine et lie donc indissolublement chez Descartes la métaphysique à la théologie. La phénoménologie s'établit au contraire *de manière définitive* à l'intérieur de l'*epokhè*, car seule celle-ci garantit l'accès au niveau proprement philosophique qui est celui de l'égologie pure, sans qu'il soit nécessaire d'avoir recours à une théologie. Il s'agit en effet pour Husserl de mettre hors jeu toute croyance et de se maintenir dans l'*epokhè*, car en dehors d'elle il n'est pas de philosophie possible.

La découverte de la réduction phénoménologique a donc le sens d'un dépassement du cartésianisme, puisque Husserl a eu alors la révélation que le *cogitatum*, et non seulement la *cogitatio*, fait partie de la sphère de l'évidence absolue [1]. Cela signifie que l'objet n'est pas totalement étranger au sujet, qu'il ne lui est pas absolument extérieur et qu'il ne requiert donc pas, comme c'est le cas chez Descartes, la garantie de la véracité divine. L'objet de la phénoménologie, c'est donc maintenant la *corrélation* de l'intentionnalité de la conscience et de son sens objectif, ce qui implique que la phénoménologie est devenue une science transcendantale au sens strict [2], puisque la sphère du transcendant n'est plus totalement exclue de son domaine d'investigation. C'est encore aux notions grecques de *hylè* et de *nous* que Husserl fait appel pour désigner les contenus réels, matériels et formels, des vécus – les contenus qu'il nomme *hylétiques* et *noétiques* –, mais aussi les moments non réellement contenus dans la conscience mais qui sont présents en elle à titre de sens – qu'il nomme *noématiques*.

Mais l'emprunt le plus fondamental que Husserl fait à la philosophie grecque est celui de la notion platonicienne d'*eidos*. La phénoménologie n'est pas seulement en effet une philosophie qui, à la manière grecque, se fonde sur le principe de l'absence de tout présupposé et s'installe définitivement dans l'*epokhè*, mais aussi une philosophie des essences qui veut amener à la clarté du concept le phénomène pur du monde auquel la réduction phénoménologique donne accès. Bien que la réduction eidétique ne s'apparente pas à une opération mystique qui nous transporterait au-delà de l'expérience, mais consiste simplement à reconquérir son sens qui n'est

1. Ce dépassement du cartésianisme est le thème central des premiers exposés que Husserl consacre à la réduction, *L'idée de la phénoménologie*, Paris, P.U.F., 1970 (cours de 1907) et surtout *Problèmes fondamentaux de la phénoménologie*, Paris, P.U.F., 1991 (cours de 1910/11), dont le § 29 porte pour titre « Dépassement du domaine de la donnée absolue en tant que condition fondamentale d'une science phénoménologique ».

2. *Cf.* E. Husserl, *Idées directrices pour une phénoménologie et une philosophie pures*, Paris, Gallimard, 1950, § 86, p. 298.

pas encore thématisé dans la vie spontanée, elle n'est pourtant rien d'autre que la réitération du geste platonicien le plus authentique, lequel consiste moins à opposer l'idéal au réel qu'à faire apparaître la relation qui les unit.

Husserl a certes développé sous le nom de phénoménologie transcendantale une philosophie de la conscience et du sujet qui doit beaucoup au cartésianisme. C'est pourtant au cours de la même année 1929, où il prononce ses célèbres *Méditations cartésiennes*, qu'il définit, dans la préface à l'édition anglaise de ses *Idées directrices pour une phénoménologie*, la phénoménologie comme science d'« un caractère radicalement nouveau », mais qui n'est en réalité que la restitution de « l'idée de philosophie la plus originelle, celle qui, depuis sa première expression cohérente donnée par Platon, se trouve à la base de notre philosophie et de notre science européennes et reste pour elles l'indication d'une tâche impérissable »[1]. Mais c'est dans un de ses textes les plus tardifs, la conférence qu'il prononce à Vienne en 1935 sur « La crise de l'humanité européenne et la philosophie » qu'il caractérise plus décisivement l'apparition de la philosophie en Grèce de véritable « révolution de l'ensemble de la culture »[2]. Car s'il y a culture dès qu'il y a tradition, c'est-à-dire rétention du passé dans le présent, et transmission d'une expérience d'un individu à l'autre dans une communauté, culture signifie aussi pour Husserl, en son sens éminent, philosophie, c'est-à-dire avènement de la rationalité et de la science, laquelle requiert une traditionalité infinie. Les modes de traditionalité finie concernent différents types d'humanités nationales qui se distinguent par des conceptions différentes du monde. Les conceptions du monde, qui changent selon l'espace et selon le temps, sont des idées finies relatives à des formes spécifiques de vie. Par contre, l'idée de science procède d'un intérêt *théorique* qui coïncide avec l'apparition de la philosophie grecque et qui devient par la suite le mode de vie de certains individus, les philosophes, qui se montrent capables de ne pas se déterminer seulement à partir de leur traditionalité nationale respective. Cette nouvelle espèce de culture, la culture philosophique et scientifique, implique par conséquent la constitution d'une nouvelle sorte de communauté : une communauté supranationale, une société ouverte à tous les hommes sans distinction, qui constitue une nouvelle humanité, laquelle est en fait l'humanité authentique, puisque, par la traditionalité infinie de la science, son unité se voit réellement préservée.

1. E. Husserl, « Postface à mes *Idées directrices pour une phénoménologie pure* », in *La phénoménologie et les fondements des sciences*, Paris, P.U.F., 1993, p. 179-180.

2. E. Husserl, *La crise des sciences européennes et la phénoménologie transcendantale*, Paris, Gallimard, 1976, p. 358.

C'est parce que le rationalisme est au XXe siècle en proie à une crise qui naît de l'accroissement de l'écart entre le monde objectif de la science et le monde de la vie que les sciences présupposent constamment comme le sol sur lequel elles s'édifient qu'il est nécessaire de poser la question de la genèse des idéalités scientifiques et de réenraciner le rationalisme moderne dans l'élément de la *theoria* grecque. La tâche que s'assigne alors Husserl, celle de la transformation de la philosophie moderne en phénoménologie, implique essentiellement que l'humanité prenne conscience de sa propre historicité, une historicité qui ne renvoie pas seulement à la traditionalité finie des cultures nationales, mais aussi et surtout à la traditionalité infinie de la science qui, à partir de son apparition en Grèce, donne naissance à une humanité unifiée.

C'est de manière analogue que le plus éminent élève de Husserl, Martin Heidegger, se propose en 1927, dans son œuvre majeure, *Être et temps*, la répétition du commencement grec, à savoir ce que Platon nomme dans le *Sophiste*, la *gigantomakhia peri tès ousias*, le combat de géants au sujet de l'être de l'étant[1]. Une telle répétition suppose elle aussi la prise de conscience de l'oubli dans lequel, depuis Platon et Aristote, est tombée la question de l'être en tant que question thématique de la recherche philosophique. Ce qui est donc exigé, c'est une « destruction » ou plutôt une déconstruction de la tradition sclérosée en vue de renouer avec les expériences originelles qui sont au fondement de notre concept d'être[2]. Il s'agit bien en effet de renouer avec la recherche ontologique de Platon et d'Aristote, mais cela n'implique nullement sa simple reconduction, car pour Heidegger, répéter ne signifie nullement reproduire le passé, mais le prendre en charge et lui répondre, ce qui implique que toute répétition est décisivement tournée vers le futur[3]. Il n'en reste pas moins que le projet de Heidegger, à cette époque, demeure, comme pour Husserl, celui d'un *accomplissement* de l'essence grecque de la philosophie, et non pas encore celui de son dépassement.

On pourrait en effet mettre en évidence une certaine convergence de vues entre la conférence que Husserl prononce à Vienne en 1935 et le discours que fait en 1934 le recteur Heidegger. Comme Husserl, Heidegger

1. Cf. *Sophiste*, 246 a. Rappelons que c'est une citation empruntée au *Sophiste* (244a) qui sert d'exergue à *Être et temps*.

2. *Cf.* M. Heidegger, *Sein und Zeit*, Tübingen, Niemeyer, 1963, § 5, p. 22.

3. *Ibid.*, § 74, p. 385-386 où la répétition du possible est opposée à la reproduction du passé.

voit dans le commencement grec le début de l'histoire proprement dite, ce qu'il exprimera de la manière la plus claire dans *De l'essence de la vérité*, texte d'une conférence prononcée en 1930, mais publiée seulement en 1943, où l'on peut lire ceci, à la suite d'une allusion à la *phusis*, définie comme première expérience du non-voilement de l'étant : « Ce n'est que là où l'étant lui-même est expressément élevé et maintenu dans son non-voilement, là où ce maintien est compris à la lumière d'une interrogation portant sur l'étant comme tel, que commence l'histoire. » [1]. Pour lui aussi ce commencement est celui de l'apparition de l'attitude théorique, qu'il n'oppose pourtant pas de manière platonicienne à la pratique, mais qu'il considère de manière plus aristotélicienne, comme le plus haut accomplissement de celle-ci[2]. Mais c'est encore la science, en son sens propre d'*epistèmè*, qui définit la position essentiellement *questionnante* de l'homme au sein de l'étant, et c'est ce sens authentique de la scientificité qu'il s'agit de reconquérir en cette période de crise qui est celle de la technicisation et de l'émancipation des sciences par rapport à leur origine philosophique.

En acceptant la charge de recteur de l'université de Fribourg en avril 1933, Heidegger poursuivait un but essentiellement pédagogique, celui d'une réforme du savoir qui, par la « destruction » d'une tradition sclérosée, réenracinerait celui-ci dans son essence philosophique. L'échec du rectorat et le retour de Heidegger à sa tâche d'enseignant sont l'aveu que ce réenracinement non seulement n'est plus possible, mais peut-être aussi qu'il n'est plus souhaitable. Car se fait jour, après l'épisode compromettant du rectorat, le thème du « dépassement » de la métaphysique, directement repris de Nietzsche et de son projet de « renversement du platonisme » que Heidegger analyse dans le premier cours qu'il lui consacre pendant le semestre d'hiver 1936-37[3]. On peut considérer toute cette période comme celle d'une interrogation sur les limites de la pensée philosophique, comme le montrent non seulement la longue « explication » de Heidegger avec Nietzsche dans les cours qu'il lui consacre de 1936 à 1940, mais aussi le dialogue longuement entretenu avec la poésie de Hölderlin, sur lequel porte un premier cours fait dès 1934, puis deux autres en 1941 et 1942, et enfin et surtout la lecture des Présocratiques qu'il entreprend dans ses cours de 1942 sur Parménide et de 1943 sur Héraclite. Il s'agit en effet à cette époque pour Heidegger d'entreprendre une analyse plus profonde du

1. M. Heidegger, *Questions I*, Paris, Gallimard, 1968, p. 177-78.

2. *Cf.* M. Heidegger, *L'auto-affirmation de l'Université allemande*, trad. fr. G. Granel, édition bilingue, Mauvezin, T.E.R., 1982, p. 10.

3. *Cf.* M. Heidegger, *Nietzsche I*, Paris, Gallimard, 1971, p. 140 *sq.*

commencement grec de la pensée occidentale, ce qui exige alors de situer la philosophie platonicienne par rapport à la pensée des Présocratiques.

Dans son cours de 1935, *Introduction à la métaphysique*, Heidegger en vient à distinguer dans le commencement grec lui-même un commencement et une fin, et il voit celle-ci dans la philosophie de Platon et d'Aristote. Les Présocratiques sont en effet ces penseurs auxquels l'être s'ouvre comme *phusis*, c'est-à-dire comme ce qui apparaît de soi-même, *phusis* ayant la même racine que *phaôs*, la lumière. C'est dans le chapitre intitulé « L'étymologie du mot être » que Heidegger, rappelant que les flexions du mot allemand *sein* relève de trois racines différentes, dont la dernière *(wes)* est propre à l'allemand, indique, à propos de la seconde racine indo-européenne *bhu*, qui a donné en grec *phuô*, qu'« aujourd'hui on rapproche la racine *phu-* de *pha-*, *phainesthai* »[1]. Et dans une conférence datant de la même année 1935, Heidegger précise, à propos du mot grec *phusis* : « Ce mot veut dire : ce qui se lève à partir de soi et entre ainsi dans la lumière. Le nom grec pour la lueur de la lumière, *phaôs*, *phôs* a la même racine. »[2]. Comme le linguiste Johannes Lohmann le souligne, la langue grecque est la seule des langues indo-européennes qui n'a établi aucune relation grammaticale entre les racines indœuropéennes *es-* et *-bhu* (comme c'est le cas pour le latin *sum/fui*, le français *suis/fus*, l'allemand *sein/bin*), ce qui implique par conséquent que le concept d'« être » a pu être différencié de celui du « devenir », comme on le voit de Parménide à Platon[3]. La détermination platonicienne de l'être comme *idea* ne peut elle-même être conquise que sur le fondement de l'expérience de l'être comme *phusis*, et pourtant en elle l'apparaître n'est plus pensé *en lui-même*, mais référé à une possible prise en vue. On passe ainsi d'une pensée de la lumière à une philosophie de la vision. Du privilège conféré à l'*idea* et l'*idein* sur la *phusis* résulte en effet la fameuse mutation de l'essence de la vérité que Heidegger impute à Platon dans l'interprétation de l'Allégorie de la caverne qu'il donne en 1942 sous le titre *La doctrine platonicienne de la vérité*. Cette mutation consiste en une soumission de l'être à la pensée, à la perception et au *noein*, et c'est de cette mutation que naît la métaphysique qui voit l'étant véritable,

1. *Cf.* M. Heidegger, *Introduction à la métaphysique*, Paris, P.U.F., 1958, p. 82-83. Heidegger renvoie à cet égard au volume 59 de la *Zeitschrift für vergleichende Sprachforschung*.

2. M. Heidegger, *De l'origine de l'œuvre d'art*, première version inédite [1935], trad. fr. E. Martineau, édition bilingue, Paris, Authentica, 1987, p. 26.

3. *Cf.* J. Lohmann, « Über den paradigmatischen Charakter der griechischen Kultur », in *Die Gegenwart der Griechen im neueren Denken*, Festschrift für Hans-Georg Gadamer zum 60. Geburtstag, Tübingen, Mohr, 1960, p. 174.

l'*ontôs on*, dans l'*idea*, dans l'aspect visible de la chose, et dans les *phusei onta*, dans les étants naturels, de purs non-êtres. La métaphysique apparaît alors non plus comme cette disposition naturelle de l'homme dont parlait Kant, et dont Heidegger reprenait la définition dans son cours inaugural de 1929[1], mais au contraire comme identique à cet événement historique qu'est le platonisme.

Car ce que la pensée de l'*idea* ignore, c'est qu'elle doit la clarté de l'idée à la lumière de l'être. Elle ne fait en effet l'expérience de la lumière que comme éclairement dans lequel se tient l'étant et lorsqu'elle s'interroge, ce n'est jamais sur la clarté elle-même, mais seulement en direction de la source ou de l'auteur de celle-ci. Elle ne perçoit donc que l'*état* de clarté et non pas le *devenir-lumière* lui-même en tant qu'*événement*. Ce qu'il s'agit donc de penser, c'est l'éclaircie *elle-même*, cette *alètheia* du sein de laquelle la pensée grecque a surgi, sans cependant parvenir à la penser, et que Heidegger comprend, à partir de l'étymologie de ce terme grec, comme *Unverborgenheit*, non-occultation.

C'est à partir de cette « remontée au fondement »[2] de la philosophie platonicienne que Heidegger est amené à évoquer, dans une conférence datant de 1964, l'idée d'une fin de la philosophie[3], qui ne serait pourtant pas une fin de la pensée, qui se voit au contraire assigner une toute nouvelle tâche. Car l'« affaire » de la philosophie, c'est depuis Descartes et jusqu'à Husserl inclus, la subjectivité. Ce qui veut dire que ce qui importe pour la pensée philosophique, c'est moins la « chose » même que son exposition ou sa présentation. Il s'agit pour la philosophie, comme on le voit avec Hegel et Husserl, d'amener son affaire propre au savoir absolu et à l'évidence ultime, c'est-à-dire à l'absolue apparition. Ce dont s'occupe donc la philosophie, et pas seulement la philosophie moderne, mais la philosophie tout entière, depuis son acte de naissance platonicien, c'est de la lumière du paraître et du voir. Ce qui demeure ainsi impensé dans la philosophie, ce que, par sa manière même de questionner, elle a d'emblée occulté, c'est l'*événement* du paraître et du voir, et le *lieu* où il advient, ce que Heidegger

1. M. Heidegger, « Qu'est-ce que la métaphysique ? », *Questions I*, p. 72. Soulignons qu'ici ce n'est pourtant pas Kant qui est explicitement invoqué, mais Platon, à travers un passage du *Phèdre* (279 a) dans lequel Socrate déclare, à propos d'Isocrate, que « c'est la nature qui a mis dans la pensée de cet homme-là je ne sais quelle philosophie », ce que Heidegger généralise comme suit : « Du fait que l'homme existe, le "philosopher" existe ».

2. « Le retour au fondement de la métaphysique » est précisément le titre de l'introduction de 1949 à la réédition du cours prononcé vingt ans plus tôt sous le titre « Qu'est-ce que la métaphysique ? », *Questions I*, p. 23.

3. *Cf.* « La fin de la philosophie et la tâche de la pensée » (conférence de 1964), *Questions IV*, Paris, Gallimard, 1976, p. 109 *sq.*

nomme *Lichtung*, éclaircie ou clairière. C'est dans cette même conférence [1] que Heidegger distingue deux sens du mot allemand *Lichtung*. L'un renvoie à l'adjectif *licht* qui signifie lumineux, l'autre à l'adjectif *leicht* qui signifie léger. *Lichten* pris en ce dernier sens ne veut pas dire « éclairer », mais « rendre plus léger », « rendre ouvert et libre ». C'est la *Lichtung* pensée en ce dernier sens, qui est le phénomène originel, et non la lumière, qui au contraire la présuppose, la *Lichtung* devant donc être pensée plus originellement comme « l'ouvert pour toute présence et absence » [2]. La *Lichtung* est donc ce phénomène originel que la phénoménologie heideggérienne, en reprenant la maxime husserlienne du retour aux choses elles-mêmes, s'est donnée pour tâche de laisser apparaître.

Car ce que pense la philosophie, c'est à chaque fois la présence de ce qui est *déjà* présent, et non pas ce qui *accorde* la présence et l'absence comme telles. Selon Heidegger, toute la métaphysique parle la langue de Platon et est platonisme, parce que toute philosophie est dire de l'*idea*, est *idéo-logie*, au sens où toute philosophie ne pense le paraître que pour autant qu'il peut être pris en vue. On voit ici que l'équation « métaphysique = platonisme » a un sens différent pour Nietzsche et pour Heidegger. Pour Nietzsche, cela veut dire la dépréciation du sensible et la croyance en un monde vrai derrière celui des apparences [3]. Pour Heidegger, cela signifie une pensée de la luminosité et de la visibilité [4]. Or pour que quelque chose se montre à nous dans son aspect, dans son *eidos*, il faut pourtant que soit déjà ouvert l'espace même de sa rencontre possible, il faut que soit déjà ouvert le lieu de la non-occultation. Mais la pensée philosophique, bien qu'elle se fonde sur l'*alètheia*, ne la pense pas comme telle. En tant que pensée de l'*idea*, la philosophie pense le paraître dans sa visibilité et non la donation de tout paraître, l'ouvert comme tel. Et en tant qu'ontothéologie, la métaphysique pense l'étant à partir de sa fondation dans un étant suprême au lieu de penser ce à partir de quoi *il y a* de l'étant en général et un étant suprême. La pensée philosophique ne peut pas en effet penser ce qui la rend possible et cela ne tient nullement à une quelconque négligence humaine, mais à la

1. *Ibid.*, p. 127 *sq.*

2. *Ibid.*, p. 127 *sq.*

3. *Cf.* F. Nietzsche, « Histoire d'une erreur », *Le crépuscule des idoles*, Paris, Gallimard, 1974, p. 43 *sq.*

4. On peut à cet égard déceler, d'une manière surprenante, une certaine proximité de Heidegger avec Platon du fait que ce dernier, contrairement à Aristote, ne comprend pas (sauf dans ses dernières œuvres et en particulier dans *Les Lois*) le rapport entre être et étant, présence et présent comme *poièsis*, comme faire, mais comme lumière, sans cependant parvenir à expliciter le sens de cette indication métaphorique. *Cf.* « Protocole d'un séminaire sur la conférence "Temps et être" (1962) », *Questions IV*, p. 81-82.

structure de l'*alètheia* elle-même qui se soustrait à la vision au profit de ce qu'elle laisse apparaître, l'étant lui-même. Nous sommes toujours déjà dans la non-occultation et c'est pourquoi nous ne parvenons pas à penser son événement même, la venue en présence elle-même, l'apparition elle-même en tant que sortie de l'occultation. Car la non-occultation advient à partir d'une occultation plus originelle encore et c'est celle-ci, ce cœur de l'*alètheia* qu'est la *lèthè*, occultation et oubli à la fois, qui demeure *comme telle* impensée. C'est cet *événement* de l'ouverture à partir d'une fermeture plus originelle qu'elle qui reste encore à penser à la fin de la philosophie.

De la pensée qui n'est plus métaphysique et qui reste encore à venir, Heidegger dit à plusieurs reprises qu'elle est bien moindre que la philosophie, bien plus pauvre qu'elle, parce qu'elle ne se hausse pas à la hauteur d'un pensée de la fondation. Car au rêve philosophique d'une pensée sans reste, de la *noèsis noèseôs*, de cette pensée de la pensée qu'Aristote réservait à Dieu et qui s'accomplit dans la *Science de la logique* de Hegel[1], Heidegger oppose la finitude d'une pensée qui n'est pas à elle-même sa propre affaire et dont l'essence seulement provisoire consiste uniquement à se laisser « montrer ce devant quoi elle est conduite »[2]. C'est en effet parce que la phénoménologie se définit déjà chez Husserl comme une méthode, un chemin qui conduit à la *Sache selbst*, à la chose même qui est en question, que Heidegger continue de définir en 1973 sa pensée comme une « phénoménologie de l'inapparent »[3]. Il ne faut cependant y voir aucune contradiction, puisque cet inapparent ne renvoie à aucun « arrière-monde » mais seulement à l'inapparence qui réside *en* tout apparaître, à l'*événement* même de l'apparition et à la *donation* de l'être. Une telle « phénoménologie de l'inapparent » n'est nullement en rupture avec cette « grande pensée » de la lumière que Heidegger a découverte chez les Présocratiques. Dans une de ses dernières conférences faite à Munich en 1959, « Terre et ciel de Hölderlin », Heidegger, commentant un hymne tardif de Hölderlin intitulé « Grèce », soulignait que « les Grecs savaient déjà que la clarté est plus voilante que l'obscurité »[4], et à propos du fragment 54 d'Héraclite (sur l'*harmoniè aphanès*) cité dans la conférence[5], il a ajouté en marge dans le *Hölderlin-Jahrbuch 1958-1960* où cette conférence a d'abord été publiée

1. Rappelons que *l'Encyclopédie des sciences philosophiques* se clôt sur une longue citation de la *Métaphysique* d'Aristote, et précisément du passage (XII, 7) relatif à la *noèsis noèseôs.*

2. Voir le séminaire de Zähringen (1973), *Questions IV*, p. 339.

3. *Ibid.*

4. M. Heidegger, *Approche de Hölderlin*, Paris, Gallimard, 1973, p. 227.

5. *Ibid.*, p. 234,

la remarque suivante : « Cette parole du penseur pré-platonicien Héraclite contient le signe décisif indiquant comment il nous faut éprouver tout le déploiement grec de l'être, la nature, l'homme, l'œuvre de l'homme et la divinité : tout le visible à partir de l'invisible – tout le dicible à partir de l'indicible – tout l'apparent à partir de l'occultation. L'occultation est plus proche du déploiement grec de l'être que le non-occulté; celui-ci vit de celle-là »[1].

C'est à partir de là que l'on peut comprendre que pour Heidegger, et pas seulement pour lui, la répétition du commencement grec prend un sens plus profond. Répéter veut dire maintenant re-commencer, c'est-à-dire commencer autrement : c'est ce qu'entend Heidegger lorsqu'il affirme que la fin de la philosophie n'est pas la fin de la pensée, mais son passage à un autre commencement. Or cet autre commencement est l'autre commencement de la *pensée*, de cette pensée à venir pour laquelle il s'agit de penser « de façon encore plus grecque ce qui été pensé de façon grecque », comme Heidegger le déclare en 1954 à un interlocuteur japonais[2]. Comme Jean Beaufret le souligne avec pertinence, s'il s'est agi, pour Heidegger, d'un bout à l'autre de sa pensée, d'un retour aux Grecs, ce retour « n'a lui-même de sens que comme *dépassement* de la philosophie grecque, où dépassement ne signifie pas : faire mieux que les Grecs, mais tenter d'accéder jusqu'au foyer secret de leur propre pensée »[3]. C'est ce foyer secret que le dernier Heidegger nomme intraduisiblement *Ereignis*, à propos duquel il affirme dans son séminaire du Thor de 1969 que « ce n'est plus grec du tout »[4]. Car ce qu'il s'agit de penser, « dans un dépassement de l'expérience grecque elle-même », c'est l'*alètheia*, pour voir en elle non plus simplement la non-occultation, mais la « clairière de l'occultation » *(Lichtung des Sichverbergens)*[5]. Pour parvenir à la pensée de ce qui est à l'origine même du grec, il faut, en effet, ne plus être soi-même un grec, car, comme Heidegger l'a appris de Hölderlin, le « libre usage du propre », parce qu'il

1. Cf. M. Heidegger, *Erläuterungen zu Hölderlins Dichtung*, Frankfurt am Main, Klostermann, 1981 (volume où sont reproduites les notes marginales manuscrites de Heidegger), p. 179.

2. M. Heidegger, *Acheminement vers la parole*, trad. fr. F. Fédier, Paris, Gallimard, 1976, p. 125.

3. *Cf.* E. de Rubercy, D. Le Buhan, *Douze Questions posées à Jean Beaufret à propos de Heidegger*, Paris, Aubier Montaigne, 1983, p. 31.

4. Cf. *Questions IV*, p. 302.

5. *Ibid.*, p. 137. Cf. M. Heidegger, *Zur Sache des Denkens*, Tübingen, Niemeyer, 1969, p. 79.

ne peut provenir que de la médiation de l'autre, est « la chose la plus difficile »[1].

Mais il faut pourtant demeurer dans la manière grecque de penser, il faut demeurer phénoménologue, et se laisser ainsi conduire vers ce qui se montre de soi-même. La tâche de la pensée à venir, c'est donc celle qui consiste à prendre en vue de manière grecque ce qui n'est pourtant plus grec. Nul retour aux Grecs n'est possible, puisqu'ils sont en eux-mêmes intimement divisés, comme Hölderlin et Nietzsche l'ont bien compris, entre le feu de leur nature orientale et la clarté de leur culture occidentale, entre le dionysiaque et l'apollinien. Mais, comme l'écrit encore Hölderlin à son ami Böhlendorff, les Grecs nous demeurent pourtant indispensables, bien que nous ne puissions plus rien avoir en commun avec eux[2]. Bien que les Grecs ne puissent plus pour nous être des modèles à imiter, ils demeurent pourtant un exemple à suivre. Et cet exemple qu'ils nous donnent, Hölderlin le trouve dans ce qu'il nomme, dans sa seconde lettre à Böhlendorff, la *Popularität* des Grecs, qu'il définit comme « l'art d'accueillir les natures étrangères et de se communiquer à elles », cette « tendresse » qui les caractérise et dans laquelle on peut voir l'amour de l'universel[3].

Parce que la phénoménologie n'est pas une école de pensée, une doctrine ou un système, mais une méthode, elle a pu réunir, dans sa mouvance, des penseurs d'orientation aussi différente que Scheler, Husserl et Heidegger, de nationalités aussi diverses que l'allemand Fink, le polonais Ingarten, le tchèque Patocka, les français Sartre et Merleau-Ponty, et elle est même parvenue à déterminer le cheminement de pensée de ceux qui, comme Lévinas et Derrida, ont tenté, à la suite de Rosenzweig, d'interroger la tradition occidentale à partir de cet autre commencement de la pensée qu'est la tradition hébraïque. Dire que cette méthode qu'est la phénoménologie est et demeure grecque, c'est rappeler ce que Husserl lui-même déterminait d'entrée de jeu comme ce qui caractérisait en propre la dimension du philosophique, à savoir le principe de l'absence de présupposition[4]. C'est encore, semble-t-il, en établissant son séjour dans cette suspension de tout ce qui semble aller de soi qu'est l'*epokhè* phénoménologique, que Fink définissait d'ailleurs simplement, et de manière tout à fait grecque, comme un « étonnement sans mesure » devant le

1. F. Hölderlin, Lettre à Böhlendorff du 4 décembre 1801, *Œuvres*, « Bibliothèque de la Pléiade », Paris, Gallimard, 1967, p. 1003-1004.

2. *Ibid.*

3. *Ibid.*, p. 1010.

4. *Cf.* E. Husserl, *Recherches logiques*, *op. cit.*, § 7, p. 20.

monde[1], que la pensée aujourd'hui pourra être à la mesure de la tâche qui lui échoit : celle de s'ouvrir, de manière éminemment grecque, au *dialogue* encore aujourd'hui en attente avec ce que Heidegger nomme laconiquement dans un de ses derniers textes les « rares autres grands commencements »[2], à ce dialogue à reprendre avec les cultures non européennes dont les Grecs les premiers ont su donner l'exemple et dont ils constituent l'éblouissant témoignage.

Il est d'ailleurs possible de trouver chez Heidegger lui-même les prémisses de ce dialogue avec l'Orient, et surtout avec l'Extrême-Orient, auquel Heidegger s'est très tôt intéressé. Dans la biographie qu'il lui consacre, Heinrich Wiegand Petzet raconte comment, au soir de sa conférence *Sur l'essence de la vérité*, à Brême, en 1930, Heidegger avait tenu à lire publiquement une légende de Tchouang Tse[3] et comment il apprit par la suite que Heidegger avait eu le projet de traduire le Tao Te King de Lao Tse[4]. Heidegger s'est également intéressé au bouddhisme, comme le prouve sa rencontre en 1963, elle aussi narrée par Petzet, avec le moine thailandais Bikkhu Maha Mani[5]. Auparavant, c'est à Medard Boss, qui est allé plusieurs fois en Inde, et qui lui a parlé de la pensée indienne qu'il déclarait, dans une lettre de novembre 1959 : « L'entretien qui portait sur l'Inde m'a en même temps montré que mes tentatives ne restent pas complètement isolées »[6]. Et un peu plus tard, en mars 1960, il va jusqu'à lui demander de lui communiquer, s'il les trouve, les termes indiens qui désignent la différence ontologique, l'être et l'étant, la non-occultation et l'oubli[7]. Mais c'est sans doute avec la pensée japonaise que le dialogue a été réellement entamé, comme en témoigne le fameux entretien avec un japonais d'*Acheminement vers la parole*, écrit en 1953-54, à l'occasion d'une visite du professeur Tezuka, de l'Université de Tokyo, dans lequel il est fait allusion au contact que Heidegger eut très tôt, comme ce fut aussi le

1. E. Fink, *De la phénoménologie*, Paris, Minuit, 1974, p. 135 (passage évoqué par M. Merleau-Ponty dans l'Avant-propos de la *Phénoménologie de la perception*, Paris, Gallimard, 1945, p. VIII).

2. *Cf.* M. Heidegger, « Terre et ciel de Hölderlin (1959), in *Approche de Hölderlin*, p. 232.

3. H. W. Petzet, *Auf einen Stern zu gehen, Begegnungen mit Heidegger 1929 bis 1976*, Frankfurt am Main, Societäts-Verlag, 1983, p. 24.

4. *Ibid.*, p. 191. Voir également M. Heidegger, *Reden und andere Zeugnisse eines Lebensweges*, Gesamtausgabe, Band 16, Frankfurt am Main, Klostermann, Frankfurt am Main, 2000, p. 589-593.

5. *Ibid.*, p. 175 *sq.*

6. M. Heidegger, *Zollikoner Seminare*, herausgegeben von M. Boss, Frankfurt am Main, Klostermann, 1987, p. 318.

7. *Ibid.*, p. 318-319.

cas de Husserl, avec de nombreux étudiants japonais, et en particulier à la fin des années vingt, avec un célèbre philosophe japonais, Kuki Shuzo. Car le point de rencontre entre la pensée orientale et celle dont Heidegger veut préparer la venue, c'est bien en effet celle de cette inapparence de l'être qui l'a conduit, dès 1939, à comprendre le néant comme le déploiement même de l'être en tant que celui-ci « ne se laisse pas comme l'étant représenter et produire objectivement »[1]. Faisant référence au spectacle japonais du Nô, dans lequel c'est le vide de la scène qui permet seul l'apparition, à travers le geste de l'acteur, du paysage, l'interlocuteur japonais de Heidegger explique qu'au Japon, la conférence de 1939 a été immédiatement comprise et qu'on s'est demandé comment on avait pu en Europe prendre dans un sens nihiliste ce « Rien » dont il y est question, car, ajoute-t-il, « pour nous, le vide est le nom le plus haut pour cela que vous aimeriez pouvoir dire avec le mot être »[2].

1. M. Heidegger, Postface à « Qu'est-ce que la métaphysique ? », *Questions I*, p. 76.
2. M. Heidegger, *Acheminement vers la parole*, p. 105.

PREMIÈRE PARTIE

DE *ÊTRE ET TEMPS* À LA PENSÉE DE L'*EREIGNIS*

LE CONCEPT HEIDEGGÉRIEN DE MONDE APRÈS *ÊTRE ET TEMPS*

Dans un texte publié en 1945 sous le titre « À propos de l'existentialisme », Jean Beaufret, donnant un premier exposé de la philosophie de Heidegger, mettait l'accent sur la détermination de l'être humain comme être dans le monde et expliquait qu'une telle détermination ne nous autorise plus à conserver l'espoir d'une autre vie dans un autre monde et nous coupe définitivement de toutes les formes métaphysiques de la spéculation philosophique et de la nostalgie religieuse : « Si, en effet, loin que l'homme, conçu d'abord comme un moi isolé et flottant *(ein freischwebendes Ich)* ait à venir en un monde pour y faire une carrière finie, l'être-au-monde est la condition qui fonde la possibilité même de l'homme, c'est-à-dire la condition sans laquelle il n'y aurait plus rien qu'on puisse encore se représenter comme une existence d'homme, alors nous repoussons de ce fait tout mirage d'une autre vie dans un autre monde dont ce monde-ci ne serait que l'expression *in speculo et œnigmate*. Nul plus que Heidegger ne tient ferme sur ce point. C'est seulement sur la base de l'être au monde que l'homme peut être dit exister [...]. Non moins irrévocablement que le matérialisme, bien que dans un cadre essentiellement différent puisqu'il s'agit ici d'une détermination phénoménologique et non d'une hypothèse métaphysique, l'analytique heideggérienne liquide tout ce qui peut bien faire de l'homme un "halluciné de l'arrière-monde" » [1].

Il n'est pas certain que Heidegger ait pu lire ces lignes avant d'écrire à l'automne 1946 cette fameuse lettre à Jean Beaufret qui sera publiée l'année suivante sous le titre *Lettre sur l'humanisme* [2], mais il semble

1. J. Beaufret, *De l'existentialisme à Heidegger*, Paris, Vrin, 1986, p. 19-20.

2. Dans sa première lettre à Jean Beaufret datée du 23 novembre 1945 (M. Heidegger, *Lettre sur l'humanisme*, trad. fr. R. Munier, Paris, Aubier Montaigne, 1964, p. 181), Heidegger mentionnait qu'il avait lu seulement le premier et le cinquième numéro de *Conférences*, revue dans laquelle le long article de Beaufret avait paru en plusieurs livraisons.

néanmoins qu'il y tente, dans ce qui est une première tentative d'autointerprétation, de définir sa propre position, laquelle ne doit pas être confondue avec une simple thèse matérialiste et ne peut pas davantage être identifiée à l'athéisme dont se réclame Nietzsche[1]. Dans un passage important de la *Lettre sur l'humanisme*, où il clarifie le sens de l'être dans le monde, il déclare, en ce qui paraît être une réponse à Jean Beaufret, qu'« avec la détermination existentiale de l'être de l'homme, rien n'est encore décidé de l'"existence de Dieu" ou de son "non-être", pas plus que de la possibilité ou de l'impossibilité des dieux » et qu'il est donc « non seulement précipité mais erroné » de prétendre que cette interprétation de l'être de l'homme est un athéisme[2]. Il rappelle à cet égard un passage de son opuscule de 1929, *Vom Wesen des Grundes (De l'essence du fondement)*, qui disait déjà la même chose et explique que la détermination existentiale de l'homme n'est pas une thèse métaphysique parce que dans l'expression « être dans le monde », « monde » n'est pas le nom d'une région de l'étant, celui de l'étant terrestre par opposition au céleste, ou du « mondain » par opposition au « spirituel », mais qu'il désigne l'ouverture de l'être, ouverture dans laquelle l'homme se tient extatiquement[3]. La définition que Heidegger donne alors du monde est en effet la suivante : « Le "monde" est l'éclaircie de l'être dans laquelle l'homme émerge du sein de son essence jetée »[4]. Le monde se voit donc ici identifié à l'être même, ce qui implique par conséquent qu'il n'y a rien « au-delà » de lui. Mais il est aussi par là même compris comme une dimension pré-humaine, qui par conséquent ne peut plus être identifiée à ce que Heidegger nommait monde dans *Sein und Zeit*, à savoir le résultat de la projection du *Dasein*. Nous sommes ici en présence d'une nouvelle définition du monde qui requiert la clarification. On se propose simplement ici de tenter de retracer le chemin qui mène du monde défini comme projet du *Dasein* dans *Sein und Zeit* à cette détermination du monde comme « éclaircie de l'être » qui apparaît dans la *Lettre sur l'humanisme*, et ce afin de préparer la compréhension de la

Les lignes ici citées sont extraites de la partie du texte publiée dans le n°3 et qui traitait précisément de la philosophie de Heidegger. Mais il est fort possible que Beaufret ait fait parvenir entre temps ce numéro à Heidegger.

1. Heidegger lui-même ne considère pas la position de Nietzsche comme un athéisme strict, comme l'atteste ce passage de son discours de Rectorat de 1993 où il caractérise Nietzsche comme « le dernier philosophe allemand qui ait cherché Dieu avec passion » (*L'auto-affirmation de l'université allemande*, trad. fr. G. Granel, édition bilingue, Mauvezin, T.E.R., 1982, p. 12).

2. M. Heidegger, *Lettre sur l'humanisme*, p. 133.

3. *Ibid.*, p. 131.

4. *Ibid.*, p. 131-32.

détermination ultime du monde comme *Geviert*, comme Cadre ou Union des Quatre (terre, ciel, dieux et mortels) que l'on peut trouver dans les textes tardifs de Heidegger, ceux des années cinquante, principalement dans la conférence sur « La chose » et dans certains autres textes de la même période[1].

Dans *Sein und Zeit*, un des objectifs premiers de Heidegger a été de prévenir la mésinterprétation du phénomène du monde qui a caractérisé dès son origine le monde occidental. Heidegger n'hésite pas en effet à déclarer alors que le phénomène du monde a été manqué *(übersprungen)* au début de la tradition philosophique « explicitement avec Parménide »[2], ce qui a donc conduit à comprendre le monde comme la simple somme des choses existantes. Dans *Sein und Zeit*, le monde n'est en réalité d'abord découvert que comme *Umwelt* quotidien et dans le cadre d'une attitude déterminée par rapport à l'étant intramondain, celle de la préoccupation *(Besorgen)*, dans laquelle Heidegger voit le concept ontologique à partir duquel on peut comprendre aussi bien le comportement théorique que le comportement pratique. C'est pourtant ce dernier qui constitue le mode d'accès premier à l'étant intramondain qui n'est donc pas rencontré comme une chose simplement présente *(bloss vorhanden)*, mais en tant qu'outil maniable *(zuhandenes Zeug)* faisant partie d'un ensemble d'outils dont il n'est pas séparable. Ce qui est ainsi primordialement découvert n'est donc jamais un étant isolé, mais un ensemble d'outils dont chacun renvoie à tous les autres. C'est l'ensemble de ces structures de renvoi dont le *Dasein* constitue la finalité dernière qui forme la structure ni objective ni subjective du monde. Ce dernier ne peut en effet ni être découvert comme un objet, ni être le résultat d'une projection du sujet, mais seulement constituer la *significativité*[3] d'une existence qui ne peut se comprendre elle-même qu'à partir du rapport qu'elle entretient nécessairement avec son *Umwelt.* C'est sur cette transcendance du *Dasein* qui est toujours déjà dans un monde à partir duquel seul il peut se comprendre lui-même que se fonde toute intentionnalité et toute visée de l'étant intramondain.

1. Voir en particulier « Contribution à la question de l'être » (1956), *Questions I*, Paris, Gallimard, 1968, p. 232, « Terre et ciel de Hölderlin » (1959), in *Approche de Hölderlin*, Paris, Gallimard, 1973, p. 210-212, *Acheminement vers la parole* (1959), trad. fr. F. Fédier, Paris, Gallimard, 1976, p. 31 et p. 196-202.

2. M. Heidegger, *Sein und Zeit*, Tübingen, Niemeyer, 1963, § 21, p. 100 (désormais cité SZ).

3. SZ, § 18, p. 83 *sq.*

Par sa problématique de la *Lebenswelt*, Husserl visait lui aussi à rendre compte du commerce quotidien que nous entretenons avec les choses, mais il le faisait encore avec des moyens théoriques, ce qui explique que, malgré la conception concrète qu'il se faisait de la perception, il ait continué à donner unilatéralement un primat à l'appréhension de la chose isolée. La perception ne reçoit en effet chez lui un rôle directeur que parce qu'elle livre la pure présence « sensible » de la chose, seule susceptible d'être prise en vue par le regard théorique, alors qu'elle échappe au comportement pratique qui n'est attentif qu'à la maniabilité de l'étant. Cela n'implique pas pour autant que la praxis soit aveugle : elle possède au contraire une « vue » qui lui est propre et qui se distingue radicalement du savoir théorique qui n'est que la saisie thématique d'une présence donnée, d'une *Vorhandenheit*. Heidegger nomme une telle vue *Umsicht*, circonspection, ou plus exactement prévoyance[1], et entend par là la compréhension non thématique de la structure de renvoi qui définit la maniabilité, au sens où c'est précisément le propre de l'étant maniable que de s'effacer pour ainsi dire derrière sa maniabilité. Il y a cependant des modes de la préoccupation quotidienne dans lesquels l'étant maniable s'impose à l'attention, lorsque par exemple l'outil s'avère inutilisable, qu'il est manquant ou qu'il dérange. Ces modes déficients de la préoccupation quotidienne mettent en évidence la condition de possibilité d'un regard théorique, à savoir la dé-mondanéisation de l'étant maniable par laquelle il peut apparaître comme une chose simplement donnée, ein *Nur-Vorhandenes*. Car dans la perspective heideggérienne, on ne peut définir l'attitude théorique que d'un point de vue génétique à partir du commerce premier que le *Dasein* entretient avec le monde dans la préoccupation quotidienne et on ne peut voir dans la connaissance qu'un mode du *Dasein* fondé sur l'être dans le monde. Il faut donc, pour passer de la *Zuhandenheit*, de la maniabilité, à la *Vorhandenheit*, à la pure pré-sence, une mutation de la compréhension de l'être de l'étant qui équivaut à une dé-mondanéisation, plus précisément à une levée des bornes de l'*Umwelt (Entschränkung der Umwelt)*[2] par laquelle c'est le tout de l'étant pré-sent qui devient alors thème.

Il n'y a donc pas de possibilité de faire l'expérience du monde dans l'existence quotidienne. Le monde en tant que tel ne peut être découvert

1. SZ, § 15, p. 69. Comme le notaient les traducteurs de la première section de *Sein und Zeit*, R. Boehm et A. de Waehlens, la préposition « um » dans *Umsicht* ayant le double sens de « pour » et « autour », le mot circonspection, qui en est la traduction habituelle, a l'inconvénient de ne pas renvoyer directement aux fins de la préoccupation, de sorte qu'il faut lui préférer prévoyance (*L'Être et le Temps*, Paris, Gallimard, 1964, note p. 290).

2. *Ibid.*, § 69, p. 362.

que dans ce mode fondamental de la disposition qu'est l'angoisse et sous la forme de ce qui n'est précisément pas un étant maniable et se donne sous l'aspect du néant[1]. Dans *Sein und Zeit*, nous ne trouvons donc qu'une analyse du monde humain : rien n'est dit sur la nature en tant que telle. C'est d'ailleurs ce que reconnaît Heidegger lui-même en 1929 dans une note de *De l'essence du fondement*, dans laquelle il souligne que l'analyse de l'*Umwelt* dans *Sein und Zeit*, est seulement une première détermination du phénomène du monde et n'a qu'une valeur préparatoire[2]. Le problème du monde devient à cette époque un thème capital, comme le montre le cours que Heidegger consacre en 1929-30 aux *Concepts fondamentaux de la métaphysique: Monde, finitude, solitude* qui développe la thèse de l'homme comme configurateur du monde *(weltbildend)*. Mais cette thèse de la *Weltbildung* par l'homme peut au premier abord être prise pour la thèse la plus subjectiviste qui soit, au sens où il semble que le monde ne soit plus alors que le produit de l'activité configuratrice de l'homme. Ce fut en effet là l'opinion de Fink, qui assista à ce cours, et auquel Heidegger, apprenant sa mort en 1975, dédia par avance ce volume 29-30 de l'édition complète de ses œuvres *(Gesamtausgabe)* qui ne devait paraître qu'en 1989. Fink a repris en effet à son compte, et de manière originale, la tâche que Heidegger s'était assignée en 1929, à savoir celle d'une exposition du problème du monde, dans le cadre d'un cours qu'il fit à deux reprises en 1949, puis en 1966, sous le même titre de « Monde et finitude », cours qui ne fut lui aussi publié que de manière posthume en 1990. Dans ce cours, Fink, rappelant que Heidegger tente dans *Vom Wesen des Grundes* d'élucider la projection transcendantale du monde en montrant qu'elle trouve son origine dans la liberté finie de l'homme, déclare que « pour le problème du monde, cet essai de Heidegger constitue *le sommet d'une conception subjectiviste du monde* »[3].

Cette opinion est aujourd'hui encore partagée par certains des exégètes de Heidegger, comme par exemple Jacques Taminiaux, qui, dans ses *Lectures de l'ontologie fondamentale*, publiées en 1989, soutient la thèse générale selon laquelle l'ontologie fondamentale porte à son paroxysme la métaphysique de la subjectivité[4]. Il y a certes quelque vérité dans ces jugements, mais si on les prend en compte, ils conduisent à considérer qu'il

1. SZ, § 40, p. 187; *cf.* également § 57, p. 276 et § 68, p. 343, où l'on trouve l'expression « le rien du monde » *(das Nichts der Welt)*.

2. M. Heidegger, *Vom Wesen des Grundes*, Frankfurt am Main, Klostermann, 1955, p. 36, note 55; trad. fr. dans *Questions I*, p. 130.

3. E. Fink, *Welt und Endlichkeit*, Würzburg, Königshausen & Neumann, 1990, p. 171.

4. *Cf.* J. Taminiaux, *Lectures de l'ontologie fondamentale*, Grenoble, Millon, 1989, p. 10.

y a une profonde rupture, une « coupure » entre l'ontologie fondamentale et la pensée d'après la *Kehre*, ce que Heidegger lui-même a toujours nié, lui qui écrivait en 1963 au père Richardson que le tournant n'est ni une inversion ni une conversion et qu'il ne s'effectue pas sur la base de la modification d'un point de vue ou même de l'abandon de la problématique de *Sein und Zeit*, mais au contraire sur celle d'une fidélité persistante à la question qui y était posée [1]. On pourrait d'ailleurs considérer qu'une telle conception du « tournant » comme conversion ou inversion de la pensée est en fait elle-même le résultat d'une conception subjectiviste qui voit dans la pensée le simple produit de l'activité d'un sujet, alors que Heidegger a au contraire toujours insisté sur le caractère originairement « réceptif » de la pensée qui s'ouvre à ce qui se présente à elle et qui ne peut donc effectuer un « virage » *(Wende)* que si quelque chose « tourne » effectivement au niveau des choses elles-mêmes. C'est en effet ce que souligne Heidegger dans sa « Lettre à Richarson » : « Le tournant n'est pas en première ligne une péripétie de la pensée questionnante ; il appartient à la teneur même de la question que dénomment les titres "être et temps", "temps et être" (...) Le tournant se joue au sein de la "question" elle-même. Je ne l'ai pas plus inventé qu'il ne concerne ma seule pensée » [2]. Ce tournant n'est donc pas l'acte d'une pensée, mais ce qui advient à la pensée et se passe au sein de la « chose même ». Or ce qui est la chose même de *Sein und Zeit*, ce n'est précisément déjà plus la relation sujet-objet, le point de départ de la problématique y est déjà, comme le souligne Heidegger, trouvé hors de la sphère de la subjectivité et l'être qui est l'objet de l'enquête ne peut par conséquent continuer à être posé par le sujet humain, ce qui implique donc que dès le départ, la pensée est appelée à effectuer un virage qui puisse répondre au tournant lui-même [3].

Mais si nous acceptons l'interprétation que Heidegger donne ici de son propre chemin de pensée, nous devons tenter de montrer que la thèse soutenue en 1929 de la formation du monde par l'homme n'est pas une thèse subjectiviste, ce qui peut sembler au premier abord assez difficile. Il faut pour cela commencer par souligner qu'il y a eu déjà une transformation du concept de monde de 1927 à 1929 : dans *Sein und Zeit*, la structure du monde est indirectement analysée à partir de celle de l'*Umwelt*, ce qui implique que la mondanéité demeure rattachée à la totalité des outils

1. « Letter to Richardson », *in* W. J. Richardson, *Through Phenomenology to Thought*, Nijhoff, The Hague, 1963, p. XVI. Voir trad. fr. dans *Questions IV*, Paris, Gallimard, 1976, p. 177 *sq*.

2. *Ibid.*, p. XVIII ; trad. fr. p. 185.

3. *Ibid.*, trad. fr. p. 186.

(Zeugganzheit), tandis que dans *De l'essence du fondement*, elle est mise en connexion avec la totalité des étants *(das Seiende im Ganzen)*, laquelle englobe aussi le règne de la nature. Mais le monde est encore défini, comme dans *Sein und Zeit*, comme « la totalité du dessein d'un *Dasein* » *(die Ganzheit des Umwillens eines Daseins)*, ce qui implique qu'il est encore rattaché au projet du *Dasein*, à ce que Heidegger nomme alors « *Überwurf der entworfenen Welt über das Seiende* », la projection au delà de l'étant du monde projeté[1]. Une telle projection transcendantale du monde qui est donc la condition d'apparition des étants, constitue par elle-même ce que Heidegger nomme *Weltbildung*. Cette configuration ou institution du monde n'est cependant pas une pure production, mais, parce que le monde est toujours déjà passivement ouvert avec le *Dasein*, un laisser-advenir le monde, un *Geschehenlassen der Welt*[2]. Ce discours de Heidegger dans *De l'essence du fondement* demande à être explicité.

Dans *Sein und Zeit*, Heidegger a montré que nous avons un accès premier au monde à travers nos dispositions et non pas à travers un acte perceptif ou intuitif, de sorte que notre être-dans-le-monde n'est pas notre propre accomplissement, mais est toujours déjà passivement ouvert dans l'existential de la *Befindlichkeit* : « La tonalité affective *(Stimmung)* a chaque fois déjà découvert dans sa totalité l'être dans le monde, et c'est elle seule qui rend d'abord possible un se diriger vers… […] La disposition *(Befindlichkeit)* comporte existentialement une dépendance *(Angewiesenheit)* ouvrante par rapport au monde, à partir de laquelle peut se rencontrer ce qui concerne »[3]. La projection du monde est liée à l'ouverture *de fait* du *Dasein* qui est toujours impliquée dans la projection du monde *par* le *Dasein*. Nous n'avons pas *en fait* la commande volontaire de la projection par laquelle nous nous donnons à nous-mêmes un horizon afin de rendre possible notre action et les relations que nous entretenons avec les étants. C'est la raison pour laquelle nous ne pouvons pas considérer la projection du monde comme l'acte d'un sujet transcendantal, mais nous devons plutôt l'identifier à l'avènement même de l'existence humaine. Parce que Heidegger insiste sur le fait que tout projet est toujours jeté, en d'autres

1. M. Heidegger, *Vom Wesen des Grundes*, p. 39 ; trad. fr., p. 135.

2. *Ibid.* On peut certes ici entendre le *lassen* – comme l'ambiguïté de ce terme le permet en allemand – comme un faire, et ce d'autant plus que Heidegger précise que le *Dasein* se donne avec le monde la préfiguration *(Vor-bild)* de tout étant manifeste. Que la configuration du monde soit alors comprise par Heidegger de manière transcendantale n'est cependant pas incompatible, comme nous le verrons, avec la reconnaissance d'une essentielle « passivité » du *Dasein*.

3. SZ, § 29, p. 137.

termes sur le fait que l'existentialité et la facticité sont intimement connectées l'une à l'autre, nous ne pouvons pas considérer sa position comme identique à celle qui s'est traditionnellement nommée transcendantale.

On pourrait cependant objecter que la conception heideggérienne du transcendantal ne constitue dans sa nouveauté rien d'autre que la culmination de la transcendantalité kantienne ou husserlienne. C'est là précisément la position de Fink, qui déclare que, dans son concept transcendantal de monde, Heidegger pousse jusqu'au bout le concept kantien de monde et porte la conception subjectiviste du monde à sa culmination[1], jusqu'au point où elle peut se renverser en une conception véritablement cosmologique dans laquelle, précise-t-il, le monde ne dépend pas du *Dasein*, mais où au contraire le *Dasein* dépend peut-être du monde[2]. Une telle inversion de priorité – laquelle, il faut le souligner, ne peut avoir qu'un sens ontologique et non pas ontique – ne peut avoir lieu que si la transcendalité ou la liberté sont déjà en elles-mêmes pensées non comme une propriété du *Dasein* mais comme la dimension qui le rend possible. On pourrait à cet égard montrer en détail que c'est ce que la lecture heideggérienne de Kant tentait de faire apparaître en 1929 dans *Kant et le problème de la métaphysique* et en 1930 dans son cours sur *L'essence de la liberté humaine*[3]. Autrement dit, le surmontement du transcendantalisme sans retombée dans l'empirisme n'est lui-même possible que si la transcendantalité est comprise en termes de passivité, c'est-à-dire en termes d'existence et de facticité, et non en termes d'activité et de subjectivité.

Mais le dépassement de la conception transcendantale du monde ne veut pas dire pour autant la suppression de la capacité projective du *Dasein*, mais plutôt sa subordination à l'événement primordial de l'ouverture du monde dans lequel se tient le *Dasein*. Le problème n'est pas tant en effet pour Heidegger d'inverser la manière transcendantale de penser en donnant au monde le rôle actif jusqu'ici dévolu au *Dasein*, mais de penser dans son intimité l'identité du monde et du *Dasein*, de sorte qu'il n'y ait pas deux instances séparées reliées l'une à l'autre par une relation de causalité, mais un seul « événement ». Le monde n'est plus le résultat de la projection du *Dasein*, mais s'ouvre primordialement comme la clairière en relation avec laquelle ce *Dasein* ek-siste. Dans la *Lettre sur l'humanisme*, Heidegger

1. E. Fink, *Welt und Endlichkeit*, *op. cit.*, p. 154.
2. *Ibid.*, p. 183.
3. *Cf.* M. Heidegger, *De l'essence de la liberté humaine*, (Ga 31), Paris, Gallimard, 1987.

commence en effet à écrire le terme existence d'une nouvelle manière afin d'indiquer que l'ek-sistence n'est plus désormais comprise comme projection transcendantale du monde, mais comme endurance *(Ausstehen)* de l'ouverture de l'être, de sorte qu'elle ne puisse plus être considérée comme la contrepartie de l'immanence d'un sujet, mais au contraire comme le fait pour le *Dasein* de se tenir ouvert *pour* l'ouverture de l'être[1]. Cela implique une radicalisation de la facticité de l'être-jeté qui est maintenant compris comme provenant de l'être lui-même. Heidegger dit en effet explicitement dans la *Lettre sur l'humanisme* que « ce qui jette dans le projeter n'est pas l'homme, mais l'être lui-même qui destine l'homme à l'ek-sistence de l'être-le-là comme à son essence »[2]. La passivité de l'existence est maintenant comprise comme destin et histoire de l'être lui-même de sorte que l'ouverture du monde advient non plus *par* le Dasein, mais bien *pour* celui-ci.

Une telle conception destinale et historique[3] du monde est développée d'abord par Heidegger dans ses conférences de 1935 et 1936 sur *L'origine de l'œuvre d'art.* Le but que poursuit alors Heidegger est de montrer que l'art n'est pas une représentation ou une production, mais un événement ontologique et qu'en tant que tel il est l'institution de l'histoire. Or l'essence métaphysique de l'art renvoie à une conception de l'art qui voit en celui-ci une représentation de quelque chose de suprasensible dans une matière sensible soumise à une forme. Heidegger propose au contraire de penser l'art comme une position, une *thesis*, au sens d'une *Stiftung*, d'une institution d'un monde particulier. L'art est selon Heidegger une des manières selon laquelle advient la vérité, il est défini comme la mise en œuvre de la vérité[4]. L'accent mis sur la valeur institutionnelle et positionnelle de l'art produit un renversement de ce qui semble être la situation normale selon laquelle la nature précède l'art. C'est ce qui est tout particulièrement souligné par Heidegger dans sa conférence de 1935 intitulée *De l'origine de l'œuvre d'art* : « Tout, ici, est renversé : c'est le

1. *Cf.* Introduction de 1949 à « Qu'est-ce que la métaphysique ? », *Questions I*, p. 34.

2. M. Heidegger, *Lettre sur l'humanisme*, p. 95.

3. Nous ne reprenons pas ici la traduction de *geschichtlich* par historial et de *Geschichtlichkeit* par historialité, originellement proposée par Henri Corbin dans sa traduction en 1938 d'extraits de *Sein und Zeit*, bien qu'elle permette de rendre compte de la distinction que permet la langue allemande et qu'accentue fortement Heidegger entre *Geschichte* (l'histoire en tant que processus réel) et *Historie* (la science historique).

4. M. Heidegger, « L'origine de l'œuvre d'art » (conférences de 1936 à Francfort sur le Main), *Chemins qui ne mènent nulle part*, Paris, Gallimard, 1980, p. 37.

temple, dans sa tenue, qui donne pour la première fois aux choses le visage grâce auquel elles deviendront à l'avenir visibles et, pour un temps, le demeureront »[1]. C'est donc l'œuvre d'art qui donne d'abord aux êtres naturels leur visibilité : maintenant c'est la nature qui vient *après* l'art. Ce n'est pas le cas seulement de l'architecture, mais aussi de la sculpture et de la poésie[2]. La statue du dieu n'est pas une image faite d'après lui, mais elle est le dieu lui-même, elle constitue la venue en présence même et non pas la reproduction d'un être absent ou lointain. La tragédie n'est pas le récit d'une histoire et ne parle pas de la bataille des dieux, mais en elle la bataille a effectivement lieu. L'œuvre d'art est instauratrice de présence plutôt que représentation de quelque chose d'absent. Parce que l'œuvre ne reproduit rien, mais simplement se tient là, elle ouvre un espace dans lequel tout devient visible. C'est pourquoi l'œuvre d'art a essentiellement la capacité de donner « lieu » aux choses.

Les deux traits essentiels de l'œuvre d'art qu'analyse Heidegger sont deux modes différents du placer : installer *(aufstellen)* et pro-duire *(herstellen).* Installer, cela ne veut pas dire seulement disposer, par exemple des œuvres d'art dans un musée. C'est, souligne Heidegger, un geste de consécration et de célébration[3], de sorte que par l'installation, le sacré soit ouvert. C'est cette ouverture du sacré qui est en même temps l'ouverture du monde. L'œuvre d'art n'est pas installée, elle est en elle-même installation au sens où elle ouvre un monde. Cette ouverture d'un monde est un *Einräumen*, un « aménagement » de l'espace, une libération de l'ouvert, par laquelle toutes choses acquièrent leurs dimensions propres[4]. De la même manière, l'œuvre d'art ne doit pas être comprise au sens habituel de fabrication de quelque chose à partir d'un matériau, mais comme un *pro-ducere* au sens littéral de ce terme, c'est-à-dire comme un amener devant. Il faut dire à cet égard non pas que l'œuvre est produite, mais qu'elle produit par elle-même. Heidegger explique que l'outil par contre prend la matière à son service[5], de sorte que cette dernière disparaît dans l'utilité. Mais matière et forme sont des concepts qui ne sont pas utilisables dans le cas de l'œuvre d'art, qui n'est pas une fabrication. Dans l'œuvre d'art la matière ne disparaît pas dans la forme, mais au contraire

1. M. Heidegger, *De l'origine de l'œuvre d'art* (conférence du 23 novembre 1935), Paris, Authentica, 1987, (noté par la suite VF, pour Version de Fribourg) p. 26. Voir le passage correspondant dans M. Heidegger, *Chemins qui ne mènent nulle part*, p. 45.

2. Notons que Heidegger ne dit rien ici de la musique.

3. VF, p. 29

4. M. Heidegger, *Chemins qui ne mènent nulle part*, p. 48.

5. *Ibid.*, p. 49-50.

vient pour la première fois au jour. Qu'est-ce qui apparaît donc ? Non pas un matériau qui serait en attente d'une forme qui le rendrait invisible, mais ce qui par essence résiste à toutes les tentatives de pénétration, ce qui demeure indécelable et se tient constamment en réserve : la terre en tant qu'elle se renferme en soi par essence[1]. Ce qui est par conséquent « pro-duit » *(hergestellt)* dans l'ouvert par l'œuvre d'art, c'est la terre en tant que ce qui se renferme en soi. Le verbe *herstellen* a aussi en allemand le sens de restaurer, de sorte que nous pouvons aussi comprendre la « pro-duction » de la terre comme le rétablissement dans l'ouvert de ce qui tend constamment à se retirer.

L'installation du monde et la pro-duction de la terre s'entr'appartiennent comme l'éclaircie et l'occultation. L'œuvre d'art au sein de laquelle les deux processus prennent place est le lieu d'un combat entre terre et monde, elle est l'instigatrice de ce combat et non pas seulement la simple représentation de celui-ci[2]. Mais que signifie cela : l'œuvre d'art installe un monde? Dans *L'origine de l'œuvre d'art*, Heidegger déclare que la nature du monde ne peut être qu'indiquée et que « cette indication doit se borner à écarter ce qui pourrait troubler la vue de ce qui est essentiel »[3]. Il est en effet nécessaire de prévenir la mésinterprétation du phénomène du monde qui consiste à comprendre celui-ci comme le simple assemblage des choses existantes ou comme un simple cadre figuré ajouté à la somme des étants donnés. Le monde est en fait plus étant que le palpable et le préhensible, le monde *règne*, il *s'ordonne en monde*[4]. Il n'est pas un objet, au sens où il n'est pas *devant* nous, mais il est ce *sous* quoi nous nous tenons : nous sommes soumis au monde au sens où nous sommes « ravis », capturés dans un ajointement de renvois à partir desquels nous sommes exposés à la grâce et à la disgrâce des dieux[5]. Le caractère

1. M. Heidegger, *Chemins qui ne mènent nulle part*, p. 50-51.

2. VF, p. 33 ; *Chemins qui ne mènent nulle part*, p. 53.

3. M. Heidegger, *Chemins qui ne mènent nulle part*, p. 47.

4. Dans la version de Fribourg (VF, p. 29), on trouve « *Welt waltet* » (*le monde règne*) alors que dans la conférence de 1936 il y a « *Welt weltet* » (*le monde monde*). Dans le cours du semestre d'hiver 1929-30, *Les concepts fondamentaux de la métaphysique, Monde-finitude-solitude*, Paris, Gallimard, 1992, on trouve à plusieures reprises l'expression *Walten der Welt* (§ 74, p. 502 *sq.*). Mais dans *De l'essence du fondement* (1929) Heidegger réunissait déjà les deux expressions et écrivait explicitement : « *Welt ist nie, sondern weltet* » (« *Le monde n'est jamais, mais monde* » (*Questions I*, p. 142). Et depuis la parution en 1987 du cours du semestre d'hiver 1919 (*Zur Bestimmung der Philosophie*, Gesamtausgabe Band 56/57, Frankfurt am Main, Klostermann, 1987) nous savons que l'expression *"es weltet"* était déjà employé par Heidegger à cette époque (*op. cit.*, p. 73).

5. VF, p. 29 ; *Chemins qui ne mènent nulle part*, p. 47.

extatique de l'existence humaine est maintenant pensé en relation avec l'absence ou la présence des dieux, en référence à la dimension du sacré.

Dans *De l'origine de l'œuvre d'art*, le monde n'est plus compris comme *Umwelt* quotidien, il est au contraire immédiatement défini comme l'ensemble des rapports dans lesquels les décisions essentielles d'un peuple, les victoires, les sacrifices et les œuvres, sont ajointées[1]. Lorsque Heidegger écrit : « Le monde n'est jamais le monde de tout le monde d'une humanité en général et pourtant tout monde désigne toujours l'étant dans son ensemble »[2], cela rappelle étrangement le commencement d'un essai philosophique que Hölderlin rédigea en 1799 et auquel on a donné par la suite le titre *Das Werden im Vergehen*, *Le devenir dans le périr*[3]. On y trouve l'idée que chaque monde historique fini contient « le monde de tous les mondes » et que l'infini ne peut être trouvé que dans le fini. Pour ce *Dasein* historique qu'est un peuple, le monde est ce qui lui est dévolu comme tâche. Mais être ouvert à l'avenir suppose également l'ouverture à ce qui a eu lieu dans le passé. On retrouve ici la même structure d'historicité que celle qui gouvernait dans *Être et temps* l'existence du *Dasein*. Seul un peuple qui a un avenir peut aussi avoir un passé, ou plutôt un « être-été ». Avoir un monde pour un peuple, cela ne veut rien dire d'autre qu'être historique au sens que Heidegger donne dans *Être et temps* au mot *Geschichtlichkeit*.

Mais en 1935, l'historicité ne peut plus être pensée isolément, elle doit être reliée à la dimension du sacré, et cela est un autre trait hölderlinien. L'émergence de cette dimension rappelle un autre essai de Hölderlin, *Sur la religion*, où le sacré est compris comme l'expérience d'une relation plus vivante de l'homme avec le monde que celle de la simple nécessité. Sur la base d'une telle expérience, une nouvelle « preuve » de l'existence de Dieu peut être proposée : ni ontologique (fondée sur l'expérience du pensée du sujet) ni cosmologique (fondée sur la réalité du monde), cette preuve est en réalité une attestation phénoménologique qui repose sur l'expérience fondamentale, la *Grunderfahrung*, de la relation interne qui lie l'être humain au monde[4]. Le monde est donc compris à la fois comme le lieu où se déroule l'histoire d'une humanité finie et comme le règne du sacré ou de

1. VF, p. 35-36.

2. VF, p. 37. *Welt ist nie Allerweltswelt einer allgemeinen Menschheit und doch meint jede Welt immer das Seiende im Ganzen.*

3. Hölderlin, *Œuvres*, Paris, Gallimard, 1967, p. 651.

4. Hölderlin, *Œuvres*, p. 645 *sq.* Voir à ce sujet, F. Dastur, « Hölderlin : Sur la religion », *Les Cahiers de Fontenay*, n°73-74, « Idéalisme et romantisme », ENS Fontenay-St Cloud, mars 1994, p. 221 *sq.*

l'absence du sacré, comme c'est le cas dans la modernité, qui, parce que privée de dieux, a une relation négative au sacré : « Cette absence [celle des dieux] est aussi une manière selon laquelle le monde règne »[1]. En 1935, l'être-jeté du *Dasein* n'est plus une simple facticité qu'il s'agit pour lui d'assumer, mais ce qui est jeté au *Dasein* historique par les dieux. Heidegger cite en effet dans *De l'origine de l'œuvre d'art*, quelques vers du poème de Hölderlin intitulé « Voix du peuple » où il est question des dieux souriants qui poussent les hommes en avant comme les aigles leurs petits hors du nid[2]. Mais si le peuple est ainsi jeté – disons hors de la nature – dans l'histoire, cela ne veut pas dire que l'histoire est une aventure arbitraire. Au contraire : parce que l'ouverture du monde est aussi, comme nous l'avons vu, la pro-duction de la terre, le peuple ne peut être jeté que dans son « là », c'est-à-dire là où il se tient déjà, afin de l'assumer. Dans la mesure où le peuple a un monde, il est donc rejeté vers la terre, une terre qui lui est aussi spécifique que l'est son monde[3]. Il s'agit donc d'une reprise, dans l'ouverture d'un monde, de ce qui abyssalement le fonde. Ainsi l'instauration d'un monde n'est pas du tout une fuite hors de la « réalité », mais au contraire l'ouverture à ce qui constitue le propre du peuple historique. Car être historique veut dire être ouvert à soi-même, à ce qui constitue « la propriété la plus propre » du *Dasein* et non pas à quelque chose d'étranger, exactement comme dans *Être et temps*, cela voulait dire hériter de soi-même, se transmettre à soi-même et ainsi assumer un héritage[4].

Il s'agit donc dans ces textes des années trente de penser ensemble la dimension sacrée du monde, son « installation » en tant que pro-duction de la terre, et le monde en tant que lieu de l'historicité d'un être collectif singulier. On a là une conception du monde qui se trouve en quelque sorte à mi-chemin entre le monde ambiant humain de *Être et temps* et le monde comme *Geviert* des années cinquante. De l'un à l'autre, on passe bien en effet d'un concept transcendantal à un concept cosmologique de monde, comme le souligne Fink qui considère que Heidegger, après *Vom Wesen*

1. VF, p. 31.

2. VF, p. 41. Heidegger cite ici une strophe de la première version du poème *Stimme des Volkes* qui dit : *Et tout comme les petits de l'aigle, leur père les jette lui-même / Hors du nid, afin qu'ils se cherchent une proie dans les champs, de même / En souriant les dieux nous poussent en avant*.

3. La terre ne constitue pas pour Heidegger un donné naturel, mais elle est au contraire tout aussi « historique » que le monde particulier auquel elle appartient. L'historicité ne caractérise pas seulement la « culture » humaine, mais bien l'être lui-même. Rien n'est donc pour Heidegger extérieur à l'histoire de l'être. *Cf.* M. Heidegger, *Die Geschichte des Seins*, Gesamtausgabe Band 69, Frankfurt am Main, Klostermann, 1998, p. 107-108.

4. SZ, p. 383-84.

des Grundes, a accompli une percée dans la direction d'un concept véritablement cosmologique de monde[1] et comme le considère également von Herrmann, qui souligne, dans le livre fondamental qu'il a consacré à l'interprétation que Heidegger a lui-même donné de son « tournant », que celui-ci est passé d'un concept de monde « transcendantalo-existential » à un concept de monde « eksistentialo-cosmologique »[2], ce qu'atteste le passage de la conférence prononcée par Heidegger en 1943 et intitulée « *Alètheia* » dans lequel le monde est identifié à l'événement de l'éclaircie, à l'*Ereignis der Lichtung* lui-même[3].

Cela ne veut pourtant pas dire que cet événement est indépendant du *Dasein*, mais au contraire que le *Dasein* continue à prendre part à l'événement du monde, qu'il est même « employé » *(gebraucht)* par lui, comme Heidegger l'explique dans son essai sur Anaximandre qui date de la même époque que la *Lettre sur l'humanisme*[4]. *Brauch*, qui est la traduction que Heidegger donne de l'expression *to khreôn* qui apparaît dans la sentence d'Anaximandre, est selon lui le véritable nom de l'être et suppose une « prise en main » de l'homme par l'être qui a certes « besoin » de l'homme, mais au sens où il en jouit, le mot *Brauch* qui signifie habituellement « besoin » en allemand pouvant être rapproché du *frui* latin, et ayant alors le sens de « délivrer quelque chose à son déploiement propre et le maintenir, en tant qu'ainsi *présent*, en ce maintien sauvegardant »[5].

Cela implique une transformation du sens même de l'être dans le monde comme Heidegger le souligne dans la *Lettre sur l'humanisme*[6]. L'ouverture du monde n'est plus « configurée » par l'homme, mais au contraire le monde s'ouvre de lui-même de telle manière qu'il ouvre en même temps l'être au monde de l'homme qui ne peut par conséquent absolument plus être considéré comme ce sujet demeurant en lui-même *avant* d'avoir une relation au monde. Son être « employé » par l'être est la marque de sa privation nécessaire de toute intériorité ou immanence qui pourrait encore faire de lui un être séparé. Le résultat de cette transformation du concept de monde n'est donc pas l'éradication du privilège du *Dasein*, mais une nouvelle compréhension de celui-ci. Dans la mesure où le

1. E. Fink, *Welt und Endlichkeit*, *op. cit.*, p. 183.

2. F.-W. von Herrmann, *Die Selbstinterpretation Martin Heideggers*, Meisenheim am Glan, Anton Hain, 1964, p. 65.

3. M. Heidegger, *Essais et conférences*, Paris, Gallimard, 1958, p. 334.

4. M. Heidegger, « La parole d'Anaximandre » (1946), in *Chemins qui ne mènent nulle part*, p. 387 *sq.*

5. *Ibid.*, p. 443. L'allemand dit plus précisément : « *Etwas seinem eigenen Wesen aushändigen und es als so Anwesendes in der wahrenden Hand behalten* ».

6. M. Heidegger, *Lettre sur l'humanisme*, p. 133.

monde demeure relié au *Dasein*, celui-ci ne se tient pas dans le monde comme les autres êtres, mais « participe » essentiellement à l'événement de l'éclaircie. Ce privilège de faire partie de l'événement du monde ne vient pas d'un pouvoir de dévoilement qui serait l'apanage de l'homme, mais il lui est octroyé par l'événement originairement dévoilant de l'éclaircie du monde.

C'est seulement sur la base d'une telle conception « cosmologique » du monde qu'il est possible de comprendre que, dans sa conférence de 1950 sur « La chose », Heidegger puisse dire que les Quatre, terre et ciel, divins et mortels, sont le monder du monde, ce qui fait monde. Monde est ici le nom de l'unité d'un quadruple événement qui ne peut pas être expliqué par autre chose, ni fondé sur autre chose. Ce qui veut dire que les quatre « régions » du monde ne peuvent pas être considérées comme des réalités séparées explicables les unes par les autres ou fondées les unes sur les autres. Heidegger insiste sur le fait que chacune d'entre elles est le miroir des autres, retrouvant ainsi une idée hölderlinienne fortement exprimée dans les grands poèmes de la dernière période, celle d'une réflection du ciel par la terre et les fleuves[1].

Afin de penser la non substantialité et l'appartenance essentielle des Quatre, Heidegger, comme Fink, fait appel au concept de jeu qui implique une relation dynamique entre les différents éléments : « Ce jeu qui fait paraître, le jeu de miroir de la simplicité de la terre et du ciel, nous le nommons "le monde". Le monde est en tant qu'il joue ce jeu. Ceci veut dire : le jeu du monde ne peut être, ni expliqué par quelque chose d'autre, ni appréhendé dans son fond à partir de quelque chose d'autre »[2]. Dans cette conception cosmologique et non métaphysique du monde comme être ultime non fondé sur autre chose, il faut souligner que l'être humain joue toujours un rôle important. Les mortels sont parties prenantes du monder du monde, et en tant que tels, ils sont inséparables des trois autres éléments. Mais ils le sont en tant que mortels, c'est-à-dire en tant qu'êtres capables de la mort, et non en tant que simples vivants[3]. Cela nous ramène à la *Lettre sur l'humanisme* où Heidegger déclarait que la métaphysique ne pense pas l'*humanitas* de l'homme, mais seulement son *animalitas*, même lorsqu'elle voit dans la raison ou l'esprit la différence spécifique de

1. M. Heidegger, *Essais et conférences*, p. 213-214. Voir à ce sujet, F. Dastur, *Hölderlin, Le retournement natal*, La Versanne, Encre marine, 1997, p. 144 *sq*.

2. *Ibid.*, p. 214.

3. *Ibid.*, p. 212-213.

l'homme[1]. La métaphysique définit l'homme comme un être parmi d'autres et le considère comme un étant séparé sans être capable de voir en lui ce qui fait la dignité de son être, à savoir sa participation au processus du dévoilement. Pour penser le *Da-sein* comme être ayant part à l'avènement de l'être, il faut penser l'homme comme être pour la mort, comme mortel, et non pas comme raison ou esprit, c'est-à-dire comme participant, par une part de lui-même, à l'éternel. Mais que veut dire « être capable de la mort » ? Heidegger s'en explique dans sa conférence de 1951 intitulée « Bâtir, habiter, penser » : « Les mortels sont les hommes. On les appelle mortels parce qu'ils peuvent mourir. Mourir veut dire : être capable de la mort *en tant que* la mort. Seul l'homme meurt, il meurt continuellement, aussi longtemps qu'il séjourne sur terre, sous le ciel, devant les divins. »[2] L'existence humaine en tant que participation au monder du monde est une mort continuelle et non pas une « vie ». Que veut dire mourir continuellement, exister comme mortel au sens où Heidegger l'entendait déjà dans *Être et temps*[3] ? Cela veut dire laisser la mort avoir pouvoir sur nous, exister en se rapportant à la fin de notre *Dasein*, penser celui-ci sur le fond d'un ne plus-être *Dasein*. Cela veut dire considérer la mort comme la possibilité extrême, c'est-à-dire comme seule possibilité absolument irréalisable, et prendre ainsi conscience de notre passivité à l'égard de nous-mêmes, de ce qui fait de nous autre chose que des sujets. C'est cela, le fait que nous ne sommes pas les maîtres de l'être, qui constitue l'*humanitas* de l'*homo humanus* et qui rend en même temps le monder du monde possible.

Mais de même que, loin d'être déjà véritablement des humains, il faut au contraire aux hommes de la métaphysique, aux êtres vivants rationnels, *devenir* des mortels[4], de même le monde n'est pas déjà donné mais encore à venir : « Le monde est le jeu de miroir *encore caché* des Quatre : terre et ciel, mortels et divins », déclare Heidegger en 1949 dans sa conférence de Brême intitulé « *Die Gefahr* » (Le danger)[5]. Que le monde en tant que l'unité des Quatre se refuse encore, qu'il se retire encore dans la dissimulation, cela tient au destin même de la pensée occidentale qui a, depuis Parménide et jusqu'à Heidegger lui-même, toujours subordonné la pensée du monde à celle de l'être : « Le monde est la vérité du déploiement

1. M. Heidegger, *Lettre sur l'humanisme*, p. 55-56.

2. *Cf.* M. Heidegger, *Essais et conférences*, p. 177.

3. *Cf.* SZ, p. 245 : « La mort est une manière d'être que le *Dasein* assume aussitôt qu'il est. »

4. *Cf.* M. Heidegger, *Essais et conférences*, p. 213.

5. M. Heidegger, *Bremer et Freiburger Vorträge*, Gesamtausgabe Band 79, Frankfurt am Main, Klostermann, 1994, p. 47. (Je souligne).

de l'être. Nous caractérisons ainsi le monde par rapport à l'être. Le monde est, représenté ainsi, subordonné à l'être, alors qu'en vérité l'être ne se déploie qu'à partir du monder caché du monde. Le monde n'est pas un mode de l'être, il ne lui est pas assujetti. »[1] L'événement du monde au sens du *Geviert* ne peut donc signifier en lui-même que la disparition de l'être, et avec lui du néant, dans le monde : « Lorsque le monde advient en propre pour la première fois, l'être s'évanouit, mais avec lui aussi le néant, dans le monder »[2]. Il n'est donc guère étonnant que dans le texte qu'il dédie en 1956 à Jünger, Heidegger, après avoir apposé une biffure en croix sur le mot « être », afin de se préserver de « cette habitude presque inextirpable de représenter l'être comme un en-face qui se tient en soi et qui ensuite seulement advient parfois à l'homme », ajoute que ce signe de la biffure en croix n'a pas seulement un sens négatif, mais qu'il « indique les quatre régions du Cadran et leur assemblement dans le Lieu où se croise cette croix »[3].

De ce lieu où la représentation métaphysique de l'être comme grand objet fait l'épreuve de son caractère illusoire, du *monde*, nous ne pouvons approcher que si nous-mêmes ne nous posons plus en sujets. Ce à quoi il serait alors possible de s'ouvrir, ce ne sont plus aux « objets », mais à l'inapparence et à la proximité des *choses*. Car c'est en elles qu'advient le monde[4]. L'événement du monde ne peut en effet avoir lieu qu'à partir du moment où ce qui est n'apparaît plus sous la figure de l'autosuffisance de ce qui se tient en vis à vis *(Gegen-stand)* et en soi *(Selbst-stand)*[5] et où ce n'est plus l'ab-solu, mais au contraire l'ajointement *(Fuge)*[6] qui est le véritable sens de l'être. De ces mortels habitant le monde que les hommes d'aujourd'hui doivent devenir, on pourrait dire alors qu'ils sont « au sens rigoureux du mot, ceux qui sont pourvus de choses *(die Be-dingten)* », c'est-à-dire les conditionnés, ceux qui « ont laissé derrière eux toute prétention à l'absolu ».

1. *Ibid.*, p. 48-49.
2. *Ibid.*, p. 49.
3. *Cf.* « Contribution à la question de l'être », *Questions I*, p. 232.
4. M. Heidegger, *Essais et conférences*, p. 216.
5. M. Heidegger, *Essais et conférences*, p. 197.
6. *Cf.* M. Heidegger, *Hölderlins Hymne "Andenken"* (cours du semestre d'hiver 1941-1942), Gesamtausgabe Band 52, Frankfurt am Main, Klostermann, 1982, p. 100 : « Nous nommons ajointement l'être dans lequel tout étant se déploie » *(Die Fuge nennen wir das Seyn, worin alles Seiende west).*

ESPACE, LIEU, HABITATION

On a coutume de voir en Heidegger un penseur qui fait du temps la dimension fondamentale de l'être et de l'existence au détriment de l'espace, auquel ne serait reconnu à ce double égard qu'une importance secondaire. La question de l'habiter, qui se posera pour Heidegger de manière cruciale à partir des années trente, à travers le dialogue qu'il entreprendra à la fois avec Hölderlin, le poète du « retournement natal », et avec Nietzsche, le penseur du nihilisme européen, n'est cependant pas absente du traité de 1927, *Être et temps*, pas plus que ne l'est l'affirmation du caractère constitutif de l'espace en ce qui concerne l'être de l'homme. Et c'est paradoxalement à une pensée du lieu et de la « topologie de l'être » que conduira l'élaboration, poursuivie tout au long de son œuvre, de la question du rapport qu'entretient l'être avec le temps.

Avant donc de se tourner vers les textes plus tardifs dans lesquels les thème du lieu et de l'habitation deviennent prépondérants, il faut commencer par montrer non seulement quelle est déjà la place faite dans *Être et temps* à la dimension de la spatialité, mais aussi de quelle manière spatialité et temporalité se voient mises en rapport dans la période qui suit et qui est celle d'une profonde transformation de la problématique initiale de cette première œuvre.

On n'a pas en effet suffisamment remarqué que le terme par lequel on a traduit en allemand le latin *existentia* et qui deviendra pour Heidegger de manière exclusive le nom de l'être de l'homme, *Dasein*, est construit à l'aide de l'adverbe de lieu *da* en tant qu'il s'oppose aussi bien à *hier* (ici) qu'à *dort* (là-bas). Le renoncement à traduire en français le terme *Dasein* par *être-là* ne devrait pas en effet nous conduire à méconnaître l'instance du *là* dans ce nom de l'être de l'homme. C'est même cette connotation « spatiale » qui interdit d'identifier le *Dasein* heideggérien à l'ego solipsiste de la tradition classique. Comme Heidegger l'explique dans le

§ 26 de *Être et temps* qui est consacré à l'être avec les autres dans la quotidienneté, il y a chez les linguistiques une controverse au sujet de savoir, dans les langues où les adverbes de lieu servent aussi de pronoms personnels, quelle signification, de l'adverbiale ou de la pronominale, est la plus originaire. Ce qui est clair en tout cas, c'est que l'appellation de *Dasein* fait intervenir l'adverbe de lieu qui correspond au rapport en deuxième personne, au rapport je-tu, ce qui implique que le *Da* désigne la localité de l'être-avec-l'autre, du *Mitsein* qu'est toujours intrinsèquement le *Dasein*[1]. Dans son cours du semestre d'été 1925 où il fait pour la première fois allusion au texte de Humboldt qui fut à l'origine de cette controverse, Heidegger en conclut que les adverbes « ici », « là » et « là-bas » ne sont pas des déterminations réelles de lieu ou des caractères des choses mêmes du monde, mais des déterminations du *Dasein*. Le fait que, dans certains idiomes, il soit impossible de distinguer les adverbes de lieu des pronoms personnels implique non pas que de telles expressions, là où elles existent, soient le signe d'un langage primitif, encore orienté par rapport à l'espace et à la matière, mais bien au contraire que le *Dasein* s'exprime d'emblée sur lui-même à partir de la position qu'il occupe et de la spatialité originaire qui est la sienne[2].

Il faudrait s'attarder ici sur ce que Heidegger entend par *In-Sein*, expression que les traducteurs français ont tous choisis de rendre par « être à » pour distinguer ce mode fondamental d'être du *Dasein* du *Sein-in, de l'« être dans »* des choses subsistantes, en prenant ainsi le risque de gommer le caractère *originairement* spatialisant attaché à la proposition *in*. Heidegger souligne en effet que cette préposition provient en allemand du verbe *innan* qui signifie habiter[3] et qu'elle a le sens d'être en familiarité avec[4]. C'est donc cette *Vertrautheit*, cette familiarité ou cette confiance, qui constitue le phénomène originaire de la quotidienneté[5]. Car dans son rapport premier avec le monde, dans la préoccupation, le *Dasein*, à la différence du sujet classique, n'a pas affaire à des « objets » isolés et situés « dans » l'espace, mais à un complexe d'outils liés entre eux par des réseaux de renvois à travers lesquels il se signifie à lui-même son propre être dans le

1. Voir à cet égard F. Dastur, « Espace et intersubjectivité », *Studia phænomenologica* I (2001), n°3-4, Humanitas, Bucharest, p. 63-73.

2. *Prolegomena zur Geschichte des Zeitbegriffs*, Gesamtausgabe Band 20, Frankfurt am Main, Klostermann, 1979, § 26, p. 343 *sq.* Voir trad. fr. A. Boutot, *Prolégomènes à l'histoire du concept de temps*, Paris, Gallimard, 2006.

3. *Cf.* M. Heidegger, *Sein und Zeit*, Tübingen, Niemeyer, 1963, p. 54.

4. Ga 20, p. 213.

5. *Ibid*, p. 255 *sq.* et 272.

monde. Ce à quoi le *Dasein* est donc de prime abord ouvert, ce n'est pas à la réalité matérielle et sensible en tant que telle, mais à la signification qu'elle revêt pour lui, à un environnement, un *Umwelt*, dont il fait lui-même partie, puisqu'il en constitue la « finalité » dernière. Il importe à cet égard de souligner que c'est le *um* de l'ustensilité, le « fait-pour » *(Um-zu)* qui fonde de manière primaire l'entour *(das Umhafte)* de l'*Umwelt* et non le contraire de sorte que le « *um* » de *Umwelt* n'a pas originairement un sens spatial[1], si du moins on entend par espace l'espace métrique et géométrique. Heidegger voit au contraire dans ce dernier une modification déterminée d'une spatialité plus originaire qui ne peut de son côté n'être véritablement comprise qu'à partir de l'existential de la *Befindlichkeit*, de la disposition, terme qui fut d'abord rendu par les premiers traducteurs de *Sein und Zeit*[2] par « sentiment de la situation », afin de tenir compte du double sens de *sich befinden* qui signifie *à la fois* se trouver en un lieu et se trouver en tel ou tel état. Il y a en effet une étroite connexion entre *sich befinden* et *empfinden* (ressentir) qui provient de la signification fondamentale du verbe *finden* (trouver) qui renvoie à l'idée de rencontre.

Car c'est uniquement dans l'ouverture originaire des *Stimmungen*, des tonalités affectives, que le *Dasein* se voit porté devant son être, c'est-à-dire le là[3]. Ce que Heidegger nomme *Geworfenheit*, être-jeté, renvoie à l'épreuve d'une facticité qui ne se confond nullement avec la factualité d'une présence déjà donnée, mais inclut au contraire en elle l'obscurité qui enveloppe le « lieu » d'où vient le *Dasein* et celui vers où il va, son *Woher* comme son *Wohin*[4]. Cette épreuve d'une impossible « localisation » de soi advenant par et dans la *Stimmung*, dont Heidegger explicitera par la suite plus clairement le caractère proprement « atmosphérique »[5], constitue la *Weltoffenheit* du *Dasein*, son ouverture au monde, à partir de laquelle toute directionnalité et intentionnalité deviennent possibles[6]. C'est précisément parce que, du point de vue ontologique, la découverte première du monde revient à la tonalité affective, que la disposition fondamentale qu'est l'angoisse peut être la révélation de la mondanéité du monde en même temps que de la facticité du *Dasein*. Cette révélation ne peut en effet advenir

1. *Ibid*, p. 229 *sq.*

2. Cf. *L'Être et le Temps*, traduction (de la première section seulement) par R. Boehm et A. de Waelhens, Paris, Gallimard, 1964, § 29, p. 168 et Note p. 304.

3. SZ, § 29, p. 134. Ici Heidegger écrit *Da-sein*.

4. *Ibid.*

5. Dans son cours du semestre d'hiver 1929-30. *Cf.* M. Heidegger, *Les concepts fondamentaux de la métaphysique, Monde-finitude-solitude*, § 17, trad. fr. D. Panis, Paris, Gallimard, 1992, p. 106 *sq.*

6. SZ, p. 137.

que par la rupture de la confiance qui lie le *Dasein* à son *Umwelt*, au monde de sa préoccupation, elle ne peut que prendre la forme d'une épreuve de l'*Unheimlichkeit*, de l'inquiétante étrangeté du *Dasein* et de son « hors de chez soi » *(Un-zuhause)* originaire [1]. Or le radical de *Unheimlich* est le mot *Heim*, qui a le sens de « foyer », « chez soi » [2], dont dérive l'intraduisible *Heimat*, qui désigne le pays natal, le lieu dont on est originaire et qu'on habite.

Ce sur quoi Heidegger met l'accent dans *Être et temps*, c'est sur le fait que la disposition, loin de constituer seulement l'accompagnement « affectif » d'un voir ou d'un faire, est au contraire ce par quoi nous découvrons primairement le monde. Et l'angoisse est cette disposition insigne où ce *pour quoi* on s'angoisse, à savoir l'être dans le monde comme tel, est aussi ce *devant* quoi on s'angoisse [3]. L'angoisse, contrairement à la peur, apparaît en effet comme indéterminée, sans objet assignable, car « ce qui angoisse dans l'angoisse, c'est le monde comme tel » [4]. Ce avec quoi le *Dasein* rompt dans l'angoisse, c'est avec la *familiarité* qui caractérise l'être-dans-le-monde quotidien. C'est ce lien avec le monde qui subit une modification : l'être-dans, qui dans la quotidienneté a le sens d'un habiter, acquiert la modalité existentiale du non-chez-soi (*Un-zuhause*), ce qui implique que l'expérience du ne pas être chez soi, de l'« étrangeté » (*Unheimlichkeit*), est encore une manière d'avoir un rapport essentiel au monde. Cette manière d'être-dans-le-monde sur le mode de l'étrangeté est cependant, du point de vue existential et ontologique, « le phénomène le plus originel » [5] à partir duquel il peut y avoir quelque chose comme un être-dans-le-monde sur le mode de la familiarité. La fuite qui caractérise ce que Heidegger nomme la *Verfallenheit*, l'être-déchu, est donc fuite *vers* la familiarité *devant* l'étrangeté du *Dasein* en tant précisément qu'il est *jeté* comme Là dans le monde. Heidegger voit donc dans la familiarité un mode de l'étrangeté (de l'*Unheimlichkeit*) foncière et originaire du *Dasein*, ce qui implique que ce dernier ne trouve jamais sa véritable *Heimat*, son véritable « lieu natal » que dans le ne pas-être chez soi.

Mais il ne faut pas s'y tromper : le fait que le caractère « apatride » du *Dasein* soit, du point de vue ontologique et existential, le phénomène originaire ne signifie nulle indépendance du *Dasein* par rapport au monde

1. SZ, § 40, p. 189.

2. Terme qui renvoie à la racine indo-européenne **kei*, être couché, qui a donné le verbe grec *keimai*, qui a la même signification.

3. SZ, § 40, p. 188.

4. *Ibid.*, p. 187.

5. *Ibid.*, p. 189.

et moins encore que sa véritable « patrie » soit hors de *ce* monde. Au contraire, ce qui se révèle de manière si inquiétante dans l'angoisse, c'est *l'être voué au monde* du *Dasein*, sa facticité *même*, en même temps que la mondanéité *même* du monde qui n'est lui-même *rien* d'étant. Ce n'est en effet que dans leur rupture que les liens que le *Dasein* entretient avec le monde se révèlent *comme tels*, de même que ce n'est qu'au moment de quitter le monde que le *Dasein* éprouve son être comme être voué au monde, ce qui explique que l'angoisse puisse être aussi angoisse de la mort. Retrouvant ainsi un thème fondamental de toute philosophie, selon lequel c'est l'*epokhè*, le deuil ou la mort vécue qui seuls livrent l'essence de ce qui est ainsi neutralisé ou perdu, Heidegger montre que l'être ne se révèle que dans le suspens ou la disparition. C'est ce qui explique que, dans le premier exposé qu'il fait dans son cours de l'été 1925 du phénomène de l'*Unheimlichkeit*, il puisse présenter l'angoisse comme une « affection de l'être en tant que tel », l'angoisse n'étant « rien d'autre que la pure et simple expérience de l'être au sens de l'être-dans-le-monde »[1]. Expérience ontologique de la dépropriation[2] en tant que celle-ci seule témoigne de notre appropriement à l'être, la disposition fondamentale de l'angoisse nous ouvre ainsi de manière insigne à notre spatialité originaire, qui est existentiale.

Car, pour penser en ce qu'il a de propre le phénomène de l'habitation, il faut, comme cela a déjà été souligné, prendre en compte non pas le rapport perceptif au monde, mais ce mode d'être quotidien de l'homme qu'est la préoccupation. Dans une telle attitude de préoccupation, qui est l'attitude primaire de notre rapport au monde, nous ne rencontrons que des « outils », c'est-à-dire des « choses » qui ont un rapport avec notre action, et notre regard sur elles n'est ni théorique, ni thématique, mais « prévoyant » au sens où nous ne percevons en elles que ce qui les rend aptes à une action possible. Les « outils » ou les « choses maniables » ne sont pas quelque part dans un espace objectif, mais se trouvent dans un espace orienté et morcelé en places. Car ce avec quoi nous sommes en rapport, ce ne sont pas des choses isolées, mais un complexe d'outils, un système de renvois qui constitue notre *Umwelt*, notre monde environnant. Ce qui est premier, ce n'est donc ni l'espace ni la place, mais bien plutôt la « contrée » *(Gegend)*,

1. Ga 20, p. 403.

2. Dans son exemplaire personnel de *Sein und Zeit*, Heidegger a inscrit en marge de *Unzuhause (ne pas être chez soi)* le mot *Enteignis (dépropriation)*. Cf. Gesamtausgabe Band 2, § 40, p. 189.

au sens de ce qui fait encontre dans la préoccupation, contrée qui doit d'abord avoir été découverte comme telle pour que l'on puisse par après assigner en elle des « places » aux outils. Il n'y a donc pas d'abord position d'un espace tridimensionnel à l'intérieur duquel on situerait des choses, mais découverte par la pratique des dimensions de la contrée, le meilleur exemple en étant les positions du soleil, qui ne prennent sens qu'à travers les usages que l'on peut en faire[1]. L'orientation par rapport aux points cardinaux n'est donc pas d'abord géographique, mais sert à former cette « contrée » à l'intérieur de laquelle la vie quotidienne se déroule. Ce rapport premier à la contrée a un caractère de familiarité tel qu'il ne s'impose pas à l'attention et ne devient visible que lorsque l'action se voit empêchée. Car ce qui caractérise la manière dont l'être humain se rapporte à l'espace, c'est sa capacité à se rapporter au lointain et à le rapprocher[2], capacité éminemment pratique et technique, par laquelle l'être humain « donne lieu » à l'espace et l'aménage afin d'y habiter. C'est donc bien au niveau de la pratique que nous est d'abord découvert l'être véritable du monde qui n'est élevé au statut d'être objectif que par une opération seconde d'abstraction, ce qui veut dire que l'espace tel qu'il se donne d'emblée à nous comme contrée est une structure de notre *Umwelt*. C'est donc l'espace qui est dans le « monde » et non pas le monde qui est dans l'espace, de sorte que l'on ne peut aboutir à l'idée d'un espace infini que par une opération de « démondanéisation »[3], c'est-à-dire un arrachement à la sphère de la préoccupation quotidienne des choses maniables qui y sont rencontrées et qui sont alors réduites à leur pure présence, à leur pur être subsistant et indépendant de leur rapport à la sphère humaine.

Ce qui était ainsi fondamentalement mis en question dans *Être et temps*, comme l'atteste bien la définition que Heidegger donnait de la temporalité comme « *hors de soi originaire en et pour soi* »[4], au contraire de la conception traditionnelle qui la rapporte à la dimension de l'intériorité, c'est l'opposition même d'un intérieur et d'un extérieur sur laquelle se fonde en dernière instance la pensée métaphysique classique. Il n'en demeure cependant pas moins que le fait de voir dans la spatialité une dimension de l'existence aussi fondamentale que l'est la temporalité peut paraître constituer la limite de l'analyse existentiale temporelle du *Dasein*. C'est l'objection que se fait à lui-même Heidegger dans le § 70 de *Être et temps* consacré à « La temporalité de la spatialité propre au *Dasein* », où il

1. SZ, § 22, p. 103-104.
2. *Ibid.*, § 23, p. 105.
3. *Ibid.*, § 24, p. 112.
4. *Ibid.*, § 65, p. 329.

se demande s'il lui faut renoncer à définir l'être de l'homme par la seule temporalité. Il y répond en affirmant que si la temporalité est bien le sens du souci, c'est-à-dire de l'être de l'homme, il faut que la spatialité propre au *Dasein* se fonde elle aussi dans la temporalité. Cela ne revient cependant pas à dire que l'espace devrait être « déduit » du temps, ni qu'il devait être dissous dans le temps. Heidegger, tout en affirmant que la spatialité est « englobée » *(umgriffen)* par la temporalité du fait que cette dernière lui assure sa fondation *(Fundierung)* existentiale, souligne qu'il ne s'agit pourtant pas ici de la reconduction de la primauté du temps sur l'espace au sens où l'entend Kant dans son esthétique transcendantale. Car, précise-t-il, la reconnaissance par Kant du fait que les représentations empiriques de ce qui est présent dans l'espace, et qui relèvent du sens qu'il nomme externe, se déroulent en tant que phénomènes psychiques dans le sens interne, c'est-à-dire dans le temps, ne constitue nullement une interprétation *ontologique* de ce qu'est l'espace, mais la simple constatation *ontique* du fait que le déroulement de ce qui est présent dans le psychisme a lieu dans le temps. Mais il s'agissait alors pourtant encore pour Heidegger de rechercher, selon le style de la pensée transcendantale, les « conditions temporelles de possibilité de la spatialité propre au *Dasein*, qui, de son côté, fonde la découverte de l'espace intramondain » [1].

Or le *Dasein* ne peut être spatial qu'en tant qu'il existe sur le mode de la préoccupation, ce qui implique qu'il ne peut jamais être présent dans l'espace à la manière d'une chose. Il n'est en effet pas seulement présent dans la portion d'espace que remplit son corps, mais il « occupe », au sens littéral du terme, de l'espace. On ne peut donc pas considérer la spatialité propre au *Dasein* comme une imperfection, pas plus qu'on ne peut l'expliquer par la liaison de l'esprit à un corps. Il faut tout au contraire reconnaître que le *Dasein* ne peut être spatial d'une manière totalement différente de la chose-corps étendue que pour la seule raison qu'il est « doué d'esprit » *(geistig)*. *L'esprit, loin d'être ce qui en nous s'oppose à notre corporéité et à notre insertion dans l'espace, est au contraire ce qui l'exige.* C'est donc parce que le *Dasein* est dans son essence temporel qu'il peut *de fait* occuper un espace, et cet espace *ekstatiquement* occupé ne peut jamais se réduire à une simple place spatiale, mais constitue toujours l'ouverture de l'espace de jeu d'un ensemble de préoccupations. Heidegger concluait alors que « *c'est seulement sur la base de la temporalité*

1. SZ, § 70, p. 367.

ekstatique-horizontale qu'est possible l'irruption du Dasein dans l'espace»[1].

Le danger d'une telle « fondation » de l'espace sur le temps n'apparaîtra clairement à Heidegger que de manière rétrospective, au moment de ce qu'il a nommé lui-même, par une sorte de métaphore spatiale, la *Kehre*, le « tournant » de sa pensée par lequel, expliquera-t-il dans l'un de ses derniers séminaires, « la pensée issue de *Être et temps* insiste désormais plus sur l'ouverture même de l'être que sur l'ouverture du *Dasein* face à l'ouverture de l'être »[2], tournant qui conduira à cette « topologie de l'être » qui en constitue le dernier aboutissement[3]. Ce danger, c'est celui qui pourrait laisser croire à une « subjectivisation » de l'espace, dans la mesure précisément où le temps continue à définir exclusivement l'être de l'homme, le *Dasein*. Or ce que Heidegger se propose dans le manuscrit des années 1936-1938 intitulé *Beiträge zur Philosophie*, *Contributions à la philosophie*, c'est de penser sous le terme de *Dasein* non plus seulement l'être de l'homme, ni même, selon la formule employée dans *Kant et le problème de la métaphysique*, le *Dasein im Menschen*, le *Dasein* en l'homme, mais le *Da-sein* comme *lieu* de la propriation, de l'*Ereignung* de l'homme et de l'être. Pour comprendre le sens de cette nouvelle compréhension du *Dasein*, il faut rappeler que le but poursuivi par Heidegger dans *Être et temps* consistait à montrer comment la temporalité *ekstatique* du *Dasein*, qui formait le thème des deux premières sections de l'ouvrage, déploie cet *horizon* de la compréhension de l'être qu'est le temps. On sait que Heidegger interrompit pourtant la publication de *Être et temps* sans parcourir cette ultime étape. C'est Heidegger lui-même qui, en 1946, dans la *Lettre sur l'humanisme*[4] parlera d'« échec » à propos de la non-publication de la troisième section de *Être et temps*. Mais cet échec n'est pas tout négatif, car il ne s'agit nullement pour Heidegger d'abandonner la tentative de penser le rapport de l'être et du temps comme si celle-ci avait abouti à une impasse, mais bien plutôt de penser autrement ce rapport qu'en le fondant sur le projet du *Dasein*. La nouvelle perspective qui s'ouvre alors à

1. SZ, § 70, p. 369.

2. *Cf.* M. Heidegger, « Séminaire du Thor (1969) », *Questions IV*, Paris, Gallimard, 1976, p. 279.

3. Voir à ce sujet, F. Dastur, « Réflexions sur l'espace, la métaphore et l'extériorité autour de la topo-logie heideggérienne », *Alter*, *Revue de Phénoménologie*, n° 4, 1996, p. 161-178.

4. M. Heidegger, *Lettre sur l'humanisme*, trad. fr. R. Munier, Paris, Aubier Montaigne, 1964, p. 113. Voir également p. 69.

lui n'est plus celle, *transcendantale*, d'un *sens* de l'être qui se temporaliserait dans la temporalité ekstatique du *Dasein*, mais celle d'une *vérité* de l'être *dans* laquelle le *Dasein* se tient et à laquelle il a à correspondre. La vérité, qui était dans *Être et temps* une détermination du *Dasein* lui-même, l'être de l'homme étant alors pour lui-même sa propre lumière et le *Dasein* lui-même l'*éclaircie*[1], devient une détermination de l'être en tant que tel, lequel est désormais pensé comme le domaine de l'*ouvert (das Offene)*, comme *alètheia*, du nom grec de la vérité que Heidegger traduit maintenant littéralement par *Unverborgenheit*, non-occultation[2].

La question qui se pose alors, c'est celle du déploiement de l'être de l'espace et du temps dans leur *unité originaire*. Il ne s'agit pas en effet de donner à l'expression que Heidegger emploie désormais de *Zeit-raum*, espace-temps, sa signification courante d'intervalle de temps, car celle-ci repose sur le concept habituel du temps qui se voit ainsi spatialisé[3]. Mais il ne faut pas non plus l'entendre selon le sens moderne de cette expression, qui suppose un simple couplage du temps et de l'espace dans lequel le temps, compris comme variable d'un calcul, est transformé en quatrième paramètre pour constituer ainsi l'espace à quatre dimensions de la physique[4]. Sous le terme de *Zeit-raum*, c'est cette dimension, plus originelle qu'eux, à partir de laquelle espace et temps se séparent l'un de l'autre qu'il s'agit de faire apparaître[5]. Car il n'est plus question de rapporter, comme le fait la tradition classique, l'espace en tant que dimension « objective » aux choses et le temps en tant que dimension « subjective » au moi[6]. Heidegger déclare en effet ici qu'« il n'y a aucune raison, parce que la représentation de l'espace est une temporalisation, de ramener l'espace au "temps" »[7], prenant donc déjà ainsi de manière implicite le contre-pied du § 70 de *Être et temps*. La « subjectivisation » de l'espace, tout comme celle du temps, suppose en effet que tous deux soient compris dans la dimension de la représentation, de la *Vor-stellung*, et donc en rapport à un sujet, alors qu'il s'agit maintenant de s'interroger sur l'origine même de la conception traditionnelle du temps et de l'espace qui voit en eux ces cadres de la représentation, ces concepts d'ordre ou encore ces formes de l'intuition qui

1. SZ, § 28, p. 133.
2. M. Heidegger, « De l'essence de la vérité », trad. fr. A. de Waehlens et W. Biemel, *Questions I*, Paris, Gallimard, 1968, p. 176.
3. M. Heidegger, *Beiträge zur Philosophie*, Frankfurt am Main, Klostermann, 1989, § 241, p. 378.
4. *Ibid.*, § 241, p. 377.
5. *Ibid.*, § 239, p. 372.
6. *Ibid.*, § 240, p. 376.
7. *Ibid.*, § 241, p. 377.

gouvernent toute pensée. Le but ainsi poursuivi n'est pas, comme Heidegger le précise bien, d'établir que le savoir traditionnel concernant le temps et l'espace est faux, mais au contraire de faire apparaître les limites à l'intérieur desquelles il conserve sa légitimité[1]. Ce à quoi Heidegger s'emploie, dans des pages extrêmement denses, c'est à montrer que espace et temps se déploient comme deux mouvements contraires et en même temps réciproques, le mouvement de temporalisation pouvant être compris comme ce rapt par lequel l'être est emporté dans l'occultation et le refus, auquel répond le mouvement d'espacement par lequel l'ekstase de la temporalisation se voit retenue. C'est seulement à partir de là que l'on peut comprendre à la fois l'origine unique de la temporalisation et de l'espacement et leur séparation, ce dont, précise Heidegger, n'est capable aucune « dialectique », aucune logique oppositionnelle qui prendrait comme point de départ un espace et un temps donnés. On peut cependant se demander si la pensée de la co-originarité de la temporalisation et de la spatialisation, bien qu'elle conduise au refus de la problématique transcendantale qui consiste à ramener l'espace au temps, signifie effectivement l'abandon de tout privilège dévolu à la temporalisation et au mouvement de transport ou d'ekstase que constitue celle-ci. Co-originarité du temps et de l'espace ne signifie pas nécessairement stricte égalité entre eux, puisqu'il faut bien l'*Entrückung*, le mouvement de déportation ou de transport, pour qu'il y ait, certes « en même temps » et « réciproquement », mais, pourrait-on peut-être dire, *secondairement* dans la simultanéité, *Berückung*, retenue, et donc *Einräumen*, dégagement de l'espace[2].

C'est en tout cas sur la base de cette conception nouvelle des rapports de l'espace et du temps que peut se déployer une autre manière de comprendre le mouvement de l'exister. Il est possible de définir l'existence comme l'hors de soi si, comme Heidegger le fait dans *Être et temps*, on prend comme référence et point d'appui, la subjectivité moderne « encapsulée ». Mais, après la *Kehre*, elle se voit déterminée comme *in-stance*, *Inständigkeit*, être *dans* la vérité de l'être, une telle in-stance renvoyant au sens originel du *in* allemand dont Heidegger rappelait dans *Être et temps* qu'il vient du vieux verbe *innan* qui signifie « habiter ». L'être de l'homme n'est plus alors compris de manière encore transcendantale comme « capacité » à sortir de soi, et à échapper ainsi à toute caractérisation en termes de substance, mais défini à partir de la « revendication » *(Anspruch)* de l'être, d'un appel de l'être qu'il s'agit pour lui de recevoir et auquel il a à répondre.

1. *Ibid.*, § 239, p. 372
2. Voir à ce sujet le chapitre suivant : « Le temps chez le dernier Heidegger ».

Exister pour l'homme ne signifie plus pouvoir projeter l'horizon de compréhensibilité de l'être, mais renvoie maintenant à une manière d'être dont l'homme n'est pas l'initiateur: « Se tenir dans l'éclaircie de l'être, c'est ce que j'appelle l'ek-sistence de l'homme », déclare Heidegger[1], en proposant une nouvelle graphie du mot existence qui doit rendre compte de manière plus appropriée de ce qu'est le trait fondamental de l'homme, à savoir qu'il n'est « hors de soi » que dans la mesure où il se tient en rapport avec l'être, dans la mesure où il est le lieu de l'être.

On comprend à partir de là que Heidegger s'emploie à mette en évidence l'insuffisance de son propre concept d'horizon transcendantal pour penser ce qu'il nomme maintenant la « clairière de l'être ». En 1944-45 dans l'entretien qui accompagne le petit texte intitulé *Gelassenheit*, il désigne ce domaine d'ouverture par le terme ancien de *Gegnet*, contrée, qu'il choisit plutôt que celui, aujourd'hui habituel, de *Gegend*, préférant ainsi le participe passé au participe présent afin de ne pas caractériser ce qui est ici en question à partir de sa relation à nous-mêmes, comme c'est le cas pour le terme d'horizon[2]. Ainsi la *Gegnet* n'est-elle pas ce qui vient à notre rencontre *(das Entgegenkommen)* et ne constitue-t-elle pas cet en-face, ce *Gegenüber*, qui détermine pour Heidegger l'insuffisance même du concept d'être, lequel, comme il le souligne en 1956 dans *Zur Seinsfrage*, *Contributions à la question de l'être*, texte « topologique »[3] s'il en est, doit être abandonné ou biffé sous une croix faisant apparaître ce Quadriparti qu'est le monde, dont les hommes, sous le nom de « mortels », ne constituent qu'un des éléments[4]. La *Gegnet* est au contraire cette « libre étendue » *(freie Weite)* où toute chose revient à soi et qui, par la vertu même du rassemblement qu'elle opère, a le pouvoir de « contrer », c'est-à-dire de venir en présence. C'est pourquoi Heidegger la définit comme *zumal die Weite und die Weile*, « à la fois l'étendue et la durée » ou encore *die verweilende Weite*, « la libre étendue qui fait durer », qui, en tant que telle, ne vient pas à notre encontre, mais au contraire se retire pour laisser apparaître non des ob-jets, des *Gegenständen*, mais bien les choses[5]. Car la *Gegnet* est l'irreprésentable même, ce qui ne nous fait jamais face, ne nous est jamais ob-jeté (et ici il faudrait se souvenir du sens premier, médiéval, d'*objectum* qui est

1. M. Heidegger, *Lettre sur l'humanisme*, p. 57.

2. M. Heidegger, « Pour servir de commentaire à *Sérénité* », trad. fr. A. Préau, *Questions III*, Paris, Gallimard, 1966, p. 193.

3. « Contribution à la question de l'être », *Questions I*, p. 200 et 250.

4. *Ibid.*, p. 232.

5. *Questions III*, p. 194.

justement le représenté [1]) au sein d'un horizon. Car ce dernier n'est que "le côté tourné vers nous d'une ouverture qui nous environne" *(die zu uns gekehrte Seite eines uns umgebenden Offenen)*[2], ce qui implique qu'il s'agit moins d'abandonner le discours transcendantal des années vingt que de le resituer par rapport à sa *Kehrseite*, à son revers qui est l'Ouvert *même*. Ce qui seul à vrai dire rend possible la représentation et le discours apophantique, c'est le fait que nous ne sommes jamais hors de la contrée, puisque nous lui appartenons et que nous lui sommes initialement appropriés. Et pourtant dans la pensée représentative, nous ne sommes pas tournés vers l'Ouvert même, car nous n'avons pas encore éprouvé que « nous appartenons à ce vers quoi notre attente est tournée »[3]. Au contraire du s'attendre à *(Erwarten)* qui s'attache à un acte de représentation par lequel nous amenons à se tenir devant nous ce vers quoi l'attente est tournée, l'attente *(Warten)* véritable est sans objet et se tourne par là même vers l'Ouverture. Mais elle ne devient un rapport véritable à la libre étendue que dans la mesure où elle se laisse tenir dans ce rapport par ce à quoi elle se rapporte, où elle se laisse « assimiler à la contrée » *(vergegnen)*[4]. D'une telle relation d'« assimilation », Heidegger souligne bien qu'elle est d'un nouveau genre, ni ontique-causale, ni ontologique-transcendantale[5], et qu'il s'agit plutôt de la comprendre comme un rapport de transpropriation *(Übereignung)* de l'homme dans la libre étendue et de besoin *(Brauch)* de l'homme par la libre étendue, l'indépendance de cette dernière *à l'égard (vom)* de l'homme étant pourtant manifestement une relation *à (zum)* l'être de l'homme[6]. En affirmant ainsi une relation d'appropriation de l'être de l'homme à la libre étendue et en pensant l'indépendance de celle-ci à partir de son essentielle finitude qui la rapporte sur le mode du besoin ou du maintien[7] à l'être de l'homme, Heidegger semble suggérer que toute pensée ne peut croître que sur le sol d'une telle *appartenance* essentielle à cet autre qu'elle pense.

1. M. Heidegger, *Le principe de raison*, Paris, Gallimard, 1962, p. 194.
2. *Questions III*, p. 191. Cf. *Gelassenheit*, Pfullingen, Neske, 1959, p. 39.
3. *Ibid.*, p. 204. Cf. *Gelassenheit*, p. 52.
4. *Ibid.*
5. *Ibid.*, p. 207.
6. *Ibid.*, p. 217-218. Cf. *Gelassenheit*, p. 65-66.
7. Le terme de *Brauch* est rapproché dans « La parole d'Anaximandre » du grec *to khreôn* et du latin *fructum* et il est défini par Heidegger comme ce qui délivre quelque chose à son déploiement propre et le maintient en tant qu'ainsi présent, d'où la traduction proposée de « maintien ». *Cf.* M. Heidegger, *Chemins qui ne mènent nulle part*, Paris, Gallimard, 1980, p. 442-443 et note des traducteurs p. 549.

C'est à partir de toute cette thématique de la spatialité dont on voit qu'elle a constitué un thème fondamental de réflexion dans la période qui a suivi la publication de *Être et temps* qu'il s'agit maintenant de revenir à la question de l'habitation, que Heidegger aborde de manière frontale dans la conférence qu'il fit en 1951 sur « Bâtir, habiter, penser », où il s'agit de montrer que bâtir « n'est pas seulement un moyen de l'habitation, une voie qui y conduit », mais « déjà, de lui-même, habiter »[1], la signification propre du verbe *bauen* (bâtir) étant précisément « habiter »[2]. Comme Heidegger le rappelle en effet, *bauen*, tout comme *bin*, dans *ich bin* (je suis), dérive de la racine indœuropéenne **bheu*, qui signifie être, croître, habiter. Il n'est donc pas d'habiter qui ne soit aussi un bâtir, ce qui implique qu'habiter ne puisse être compris que comme un « ménagement » *(Schonen)*, qui consiste à ramener une chose à son être, à l'entourer d'une protection, à la « sauver », au sens propre de ce mot *(retten)* qui ne signifie pas seulement arracher à un danger, mais « libérer une chose, la laisser revenir à son être propre »[3]. C'est donc parce qu'habiter, c'est essentiellement préserver, qu'il implique en lui-même non pas seulement le *bauen* au sens d'enclore et de cultiver, à savoir le travail du *Bauer*, du paysan, mais aussi celui du bâtisseur, de l'*Erbauer*, de celui qui édifie et construit. Mais la chose construite, loin de prendre place *dans* l'espace, est au contraire ce qui seul lui donne place, comme le montre l'exemple pris par Heidegger, celui du pont, dont il dit qu'il est ce à partir de quoi « naît un lieu »[4]. Cette construction qu'est le pont est en effet ce qui « rassemble le Quadriparti de telle façon qu'il lui accorde une place »[5]. Le lieu n'existe donc pas avant le pont, et l'espace lui-même reçoit son être du lieu. Heidegger invoque ici le sens premier du mot *Raum*, espace, qui désigne « la place rendue libre pour un établissement de colons ou un camp », et donc quelque chose qui a été rendu libre « à l'intérieur d'une limite »[6]. On ne peut en effet considérer que l'homme est d'un côté, et l'espace de l'autre, et que ce dernier n'est pour l'homme qu'un vis-à-vis : « Il n'y a pas les hommes, et en plus *de l'espace* »[7], car en disant « les hommes » on pense à des êtres qui ont pour caractère essentiel d'habiter et donc d'ouvrir l'espace en existant.

1. M. Heidegger, « Bâtir, habiter, penser », *Essais et conférences*, Paris, Gallimard, 1958, p. 171.
2. *Ibid.*, p. 173.
3. *Ibid.*, p. 177-178.
4. *Ibid.*, p. 183.
5. *Ibid.*, p. 182.
6. *Ibid.*, p. 183.
7. *Ibid.*, p. 186.

On peut alors à partir de là commencer à apercevoir en quoi consiste le bâtir humain. Loin en effet d'avoir pour fin l'habitation, le bâtir se fonde au contraire sur celle-ci, en tant qu'elle constitue ce rapport premier de l'homme à son monde. Car il faut bien distinguer l'habitation du simple logement, et il ne suffit pas à cet égard de fournir des logements, même bien construits, bien situés, bien aménagés, ouverts à l'air et à la lumière, pour garantir qu'une habitation véritable y aura bien lieu[1]. Et Heidegger n'a certainement pas tort de déclarer que « la véritable crise de l'habitation ne consiste pas dans le manque de logements », mais qu'elle réside plutôt dans le fait que les êtres humains « en sont toujours à chercher l'être de l'habitation et qu'*il leur faut d'abord apprendre à habiter* »[2]. Car pour habiter, pour être un *habitant* au sens plein de cette terre, il est nécessaire, non pas de l'asservir aux besoins humains, et ainsi d'en tirer profit jusqu'à épuisement, mais au contraire de la « ménager », de la laisser être et de la préserver en ce qu'elle a de propre[3]. C'est à partir de là que se découvre à nous l'essence même du bâtir, à savoir l'installation de lieux qui ménagent la terre et qui permettent au monde, dans l'ensemble de ses dimensions, de devenir le séjour des humains. Bâtir en ce sens ne consiste pas simplement à donner forme à un espace qui en serait par nature dépourvu, il ne se réduit pas à la simple construction de bâtiments, mais il est pro-duction au sens propre de ce terme, c'est-à-dire qu'il fait apparaître *pour la première fois* le monde propre à une humanité à chaque fois historique.

C'est à partir de là qu'il faudrait comprendre ce qu'est cet art qu'on a nommé « architecture », en donnant au mot grec *tiktô*, de même racine que le mot *tekhnè*, son véritable sens, qui n'est pas « construire », mais bien produire au sens d'engendrer, de créer, l'archi-tecte étant alors celui qui est à l'origine de l'apparition d'un monde habitable pour les humains. Comme Heidegger le souligne avec raison, le bâtir ainsi entendu, à savoir comme archi-tecture au sens littéral et comme pro-duction originaire d'un monde, est alors ce qui rend possible l'habitation[4]. Entrevoir cela devrait déjà par soi seul opérer dans l'art de bâtir d'aujourd'hui une véritable révolution. Car « le gain serait déjà suffisant, si habiter et bâtir prenaient place parmi les choses qui *méritent qu'on interroge à leur sujet* et demeuraient ainsi de celles qui *méritent qu'on y pense* »[5].

1. M. Heidegger, « Bâtir, habiter, penser », *Essais et conférences*, p. 171.
2. *Ibid.*, p. 193.
3. *Ibid.*, p. 177-178.
4. *Ibid.*, p. 190.
5. *Ibid.*, p. 192.

LE TEMPS CHEZ LE DERNIER HEIDEGGER

Dans son œuvre majeure, *Être et temps*, publiée en 1927, Heidegger se proposait de montrer que l'être, loin de devoir être mis en opposition, comme le fait la tradition, avec le devenir, ne peut au contraire être compris qu'à partir du temps. Le titre complet de la première partie de l'ouvrage, la seule publiée, s'énonce en effet ainsi : « *L'interprétation du Dasein par la temporalité et l'exposition du temps comme horizon transcendantal de la question de l'être* ». Pourtant la dernière phrase du livre est une question : « Y a-t-il un chemin qui conduise du *temps* originel au sens de l'*être*? Le *temps* lui-même se manifeste-t-il comme l'horizon de l'*être* ? »[1]. L'analyse existentiale temporelle qui est développée dans les deux sections publiées en 1927 et qui constitue bien « l'interprétation du *Dasein* par la temporalité » n'est en effet que le *chemin* qu'il faut parcourir pour atteindre le *but* de la recherche entreprise par Heidegger, qui ne vise pas seulement l'analyse du mode d'être d'un *étant*, même « exemplaire », comme c'est le cas du *Dasein*[2], mais l'élaboration de la question de l'être *en tant que tel*. Ce chemin de l'analytique existentiale est-il cependant le *seul* chemin possible, est-il même le *bon* chemin, voilà, déclare Heidegger dans les dernières lignes de son livre, ce qui ne peut être décidé qu'après l'avoir parcouru[3]. Ce qu'a montré l'analyse existentiale temporelle, c'est que la constitution ontologique du *Dasein*, c'est-à-dire de l'être de l'homme, se fonde sur la temporalité et si c'est sur lui que repose le projet ekstatique de l'être en tant que tel, c'est donc aussi un mode originaire de temporalisation de la temporalité du *Dasein* qui doit le rendre possible. La troisième section de la première partie, intitulée « Temps et être », qui aurait eu pour thème « l'explication du temps comme horizon transcendantal de la question de

1. M. Heidegger, *Sein und Zeit*, Niemeyer, Tübingen, 1963, p. 437; *Être et temps*, Paris, Gallimard, 1986.

2. SZ, § 2, p. 7.

3. SZ, § 83, p. 437.

l'être » devait montrer comment la temporalité *ekstatique* du *Dasein* déploie cet *horizon* de la compréhension de l'être qu'est le temps. Heidegger interrompt pourtant la publication de *Être et temps* à la fin de la deuxième section sans parcourir cette ultime étape, sans donc toucher au but : *Être et temps* est un livre *inachevé*. Mais comment faut-il comprendre cet inachèvement ? Comme le signe que le chemin parcouru ne pouvait mener au but poursuivi et qu'il devait donc être abandonné au profit d'un autre ? Ou ne faut-il pas plutôt au contraire penser que c'est le parcours même de ce chemin qui va conduire Heidegger à comprendre *autrement* son cheminement une fois le but atteint ?

C'est Heidegger lui-même qui, en 1946, dans la *Lettre sur l'humanisme*[1] parlera d'« échec » à propos de la non-publication de la troisième section de *Être et temps*. Mais cet échec n'est pas tout négatif, car il ne s'agit nullement pour Heidegger d'abandonner la tentative de penser le rapport de l'être et du temps comme si celle-ci avait abouti à une impasse, mais bien plutôt de penser autrement ce rapport qu'en le fondant sur le projet du *Dasein*. Si Heidegger a, en 1927, renoncé à publier sa première version de la troisième section, et si, la jugeant insuffisante, il l'a détruite peu de temps après l'avoir écrite[2], cela n'implique nullement qu'il ait abandonné dès cette époque le projet de penser la Temporalité[3] de l'être à la lumière de l'analytique existentiale. On peut au contraire considérer que tout son travail jusqu'en 1930, à travers ses cours et ses publications, a été consacré à l'élaboration de cette problématique et à l'achèvement de *Être et temps*. Son cours du semestre d'été 1927, *Les problèmes fondamentaux de la phénoménologie*, se présente en effet comme « une nouvelle élaboration de la troisième section de la première partie de *Être et temps* »[4] et le programme de la deuxième partie de *Être et temps*, concernant les « Traits fondamentaux d'une destruction phénoménologique de l'histoire de

1. M. Heidegger, *Lettre sur l'humanisme*, trad. fr. R. Munier, Paris, Aubier, Montaigne, 1964, p. 113. Voir également p. 69.

2. *Cf.* M. Heidegger, *Die Metaphysik des deutschen Idealismus (Schelling)*, Gesamtausgabe Band 49, Frankfurt am Main, Klostermann, 1991, p. 39-40. Dans ce cours du semestre d'été 1941, Heidegger explique qu'il prit la décision de renoncer à la publication de cette troisième section le 29 décembre 1926, jour de la mort de Rilke.

3. Rappelons que Heidegger nomme du terme tiré du latin *Temporalität* la temporalité (*Zeitlichkeit*) du *Dasein* lorsque celle-ci est considérée comme la condition de possibilité de l'ontologie. J'ai donc choisi de traduire ces deux termes par le même mot en français en ne les distinguant que par une majuscule. Voir à ce sujet F. Dastur, *Heidegger et la question du temps*, Paris, P.U.F., 1990, p. 97-98.

4. *Cf.* M. Heidegger, *Les problèmes fondamentaux de la phénoménologie*, Paris, Gallimard, 1985, p. 17.

l'ontologie selon le fil conducteur de la problématique de la Temporalité », qui devait concerner successivement Aristote, Descartes et Kant, se trouve en grande partie réalisé dans les cours des années 1925-1930, lesquels ont été pour la plupart publiés au cours de ces dernières années dans le cadre de l'édition complète des œuvres de Heidegger. On peut donc légitimement affirmer que Heidegger n'a pas abandonné sa problématique initiale, celle de la Temporalité de l'être, mais qu'il a simplement renoncé à sa mise en forme systématique, et que s'il l'a fait, c'est certainement parce que cette problématique a commencé au début des années trente a lui apparaître dans une nouvelle perspective. Cette nouvelle perspective n'est plus celle, *transcendantale*, d'un *sens* de l'être qui se temporaliserait dans la temporalité ekstatique du *Dasein*, mais celle, fondée sur une conception de la vérité comme *alètheia* et de l'existence comme exposition à l'être, d'une *vérité* de l'être *dans* laquelle le *Dasein* se tient et à laquelle il a à correspondre. C'est Heidegger lui-même qui parlera à ce propos en 1947 dans la *Lettre sur l'humanisme* de *tournant* ou de *retournement (Kehre ou Umkehr)*. Il ne s'agit plus alors de déterminer l'être comme temporal parce qu'il constitue l'horizon unitaire du projet ekstatique du *Dasein*, dont l'être est intrinsèquement temporel, mais de montrer au contraire que, parce qu'il est historial *en lui-même* et non pas seulement par l'intermédiaire du *Dasein*, c'est l'être qui « destine l'homme à l'eksistence du *Da-sein* comme à son essence » comme l'explique Heidegger en 1947 à Jean Beaufret[1]. Or ce renversement d'une historialité du *Dasein* en un destin et une histoire *de* l'être (au sens d'un génitif « subjectif ») s'annonçait déjà dans une conférence que Heidegger prononça pour la première fois à Brême en 1930 sous le titre *De l'essence de la vérité*, mais qui ne fut publiée qu'en 1943.

Dans ce texte, la vérité, qui était dans *Être et temps* une détermination du *Dasein* lui-même, l'être de l'homme étant pour lui-même sa propre lumière et le *Dasein* lui-même l'*éclaircie*[2], devient une détermination de l'être en tant que tel, lequel est désormais pensé comme le domaine de l'*ouvert (das Offene)*, comme *alètheia*, du nom grec de la vérité que Heidegger traduit maintenant littéralement par *Unverborgenheit*, non-occultation[3]. L'existence, qui désignait dans *Être et temps* l'être du *Dasein* en tant que celui-ci se rapporte à lui-même[4], s'écrit maintenant *ek-sistence* et signifie le rapport du *Dasein* non plus à soi-même mais à l'ouvert, « l'ex-

1. M. Heidegger, *Lettre sur l'humanisme*, p. 95-96 (traduction modifiée)
2. SZ, § 28, p. 133.
3. M. Heidegger, *Questions I*, Paris, Gallimard, 1968, p. 176.
4. SZ, § 4, p. 12.

position à la désoccultation de l'étant comme tel »[1]. C'est sur la base d'une telle conception de l'ek-sistence de l'homme que lui est maintenant reconnue l'appartenance à une histoire, qui n'est histoire de l'humanité que parce qu'elle est d'abord et avant tout *histoire de l'être lui-même.* Si Heidegger parle de « tournant » dans l'interprétation qu'il donne de son propre chemin de pensée, c'est bien parce qu'il considère que, dans ce passage d'une histoire du *Dasein* à une histoire de l'être, il parvient enfin au but qu'il se proposait dès le début. C'est en effet ce qu'il déclare dans la *Lettre sur l'humanisme* : « Ce tournant n'est pas une modification du point de vue de *Être et temps*, c'est au contraire en lui seulement que la pensée qui y était tentée parvient à la localité de la dimension à partir de laquelle *Être et temps* est expérimenté et expérimenté à partir de l'expérience fondamentale de l'oubli de l'être »[2]. Faut-il considérer, comme Heidegger nous y invite, que ce tournant n'est pas tant la parade d'un penseur acculé à une impasse ou une péripétie propre à la pensée questionnante qu'un tournant qui se produit au sein même de ce qui est en question, comme il tente de l'expliquer dans la lettre qu'il adresse en 1962 au Père Richardson, pour répondre aux questions que ce dernier lui pose sur son itinéraire de pensée[3] ? On ne peut en juger en connaissance de cause que si l'on accepte d'accompagner Heidegger dans ce moment où le « virage » de la pensée répond peut-être au tournant de ce qui est en question, à savoir dans ces années qui suivent l'épisode du Rectorat pendant lesquelles, en manière de réponse philosophique à son « erreur » de 1933-34, Heidegger va développer, sous le nom d'*Ereignis*, une nouvelle conception de l'être, considéré non plus comme le *fondement* de l'étant, mais comme le déploiement de l'éclaircie à partir d'une occultation *abyssale.* C'est pour indiquer ce changement dans la conception de l'être que Heidegger utilisera de préférence la graphie ancienne du mot être, *Seyn*, qui est celle que l'on trouve encore chez Hölderlin et Schelling. De même, pour indiquer que l'homme n'est plus compris comme le fondement jeté de cette éclaircie, mais comme celui qui se tient *en* elle et qui lui est *redevable* de son propre être, *Dasein* sera alors constamment écrit *Da-sein*, cette nouvelle graphie montrant que le « là » de l'être ne peut plus être compris comme le résultat de la projection de l'être de l'homme, mais comme l'événement d'une adresse *(Anspruch) de* l'être lui-même *à* l'homme à laquelle celui-ci répond *(ent-spricht)* par la pensée.

1. *Questions I*, p. 177 (traduction modifiée).
2. M. Heidegger, *Lettre sur l'humanisme*, p. 69 (traduction modifiée).
3. M. Heidegger, *Questions IV*, Paris, Gallimard, 1976, p. 185.

C'est donc la *non-coïncidence* de l'être de l'homme et de l'être en tant que tel qui est maintenant affirmée et c'est elle qui permet de comprendre que l'oubli de l'être n'est pas tant un défaut de la pensée métaphysique que ce qui constitue le «*propre*» même de l'être qui se retire, c'est-à-dire s'oublie lui-même en *donnant lieu* à l'éclaircie. C'est pourquoi Heidegger comprend désormais sous le terme de *Da-sein* le *rapport* de l'être à l'homme : c'est le terme de *Verhältnis* qui apparaît alors[1] comme terme fondamental de sa pensée, en rapport avec *Verhalten*, mot par lequel il caractérise le comportement proprement humain. Le mot *Verhältnis* qui signifie habituellement rapport doit dans cette perspective essentiellement être compris à partir de la retenue *(Verhaltenheit)* qui constitue la tonalité fondamentale d'une pensée qui correspond à la réserve *(Vor-enthalt)* et au retrait de l'être lui-même.

Cette co-*appartenance*, qui n'est ni coïncidence, ni coordination, mais rapport réciproque et « constellation » de l'homme et de l'être, Heidegger la nomme *Ereignis*[2], terme qui est devenu le terme directeur de sa pensée dès le milieu des années trente, comme on peut le voir à la lecture des *Beiträge zur Philosophie*, des *Contributions à la philosophie*, dont le sous-titre est *De l'Ereignis*, un manuscrit de plus de 500 pages rédigé par Heidegger de 1936 à 1938 et qui a été publié en 1989, à l'occasion du centenaire de sa naissance. C'est en effet dans ce texte qu'est expérimenté ce tournant dont Heidegger dit dans sa lettre à Richardson qu'il ne l'a pas plus inventé qu'il ne concerne sa seule pensée[3] et qu'il comprend comme «tournant de l'*Ereignis* » ou « tournant dans l'*Ereignis* »[4].

Dans ce texte, le terme d'*Ereignis* dont Heidegger dira plus tard, dans sa conférence de 1962 sur *Temps et être*, qu'il nomme le rapport de ce qui est en question dans «être *et* temps» et dans «temps *et* être»[5] n'est pourtant pas compris à partir de sa signification courante d'«événement» mais à partir de son étymologie populaire qui conduit à le rattacher à *eigen* et à *eignen*, au propre et à l'approprier. Ce que Heidegger comprend donc sous ce terme, c'est cette réciproque propriation de l'être et de l'homme par laquelle ils sont mis en rapport. C'est seulement dans des textes plus tardifs, datant des années cinquante, dans *Identité et Différence* et dans *Acheminement vers la parole*, que Heidegger se référera à l'étymologie scientifique

1. M. Heidegger, *Lettre sur l'humanisme*, p. 81.
2. M. Heidegger, « Identité et différence », *Questions I*, p. 264 *sq.*
3. *Questions IV*, p. 185.
4. M. Heidegger, *Beiträge zur Philosophie*, Frankfurt am Main, Klostermann, 1989, p. 407 et 409.
5. *Questions IV*, p. 17.

d'*Ereignis* qui conduit à le rattacher à *Auge*, à l'œil et au voir, et rappellera que le verbe « *er-eignen* signifie originellement : saisir du regard *(er-aügen)*, c'est-à-dire appeler à soi du regard, ap-proprier » [1]. Sur cette base, il est alors possible de dire que l'*Ereignis* en rendant visible dans l'éclaircie le déploiement de l'être de l'homme comme *Da-sein*, lieu de l'être, amène à leur propre les mortels en les rendant propres *(vereignen)* à l'être qui, de son côté, est approprié *(zugeeignet)*, c'est-à-dire dédié à l'être de l'homme[2].

L'*Ereignis* est ainsi le nom d'un *rapport*, et dans *Acheminement vers la parole*, Heidegger le nommera même le rapport de tous les rapports[3]. C'est la raison pour laquelle ce qui lui est le plus propre, c'est la dépropriation de soi – l'*Enteignis*[4], tout comme à la visibilité de l'*alètheia* qui advient comme *Lichtung*, comme éclaircie, appartient l'occultation, la *lèthè*, comme ce qui lui est le plus propre, comme son cœur[5]. C'est précisément parce que l'*Ereignis* n'a pas la structure d'un « sujet », parce qu'on ne peut le penser que comme un destiner *(Schicken)*, c'est-à-dire un donner qui ne donne que sa donation et qui donnant ainsi se retient lui-même et se retire[6], qu'il est en lui-même *Enteignis*, c'est-à-dire qu'il est le fondement sans fond de l'être, son *Ab-grund*, son abîme.

Ce qui est ainsi atteint, c'est en effet un véritable tournant par rapport à l'ensemble de la tradition philosophique, car c'est par cette pensée du sans-fond que Heidegger rompt véritablement avec l'idée d'absolu qui commande toute l'histoire de la pensée. Il était certes déjà question dans les textes de 1929 (par exemple, dans *Qu'est-ce que la métaphysique ?*[7]), de la finitude de l'être, mais elle était alors encore pensée par rapport à la transcendance du *Dasein* dont l'être est l'horizon fini, c'est-à-dire en fin de compte toujours par rapport au caractère potentiellement infini d'une auto-projection qui se referme sur elle-même. Il n'en va plus de même en ce qui concerne la finitude de l'*Ereignis*, laquelle provient de la limite *interne* au destin lui-même, qui pour destiner, doit demeurer dans l'abri abyssal qui lui est propre[8]. La finitude de l'*Ereignis* est pensée à partir du concept de propriété que Heidegger veut décisivement distinguer de celui d'ipséité ou

1. *Questions I*, p. 270.
2. M. Heidegger, *Questions I*, p. 270 ; *Acheminement vers la parole*, trad. fr. F. Fédier, Paris, Gallimard, 1976, p. 248.
3. M. Heidegger, *Acheminement vers la parole*, p. 256.
4. *Questions IV*, p. 45.
5. « La fin de la philosophie et la tâche de la pensée », *Questions IV*, p. 136
6. *Questions IV*, p. 23.
7. *Questions I*, p. 69.
8. *Questions IV*, p. 93.

de sujet : le propre, c'est ce qui appartient à quelque chose, ce qui la fait être ce qu'elle est, et non pas ce qui en fait un « sujet » susceptible de prendre possession d'*autre* chose. En ce sens, le concept heideggérien d'*Eigentum* n'a rien à voir avec la prise de possession qui est toujours comprise comme privatisation, comme l'indique l'étymologie du latin *proprius*, qui vient de *pro-privus*[1].

Ce nouveau concept de finitude exige alors l'abandon de la pensée transcendantale et « le dépassement *(Überwindung)* de l'horizon en tant que tel » comme Heidegger le note par la suite lui-même en marge de son exemplaire personnel de *Être et temps*[2]. Le concept d'horizon se révèle en effet insuffisant pour penser le domaine d'ouverture, l'espace de jeu à l'intérieur duquel l'étant peut faire encontre car « il n'est que le côté tourné vers nous de l'ouvert qui nous entoure », ouvert qu'il faut plutôt nommer *Gegnet*, contrée, au sens de « libre étendue » *(freie Weite)* comme Heidegger le propose dans son texte de 1945 intitulé *Gelassenheit* (Sérénité)[3]. Il s'agit donc bien de sortir de la clôture de l'horizon pour penser l'écart propre au lointain – et il faudrait ici rappeler que le mot *Weite* en allemand a la même racine que le latin *vitium* dont le sens premier est écart –, ce qui interdit en effet de ramener la spatialité du *Dasein* à la temporalité, comme le tentait le § 70 de *Être et temps*[4].

Mais penser le propre de l'espace, c'est-à-dire *l'espacement*, comme le dégagement d'un espace libre, l'ouverture d'une clairière[5], cela n'est pourtant possible que dans la perspective de l'*Ereignis* compris comme destin, comme *Geschick*. Heidegger souligne en effet que le verbe *schicken* (envoyer), signifie à l'origine ordonner au sens d'instaurer et d'aménager un espace, *einräumen*. C'est la raison pour laquelle lorsque Heidegger emploie le mot *Geschick* à propos de l'être, il veut dire, comme il l'explique en 1956 dans *Le principe de raison*, « que l'être s'adresse à nous et s'éclaircit et qu'en s'éclaircissant, il aménage l'espace de jeu du temps dans lequel l'étant peut apparaître »[6]. La *Lichtung*, l'éclaircie, doit en effet être elle-même aussi pensée maintenant à partir du *Geschick* : alors que dans *Être et temps*, comme dans des textes ultérieurs (jusque dans la conférence intitulée *Le tournant*, prononcée en 1949, mais publiée seulement en

1. *Cf.* M. Heidegger, *Acheminement vers la parole*, p. 28 (note du traducteur).
2. *Cf.* M. Heidegger, *Sein und Zeit*, (Ga 2), Frankfurt am Main, Klostermann, 1977, p. 39.
3. *Questions III*, Paris, Gallimard, 1966, p. 191 *sq.*
4. *Questions IV*, p. 46.
5. *Questions IV*, p. 201.
6. M. Heidegger, *Le principe de raison*, Paris, Gallimard, 1962, p. 149-150.

1962[1]), elle est mise en rapport avec la lumière (*Licht*) et la clarté, dans la conférence que Heidegger prononce en 1964 sous le titre « La fin de la philosophie et la tâche de la pensée », et qui est un de ses tout derniers textes, elle est mise en rapport avec un tout autre sens du verbe *lichten*, qui signifie non pas éclairer, mais dégager un espace libre, éclaircir au sens de ménager une clairière[2]. La lumière et le règne de la visibilité tout entier sont donc subordonnés à l'ouvert de la *Lichtung* en tant que clairière, à l'instauration de cet espace de jeu où présence et absence, lumière et ombre, propriation et dépropriation font l'épreuve de leur co-appartenance.

C'est donc à partir d'une telle pensée de *l'Ereignis*, qu'il s'agirait maintenant, avant d'en venir à la conférence que Heidegger a prononcé le 31 janvier 1962 sous le titre « Temps et être », de tenter, en guise d'introduction à celle-ci, l'approche des paragraphes 238 à 244 *des Beiträge zur Philosophie*, dans lesquels la question de la Temporalité de l'être prend maintenant la forme de la question de ce que Heidegger nomme déjà à cette époque *Zeit-Raum*, espace-temps. Il faut commencer par souligner la structure et le style particuliers de ce texte, très différents de ceux, classiques, du traité philosophique, auxquels obéissait encore *Être et temps*, et qui l'apparentent en quelque sorte à une composition musicale, faite de l'ajointement *(Gefüge)* de six *Fügungen*, de six « fugues », les paragraphes réunis sous le titre « L'espace-temps en tant que le sans-fond » *(Zeit-Raum als der Ab-grund)* formant la quatrième « variation » de la cinquième « fugue » intitulée « *Gründung* », fondation. Ce que Heidegger tente de penser sous le terme de *Zeitraum*, c'est cette dimension, plus originelle qu'eux, à partir de laquelle espace et temps se séparent l'un de l'autre[3]. Car il ne s'agit plus de rapporter, comme le fait la tradition classique, l'espace en tant que dimension « objective » aux choses et le temps en tant que dimension « subjective » au moi[4]. Heidegger déclare en effet ici qu'« il n'y a aucune raison, parce que la représentation de l'espace est une temporalisation, de ramener l'espace au "temps" »[5], prenant donc déjà ainsi de manière implicite le contre-pied du § 70 de *Être et Temps*.

Or, dans ce § 70, Heidegger se demandait si le phénomène découvert comme spatialité propre au *Dasein* imposait un coup d'arrêt à l'analyse existentiale *temporelle* et si donc il fallait renoncer à définir l'être de l'homme par la seule temporalité. Il y répondait en affirmant que si la

1. Cf. *Questions IV*, p. 152.
2. *Questions IV*, p. 127.
3. M. Heidegger, *Beiträge zur Philosophie*, § 239, p. 372
4. *Ibid.*, § 240, p. 376.
5. *Ibid.*, § 241, p. 377.

temporalité est bien le sens du souci, c'est-à-dire de l'être de l'homme, il faut que la spatialité propre au *Dasein* se fonde elle aussi dans la temporalité. Cela ne revenait pourtant pas à dire que l'espace devait être « déduit » du temps, ou qu'il devait être dissous dans le temps. Heidegger, tout en affirmant que la spatialité est « englobée » *(umgriffen)* par la temporalité du fait que cette dernière lui assure sa fondation *(Fundierung)* existentiale, soulignait qu'il ne s'agissait pourtant pas ici d'une reconduction de la primauté du temps sur l'espace que l'on trouve exposée par Kant dans son esthétique transcendantale. Car, précisait-il, la reconnaissance par Kant du fait que les représentations empiriques de ce qui est présent dans l'espace, c'est-à-dire au sens externe, se déroulent en tant que phénomènes psychiques dans le sens interne, c'est-à-dire dans le temps, ne constitue nullement une interprétation *ontologique* de ce qu'est l'espace, mais la simple constatation *ontique* du fait que le déroulement de ce qui est présent dans le psychisme a lieu dans le temps. Mais il s'agissait pourtant encore pour lui de rechercher, selon le style de la pensée transcendantale, les « conditions temporelles de possibilité de la spatialité propre au *Dasein*, qui, de son côté, fonde la découverte de l'espace intramondain »[1].

Or le *Dasein* ne peut être spatial qu'en tant qu'il existe sur le mode de la préoccupation, ce qui implique qu'il ne peut jamais être présent dans l'espace à la manière d'une chose. Il n'est en effet pas seulement présent dans la portion d'espace que remplit son corps, mais il « occupe », au sens littéral du terme, de l'espace. On ne peut donc pas considérer la spatialité propre au *Dasein* comme une imperfection, pas plus qu'on ne peut l'expliquer par la liaison de l'esprit à un corps. Il faut tout au contraire reconnaître que le *Dasein* ne peut être spatial d'une manière totalement différente de la chose-corps étendue que pour la seule raison qu'il est « doué d'esprit » *(geistig)*. L'esprit, loin d'être ce qui en nous s'oppose à notre corporéité et à notre insertion dans l'espace, est au contraire ce qui l'exige. C'est donc parce que le *Dasein* est dans son essence temporel qu'il peut *de fait* occuper un espace, et cet espace *ekstatiquement* occupé ne peut jamais se réduire à une simple place spatiale, mais constitue toujours l'ouverture de l'espace de jeu d'un ensemble de préoccupations. Heidegger concluait alors que « *c'est seulement sur la base de la temporalité ekstatique-horizontale qu'est possible l'irruption du Dasein dans l'espace* »[2].

1. SZ, § 70, p. 367.
2. *Ibid.*, p. 369.

Le danger d'une telle « reconduction » de l'espace au temps peut alors apparaître plus clairement : c'est celui qui pourrait laisser croire à une « subjectivisation » de l'espace, dans la mesure précisément où le temps continue à définir exclusivement l'être de l'homme, le *Dasein*. Or ce que Heidegger se propose maintenant, dans les *Contributions à la philosophie*, c'est de penser sous le terme de *Dasein* non plus seulement l'être de l'homme, ni même, selon la formule employée dans *Kant et le problème de la métaphysique*, le *Dasein im Menschen*, le *Dasein* en l'homme, mais le *Da-sein* comme *Augenblicks-stätte*, comme lieu de l'instant, c'est-à-dire de la propriation, de l'*Ereignung* de l'homme et de l'être. Il ne s'agit plus d'opposer ici le subjectif à l'objectif, mais de comprendre au contraire à partir de quoi advient leur opposition. Comme Heidegger le souligne, il faut donc bien voir que « le déploiement de l'espace-temps à partir du lieu de l'instant n'est en rien une subjectivisation, mais au contraire son dépassement, si ce n'est même déjà sa principielle et préliminaire exclusion »[1]. La « subjectivisation » de l'espace, tout comme celle du temps, suppose en effet que tous deux soient compris dans la dimension de la représentation, de la *Vor-stellung*, et donc en rapport à un sujet, alors qu'il s'agit maintenant de s'interroger sur l'origine même de la conception traditionnelle du temps et de l'espace qui voit en eux ces cadres de la représentation, ces concepts d'ordre ou encore ces formes de l'intuition qui gouvernent toute pensée. Le but ainsi poursuivi n'est pas, comme Heidegger le précise bien, d'établir que le savoir traditionnel concernant le temps et l'espace est faux, mais au contraire de faire apparaître les limites à l'intérieur desquelles il conserve sa légitimité[2].

Mais cela exige non pas seulement « un simple changement de nos représentations », mais ce que Heidegger nomme une *Ver-rückung des Menschenwesens in das Da-sein*, un total changement ou déplacement de l'être humain, analogue à une sorte de sortie hors de ses limites habituelles, qui le transforme en *Da-sein*, en lieu de l'être[3]. Heidegger présente en effet dans ces paragraphes la question qu'il pose, et qui est celle du déploiement de l'être de l'espace et du temps dans leur unité originaire, comme une « question totalement insolite et incompréhensible » pouvant même apparaître sous cette forme comme « arbitraire »[4]. C'est pourquoi il s'emploie tout d'abord à montrer en quel sens il entend l'expression « *Zeit-traum* », espace-temps. Il ne s'agit pas en effet de lui donner sa

1. M. Heidegger, *Beiträge zur Philosophie*, § 239, p. 375.
2. *Ibid.*, p. 372.
3. *Ibid.*
4. *Ibid.*, p. 376.

signification courante d'intervalle de temps, car elle repose sur le concept habituel du temps qui se voit ainsi spatialisé [1]. Mais il ne s'agit pas non plus de l'entendre au sens moderne de cette expression, qui suppose un simple couplage du temps et de l'espace dans lequel le temps, compris comme variable d'un calcul, est transformé en quatrième paramètre pour constituer ainsi l'espace à quatre dimensions de la physique [2]. Ce que Heidegger se propose au contraire, c'est sous l'expression *Zeit-raum*, espace-temps, de penser l'unité originaire du temps et de l'espace. Mais pour cela il faut qu'en aucun sens l'un ne soit réduit à l'autre, il faut au contraire que soit élucidé ce qui fait le propre de chacun et que soit mis au jour ce qui les sépare au plus haut point l'un de l'autre [3]. Or c'est précisément ce qui peut être atteint si on pense l'espace-temps, le *Zeit-raum*, dans la dimension de la *Gründung*, de la fondation, et du *Grund*, du fond, si en d'autres termes, on ne les envisage plus dans la dimension de la pensée représentative ou transcendantale, mais dans celle que Heidegger nomme ici perspective du *Da-sein*, et qui est celle, originaire, de la non distinction du « sujet » et de l'« objet ».

Mais à ce niveau, fondamental, le fond lui-même ne peut plus apparaître sous la figure stable d'un étant, qui n'est elle-même jamais saisissable que dans l'espace de la représentation. C'est pourquoi Heidegger commence par l'affirmation apparemment paradoxale que le sans-fond ou l'abîme *(Ab-grund)* est « le déploiement originel de l'être du fond » [4]. L'abîme, compris comme *Ab-grund*, sans fond, ce n'est pas en effet la simple absence de fond, le simple non-fond *(Ungrund)*, mais le fait que le fond fait défaut, c'est le *Weg-bleiben des Grundes*, le fait qu'il se retire en tant que fond. Il faut voir dans ce retrait du fond aussi une manière de faire fond : le *sans* fond est ainsi sans *fond*, ce qui implique qu'en lui le fond se donne sous la forme du refus, de la *Versagung*, mais aussi sous celle de l'hésitation ou de l'indécision *(Zögerung)*. C'est parce que le fond se refuse tout en ouvrant ainsi un vide originel, qu'advient dans un tel refus la clairière dans laquelle l'hésitation peut se montrer. Le sans-fond compris comme retrait du fond est ainsi l'avènement du déploiement de la vérité *(Wesung der Wahrheit)*, ou encore, dans des termes qui reviendront dans les textes postérieurs, celui d'une *lichtende Verbergung*, d'une occultation éclairante et ouvrante. C'est donc à partir de cette ouverture originelle d'un espace d'hésitation ou d'indécision qu'il est possible de comprendre l'événement

1. *Ibid.*, p. 378.
2. *Ibid.*, p. 377.
3. *Ibid.*, p. 378.
4. *Ibid.*, § 242, p. 379.

de l'être comme oscillation *(Schwingung)* entre l'appel lancé par l'être à l'homme *(Zuruf)* et l'appartenance de l'homme à l'appel *(Zugehörigkeit)*[1], oscillation qui fait ainsi se tourner l'un vers l'autre l'être et l'homme. Ce qui fonde, ce n'est rien d'autre que le demeurer en défaut du fond, ce qui veut dire que le fond originel *(Urgrund)* ne peut être que l'*Ereignis* lui-même, compris comme tournant oscillant[2].

C'est donc un tel déploiement de l'être du fond comme « sans fond » qui advient simultanément comme temporalisation et espacement. Mais c'est ici, souligne Heidegger, que se trouve le point critique, car « temporalisation et espacement ne peuvent pas être conçus à partir de la représentation courante du temps et de l'espace; bien au contraire, ces représentations doivent recevoir leur détermination selon leur provenance à partir du déploiement premier du temporaliser et de l'espacer »[3]. Ce dont il faut alors rendre compte, c'est à la fois de l'origine une de la temporalisation et de l'espacement et de leur séparation, ce dont, précise Heidegger, n'est capable aucune « dialectique », aucune logique oppositionnelle qui prendrait comme point de départ un espace et un temps donnés. Ce dont il faut partir, c'est du déploiement de la vérité de l'être qui a été compris comme occultation ouvrante, car c'est sur celle-ci qu'est fondée l'unité originaire du temporaliser et de l'espacer. Heidegger, dans des pages extrêmement denses et d'un caractère spéculatif qui n'a rien à envier aux grands représentants de l'idéalisme allemand, propose alors de penser la structure *(das Gefüge)* de ce déploiement à partir de la conjonction de deux mouvements, l'un de rapt ou d'extase *(Entrückung)*, l'autre de captivation ou de fascination *(Berückung)*. Le mouvement de temporalisation peut ainsi être compris comme ce rapt par lequel l'être est emporté dans l'occultation et le refus, mais qui, parce qu'advenant de manière hésitante ou indécise, est *en même temps* un mouvement originaire de captivation qui donne l'espacement. C'est par conséquent la captivation par l'espacement et le dégagement de l'espace *(Einräumen)* qui retiennent l'ekstase de la temporalisation, ce qui implique que l'espacement, loin de pouvoir être reconduit à celle-ci, déploie au contraire le lieu de l'instant de la décision et rend ainsi possible l'*Ereignis* lui-même.

Espace et temps ne *sont* donc pas mais *se déploient* comme deux mouvements contraires, et en même temps réciproques, comme l'événement même du retrait du fond, du sans fond, et il faut donc

1. M. Heidegger, *Beiträge zur Philosophie*, § 242, p. 380.
2. *Ibid.*, p. 381.
3. *Ibid.*, p. 383.

comprendre que c'est en se séparant qu'ils s'unissent et non pas en étant renvoyés à un fond commun qui serait plus originel qu'eux. Comme le souligne Heidegger : « Cette réciprocité adverse *(dieses Gegenwendige)* est justement le déploiement de l'être *(das Wesentliche)* et l'indication de leur réciproque renvoi l'un à l'autre sur la base de leur séparation » [1]. On peut cependant se demander ici si la pensée de la co-originarité de la temporalisation et de la spatialisation, bien qu'elle conduise au refus de la problématique transcendantale qui consiste à ramener l'espace au temps, signifie effectivement l'abandon de tout privilège dévolu à la temporalisation et au mouvement de transport ou d'ekstase que constitue celle-ci. Co-originarité du temps et de l'espace ne signifie pas nécessairement stricte égalité entre eux, puisqu'il faut bien l'*Entrückung*, le mouvement de déportation ou de transport, pour qu'il y ait, certes « en même temps » et « réciproquement », mais, pourrait-on peut-être dire, *secondairement* dans la simultanéité, *Berückung*, captivation, et donc *Einräumen*, dégagement de l'espace.

On peut comprendre, après avoir ainsi mesuré l'ampleur du « tournant de l'*Ereignis* », de ce tournant qui s'accomplit au sein même de ce qui est question et que Heidegger tente de porter à la pensée dans ses textes de la fin des années trente, que lorsqu'il entreprend en janvier 1962 de prononcer la conférence intitulée « Temps et être », le texte de celle-ci ne puisse plus être mis en connexion directe avec celui du traité de 1927 [2]. S'il s'agit en effet toujours de la même question – celle du « et » de être *et* temps, temps *et* être – celle-ci ne peut plus maintenant être posée à partir d'une transcendance qui relève encore du platonisme, c'est-à-dire de ce que Heidegger nomme, à partir du milieu des années trente, « métaphysique », mais à partir de cette *donation* que la métaphysique ne pense pas, mais présuppose pourtant constamment. Car ce qu'il s'agit de penser, ce n'est pas seulement le projet transcendantal de l'être, qui advient du fait même que l'homme ek-siste, mais aussi et en même temps l'envoi ou le destin de l'être lui-même. Parce que l'être n'est pas un étant et parce qu'il n'est pas non simplement temporel au sens d'être dans le temps, et parce que le temps n'est pas lui-même temporel et qu'il n'est pas non plus simplement étant, on peut dire d'eux non pas qu'ils *sont*, mais seulement qu'*il y a* être et qu'*il y a* temps – et en allemand « il y a » se dit *es gibt*, « cela donne », selon cette tournure impersonnelle à laquelle Heidegger a déjà recours dans *Être et temps* [3]. Mais en 1927, Heidegger utilisait cette formule, *es gibt Sein*, pour indiquer

1. *Ibid.*, p. 385.
2. *Questions IV*, p. 11.
3. *Cf.* par exemple SZ, § 43, p. 212.

la différence ontologique, la différence entre l'être et l'étant, dont seul on peut dire qu'il « est », alors qu'il s'agit maintenant de renvoyer par là non plus au pouvoir-différencier transcendantal du *Dasein*, de l'être de l'homme, mais à la duplicité (*Zwiefalt*) de l'être lui-même qui se retire au profit de la désoccultation de l'étant[1].

Ce qu'il s'agit donc de penser, si le temps et l'être sont le don d'une donation, c'est ce qui est à chaque fois donné et aussi Cela qui donne. Or, rappelle Heidegger, être, dans la pensée occidentale, veut dire présence : *Anwesen*. Ce terme, qu'il faut soigneusement distinguer d'un autre terme allemand, *Gegenwart*, par lequel on dit la présence en son sens temporel, signifie littéralement « avancée dans l'être ». Ce qui est ainsi « présent », *anwesend*, au sens ontologique et non pas seulement temporel du mot, c'est ce qui est porté à la non-occultation. L'être, en tant qu'il porte l'étant à la non-occultation, est donc un *laisser se déployer dans la présence*. Mais cette désoccultation de l'étant est elle-même rendue possible par un deuxième « laisser » qui est le don du déploiement de la présence, c'est-à-dire de l'être lui-même compris comme cette clairière dans laquelle tout étant peut venir à la présence[2]. L'être, lorsqu'il n'est plus pensé comme le fondement de l'étant, c'est-à-dire lorsqu'il est pensé *en ce qu'il a de propre*, est le don du déploiement de la présence, et c'est ce don, explique Heidegger, qui est demeuré impensé dans le *esti gar einai*, dans « il est à vrai dire être » de Parménide, ce penseur de la tautologie de l'être dont le dernier Heidegger se sent plus proche que jamais.

Mais il ne faudrait pourtant pas croire que cet impensé accède à la clarté conceptuelle dans la pensée de Heidegger, ce qui voudrait dire que celle-ci aurait ainsi porté à son accomplissement l'ensemble de l'histoire de la pensée occidentale. Car cette donation est un *destiner*, c'est-à-dire un don sans « sujet » qui donne et qui ne peut pas en tant que tel devenir l'objet d'un savoir. En tant que destin, l'être est donc en lui-même historial et non pas au-delà ou au-dessus de l'histoire, ce qui veut dire que l'histoire de l'être ne s'achève pas avec la pensée de l'*Ereignis*, c'est-à-dire de Cela qui donne et qui destine, au sens où elle s'achève chez Hegel, à savoir dans un savoir absolu, par l'identification de l'être et de la pensée, car ce qui fait don du déploiement de la présence ne peut pas lui-même entrer en présence[3]. Les époques de l'histoire de l'être, telles que Heidegger les présente dans les textes postérieurs aux années trente, ne sont pas, comme chez Hegel, des

1. M. Heidegger, « Dépassement de la métaphysique », *Essais et conférences*, Paris, Gallimard, 1958, p. 89.

2. Cf. *Questions IV*, p. 18-19 et 69.

3. *Ibid.*, p. 87

périodes de temps, mais proviennent au contraire du trait fondamental du destiner qui *se retient* – c'est là d'ailleurs le sens propre du mot grec *epokhê* – pour qu'il y ait donation. C'est cette essence époquale de la destination qui seule permet de comprendre l'historialité de la pensée qui y répond[1].

On a ainsi répondu à la question de savoir ce que signifie la formule « *es gibt Sein* », il y a être. Qu'en est-il maintenant du « *es gibt Zeit* », de la donation qui est celle du temps lui-même ? Nous atteignons là aux passages les plus denses et les plus énigmatiques de la conférence de 1962, aux plus intraduisibles aussi, puisque la pensée de Heidegger se déploie ici au sein même de la langue allemande au lieu de s'en servir comme d'un moyen d'expression et de conceptualisation. Heidegger explique en effet que lorsque nous déterminons le propre du temps à partir du *présent (Gegenwart)* nous comprenons habituellement celui-ci au sens du maintenant et non pas au sens de ce qui est entré en présence *(Anwesenheit)*. Pourtant le présent compris à partir de l'entrée en présence a le sens d'un venir *en face de nous* pour y séjourner *(entgegenweilen)*, car dans le *gegen* de *Gegenwart*, terme qui signifie littéralement en allemand « ce qui attend en face, en vis-à-vis », est dit le rapport de la présence à l'homme. L'homme apparaît par là comme celui à qui s'adresse la venue en présence. Mais c'est dans la présence comprise comme *An-wesen*, comme venue en présence, que le rapport de l'être à l'homme vient à s'exprimer. Il s'avère alors que l'homme n'est homme que parce que l'être lui-même s'adresse à lui en déployant la présence – et non pas parce qu'en vertu de son essence ekstatique, il serait le « lieu » du déploiement de l'être[2]. L'*a-venir* ne peut donc plus être pensé comme la venue *à soi* du *Dasein*, comme c'est encore le cas dans *Être et temps*, mais comme la venue *de* l'être *à* l'homme. Ce déploiement de présence qui concerne constamment l'homme n'est d'ailleurs pas nécessairement au présent, en tant que celui-ci s'oppose, comme ekstase temporelle particulière, à l'avenir et à l'avoir-été : tout *Anwesen*, toute venue en présence, n'est pas *Gegenwart*, présence actuelle, puisque, et c'est là un point capital dans la pensée du temps du dernier Heidegger, l'absence de l'avoir-été, comme celle de l'avenir, demeure une modalité de la venue en présence à nous adressée, à nous destinée.

Ce qui constitue donc le propre du temps, c'est qu'il est en soi cette *donation à distance* qu'exprime le verbe allemand *reichen*, mot

1. *Ibid.*, p. 24-25.
2. *Ibid.*, p. 29-30.

difficilement traduisible[1], qui signifie littéralement tendre, présenter, au sens de donner en un mouvement d'extension en avant, et qui renvoie à l'idée d'un pouvoir étendu, d'un *règne* ou d'une directionnalité du temps. Il faut en effet noter, et ici l'étymologie est une fois de plus éclairante, que le verbe *reichen* est de même racine que le latin *reg-* qui a donné *rex* et *dirigere.* Le temps lui-même est donc l'unité de cette triple donation à distance de l'avoir-été par l'avenir et de l'avenir par l'avoir-été qui dans leur rapport réciproque produisent le présent[2]. Heidegger nomme à nouveau ici espace-temps *(Zeit-raum)* la clairière ouverte par la donation à distance réciproque de l'avenir, de l'avoir-été et du présent. Au temps appartient en effet la *dimension*, qu'il ne faut pas comprendre d'emblée en un sens spatial comme un domaine de mesure possible, mais au contraire comme ce qui donne tout d'abord la mesure, comme cette extension même du temps qui ouvre ainsi la clairière de l'être. Mais si dans les trois dimensions du temps est en jeu une modalité spécifique de venue en présence, il n'est pas possible de référer celle-ci au seul présent, à l'opposé, pourrait-on dire, de la solution augustinienne de ce problème, telle qu'elle est présentée dans le livre XI des *Confessions* sous la forme de la théorie du triple présent, ce qui permet certes de penser l'essentielle continuité du temps, mais en la situant uniquement dans l'âme. Pour Heidegger, dont la perspective est celle de la pensée de l'espace-temps, il s'agit de rendre compte du *jeu* réciproque de chacune des dimensions du temps par lequel chacune d'elles donne les autres et est réciproquement donnée par elles. Ce jeu constitue par lui-même une quatrième dimension du temps, qui est en réalité la première, puisque c'est en elle que réside la donation à distance de la présence. Heidegger propose de nommer cette dimension initiale du temps du nom ancien de *Nahheit*, qui veut dire *prochaineté*, ou encore *nähernde Nähe*, proximité approchante, parce qu'elle permet le voisinage des dimensions du temps tout en empêchant et en retenant leur fusion. L'ouverture de la clairière est ainsi assurée par avance par le fait qu'est empêchée la venue au présent de l'avoir-été et qu'est également retenue la venue au présent de l'a-venir[3]. Ce règne du temps atteint l'homme, qui n'est homme que parce qu'il se tient dans sa triple dimensionnalité et qu'il est exposé à cette donation qui est en même temps empêchée et retenue.

1. *Questions IV*, p. 50, note 6. La traduction proposée, non reprise ici, fait appel à l'ancien français qui « connaissait encore le verbe *porriger* (tendre, présenter) qui a exactement le sens de *reichen* ».

2. *Ibid.*, p. 31-32.

3. *Ibid.*, p. 34-35.

La donation destinale de l'être et la donation extensive du temps manifestent toutes deux, dans la retenue époquale pour l'une, et dans l'empêchement et la retenue du présent dans l'avenir et l'avoir-été pour l'autre, le même *retrait* par lequel l'*Ereignis* sauvegarde ce qui lui est propre et se préserve ainsi d'une désoccultation sans limites qui équivaudrait d'ailleurs à une occultation sans limites. C'est donc à partir de l'*Ereignis* que être et temps se déterminent en ce qu'ils ont de propre, c'est-à-dire dans leur co-appartenance. Mais pas plus que l'être n'est, en ce qu'il a de propre, le fondement de l'étant, le temps n'est, en ce qu'il a de propre, le fondement de l'être, bien que la destination qui donne l'être repose sur le règne du temps [1]. C'est la raison pour laquelle, comme l'indique Heidegger au début de « La fin de la philosophie et la tâche de la pensée », la reprise de la tentative qui était la sienne, depuis 1930, et qui depuis n'a jamais cessé d'être renouvelée, à savoir celle de donner une figure plus initiale au questionnement institué en 1927, pourrait bien conduire maintenant à un changement du titre donné à la tâche entreprise avec *Être et temps* [2]. Parce que l'être pensé à partir de la clairière est présence destinale et parce que le temps pensé à partir de l'*Ereignis* n'est autre, en tant qu'espace-temps, que la clairière elle-même, la tâche de la pensée aurait alors pour titre, explique Heidegger, au lieu de « être et temps », *Lichtung und Anwesenheit*, clairière et présence [3]. Avec ce titre qui nomme, selon Heidegger, l'impensé de la philosophie, est déterminée l'affaire propre de la pensée, d'une pensée postmétaphysique qui se donnerait alors pour tâche la méditation de ce jeu réciproque du déploiement du temps comme venue en présence et du déploiement de l'espace comme dégagement de la clairière qui constitue le fond sans fond de l'expérience de ceux que Heidegger nomme du nom de mortels.

1. *Ibid.*, p. 37.
2. *Ibid.*, p. 112.
3. *Ibid.*, p. 139.

DEUXIÈME PARTIE

UNE AUTRE PENSÉE DE L'ÊTRE DE L'HOMME

LA CRITIQUE HEIDEGGÉRIENNE DE L'ANTHROPOLOGISME

La fin du XVIIIe siècle fut marquée en Allemagne par le développement de la problématique du sujet à partir de ce que Kant avait nommé « révolution copernicienne ». C'est à cette époque que le jeune Schelling, en partisan résolu de l'égologie fichtéenne, se fit le propagateur de son nouveau principe de la philosophie, le moi absolu. Deux cent ans plus tard, à la fin du XXe siècle, la philosophie n'est plus identifiée à l'égologie, mais à l'éthique, et son nouveau principe, dont les propagateurs ne sont plus allemands, mais français, est l'autre absolu. Il ne semble pourtant pas que, en passant du moi absolu à l'autre absolu, la philosophie moderne ait été réellement en mesure de sortir du cadre anthropologique qui fut le sien depuis la découverte cartésienne du *cogito*. L'être humain demeure en effet l'horizon indépassable de sa propre pensée. Mais entre temps, avec le terme de « phénoménologie », qui fit sa réapparition à au tout début du XXe siècle en tant que le nouveau nom de la philosophie dans les *Recherches logiques* de Husserl, une rupture se produisit, une éclaircie advint. Bien que la phénoménologie husserlienne ait été par la suite comprise comme une nouvelle forme de cartésianisme et comme la théorie d'un nouvel idéalisme transcendantal, son premier objectif a été la lutte contre le psychologisme, le relativisme et l'anthropologisme. Husserl, jusque dans ses derniers écrits, a maintenu que la phénoménologie n'était rien autre que la restitution de l'idée la plus ancienne de la philosophie, à savoir celle d'une science universelle, la science du tout. Ce que l'on se propose de montrer dans ce qui suit, c'est que la redécouverte de toute la portée de cette idée de la philosophie, par opposition à sa réduction moderne à l'anthropologisme, a également constitué le motif directeur de la pensée de Heidegger.

La fameuse maxime de la phénoménologie, le retour aux « choses elles-mêmes », à ce qui se montre de soi-même, a été d'abord comprise par Husserl comme un retour aux vécus, aux *Erlebnisse*, ce qui explique le tournant idéaliste de la phénoménologie husserlienne qui devint, moins de dix ans après la percée des *Recherches logiques*, la théorie de la réduction du monde aux opérations constitutives de l'ego transcendantal. Dans ses *Méditations cartésiennes* de 1929, Husserl, lorsqu'il en vient à proclamer l'identité de l'égologie et de l'ontologie[1], finit en effet par rejoindre la position idéaliste de Fichte. L'introduction du point de vue transcendantal ne signifie pourtant pas que l'homme se voie réintroduit au centre des structures constitutives de l'expérience. Car Husserl ne rejette pas seulement toutes les formes d'anthropologisme empirique, mais aussi ce qu'il nomme plus tard dans la Postface qu'il rédige en 1930 pour l'édition anglaise de ses *Idées directrices* « anthropologisme transcendantal » ou encore « psychologisme transcendental »[2]. Ce qu'il désigne alors, sous ces vocables, c'est l'analytique existentiale heideggérienne dans laquelle il ne voit, comme l'attestent les annotations marginales, datant de la même époque (1930), de son exemplaire de *Être et temps*, qu'une « anthropologie philosophique »[3]. C'est ce qui l'avait conduit, comme il l'écrit en décembre 1929 à Roman Ingarden, à considérer que *Être et temps*, dont il achevait alors la lecture, ne peut plus être intégré à sa phénoménologie, pas plus du point de vue de la méthode que du point de vue du contenu[4]. C'est également ce qu'il redit dans la conférence qu'il donne en juin 1931 sous le titre « Phénoménologie et anthropologie » où il dénonce, de manière plus explicite, l'anthropologisme de ceux qui, à l'intérieur du mouvement phénoménologique, ont subi l'influence de Dilthey et voudraient faire reposer le fondement de la philosophie exclusivement sur « l'homme et dans une doctrine de l'essence de son *Dasein* mondano-concret »[5]. Car selon Husserl, l'homme et l'*ego* humain sont des réalités mondaines, c'est-à-dire des êtres relatifs, alors que l'ego transcendantal, qui ne naît ni ne meurt, est un être absolu. Pour Husserl, la

1. *Cf.* E. Husserl, *Méditations cartésiennes*, Paris, P.U.F., 1994, § 41, p. 132. : « Tout sens et tout être concevable, qu'on les dise immanents ou transcendants, relèvent du domaine du domaine de la subjectivité transcendantale en tant que c'est elle qui constitue le sens et l'être ».

2. E. Husserl, *La phénoménologie et le fondement des sciences*, Paris, P.U.F., 1993, p. 181.

3. *Cf.* D. Souche-Dagues, « La lecture husserlienne de *Sein und Zeit* », Husserl, *Notes sur Heidegger*, Paris, Minuit, 1993, p. 23 et 137 *sq.*

4. E. Husserl, *Briefe an Roman Ingarden*, Den Haag, Nijhoff, 1968, p. 56.

5. *Ibid.*, p. 57.

conscience transcendantale est une conscience non personnelle sans relation à l'homme ou à un autre être réel, comme il le soulignait en 1913 dans ses *Idées directrices* où il affirmait : « Il est certain qu'on peut penser une conscience sans corps, et aussi paradoxal que cela paraisse, sans âme, une conscience non personnelle, c'est-à-dire un flux vécu où ne se constitueraient pas les unités intentionnelles empiriques qui se nomment corps, âme, sujet personnel empirique, et où tous ces concepts empiriques, y compris par conséquent celui du vécu au sens psychologique (en tant que vécu d'une personne, d'un moi animé) perdraient tout point d'appui et en tout cas toute validité »[1].

Une telle subjectivité transcendantale peut-elle être quelque chose d'autre qu'une pure abstraction ? C'est là le sens d'une remarque faite par Heidegger à Husserl en 1929 durant sa collaboration à la rédaction de l'article « Phenomenology » pour l'*Encyclopædia Britannica*[2]. Husserl y répond en affirmant que le moi transcendantal et le moi empirique ne sont pas des moi différents, ni des moi liés l'un à l'autre, mais qu'ils sont le même moi, le moi empirique se changeant en moi transcendantal par une simple conversion d'attitude. La tâche de la phénoménologie transcendantale consiste par conséquent à révéler l'activité constitutive du moi transcendantal qui demeure dissimulée à l'*ego* psychologique qui s'adonne directement aux objets donnés. Heidegger, qui n'a pu accepter la différence établie par Husserl entre ego empirique et ego transcendantal, a vu dans la théorie de la subjectivité transcendantale un retour à la « tradition de la philosophie moderne » et une nouvelle forme de la métaphysique de la subjectivité[3], tandis que, de son côté, Husserl a considéré l'analyse heideggérienne du *Dasein* comme une trahison du point de vue phénoménologique et une rechute de la philosophie dans l'anthropologisme.

Mais qu'en est-il alors de la position de Heidegger lui-même qui répond ainsi à l'accusation husserlienne d'« anthropologisme transcendantal » par une contre-accusation de « subjectivisme transcendantal » ? Il est pourtant clair que la question qui a déterminé l'entièreté du « chemin de pensée » de Heidegger n'est pas celle qui a commandé toute la pensée de Husserl depuis son tournant transcendantal de 1907, à savoir celle de l'ego transcendantal, mais celle de l'être que Heidegger entreprend en 1927 de reposer à neuf.

1. E. Husserl, *Idées directrices pour une phénoménologie*, Paris, P.U.F., 1950, § 54, p. 182.

2. Voir la lettre du 22 octobre 1927 de Heidegger à Husserl reproduite dans Husserl, *Notes sur Heidegger*, *op. cit.*, p. 115 *sq.*

3. M. Heidegger, « Mon chemin de pensée et la phénoménologie » (1969), *Questions IV*, Paris, Gallimard, 1976, p. 166.

Heidegger se propose ainsi de renouer avec une question ancienne, laissée en suspens au commencement même de la tradition occidentale, et qui, loin de ne concerner que l'être de l'homme, est au contraire celle de l'être en tant que tel et dans son ensemble. C'est d'ailleurs ce qu'il ne cessera d'opposer à ceux qui voudront l'intégrer à ce que l'on nomme *Existenzphilosophie*, philosophie de l'existence, de Kierkegaard à Jaspers et Sartre[1]. Il est vrai que le malentendu concernant le véritable statut de l'analyse existentiale dans *Être et temps* qui a conduit ses premiers lecteurs à y voir la tentative d'une élaboration, d'ailleurs incomplète, d'une anthropologie philosophique, a été grandement facilitée par le fait que la troisième section, proprement « ontologique », de la première partie de cet ouvrage ne fut jamais publiée.

Il n'en demeure cependant pas moins que c'est encore une problématique transcendantale que Heidegger développe dans toute cette période, qui est celle de la première phase de sa pensée. Car si dans *Sein und Zeit*, nous ne trouvons qu'une analyse de l'*Umwelt* humain, qui répond d'ailleurs à la problématique husserlienne de la *Lebenswelt*, mais avec cette différence que Heidegger, contrairement à Husserl, met l'accent non sur la perception de la chose isolée, mais sur la préoccupation qui s'attache à un ensemble d'outils « maniables », c'est seulement dans ses écrits postérieurs qu'il abordera le problème de la transcendance du monde lui-même, comme il le reconnaît en 1929 dans une note de *De l'essence du fondement*, dans laquelle il souligne que l'analyse de l'*Umwelt* dans *Sein und Zeit*, est seulement une première détermination du phénomène du monde et n'a qu'une valeur préparatoire[2]. Mais c'est surtout dans le cours qu'il consacre en 1929-30 aux *Concepts fondamentaux de la métaphysique : Monde, finitude, solitude*, dans lequel est développée la thèse de l'homme comme configurateur du monde *(weltbildend)* qu'est thématisé le rapport de l'homme au monde. Or cette thèse de la *Weltbildung* par l'homme peut au premier abord être prise pour la thèse la plus subjectiviste qui soit, au sens où il peut sembler que le monde ne soit plus alors que le produit de l'activité configuratrice de l'homme. On pourrait en effet considérer que la conception heideggérienne du transcendantal ne constitue dans sa nouveauté rien d'autre que la culmination de la transcendantalité kantienne ou husserlienne. Il n'en demeure cependant pas moins que dans *Sein und Zeit*,

1. *Cf.* M. Heidegger, « Lettre à Jean Wahl », *Bulletin de la Société française de philosophie*, 1937, n°5, p. 193.

2. M. Heidegger, *Questions I*, Paris, Gallimard, 1968, p. 130.

le transcendantal est d'ores et déjà compris en termes de facticité et d'existence, et non pas en termes d'activité et de subjectivité[1].

C'est bien en effet la question du dépassement de la détermination kantienne du transcendental qui conduit Heidegger au débat qu'il entreprend en 1929, dans *Kant et le problème de la métaphysique*, avec la fondation kantienne de la métaphysique dans l'anthropologie. Ce qui est apparu au cours de l'interprétation que Heidegger donne alors de la *Critique de la raison pure*, c'est que c'est dans la transcendance du sujet que se fonde la possibilité de la métaphysique, puisque, pour qu'il y ait pour lui un objet, le sujet doit le laisser surgir devant lui de par sa faculté réceptrice. Comme le souligne alors Heidegger : « L'instauration kantienne du fondement fait découvrir que fonder la métaphysique est une interrogation sur l'homme, est anthropologie »[2]. Ce lien établi entre métaphysique et anthropologie n'est pas seulement le résultat de l'interprétation heideggérienne de la *Critique de la raison pure*, mais il est aussi attesté par Kant lui-même, non dans la *Critique de la raison pure* elle-même, mais dans son cours sur la *Logique* où, aux trois questions de la métaphysique : « Que puis-je savoir ? Que dois-je faire ? Que m'est-il permis d'espérer ? », il en ajoute une quatrième: « Qu'est-ce que l'homme ? ». Les trois premières questions forment l'objet de la *metaphysica specialis*, distincte de *la metaphysica generalis*, donc de l'ontologie, et renvoient aux trois disciplines de la cosmologie, de la psychologie et de la théologie rationnelles. Il est donc étonnant que Kant leur adjoigne une quatrième question, dont l'objet semble d'ailleurs déjà contenu dans la psychologie rationnelle, discipline qui a l'homme pour objet. Et il est encore plus étonnant que Kant précise que « les trois questions se rapportent à la quatrième » et qu'ainsi l'ensemble de la métaphysique puisse être mise « au compte de l'anthropologie »[3]. Car il y a bien une anthropologie chez Kant, l'*Anthropologie du point de vue pragmatique*, qui rassemble la matière des cours qu'il a fait pendant de nombreuses années sur ce sujet. Mais elle ne peut ici être prise en considération, explique Heidegger, du fait qu'elle est une anthropologie empirique qui se borne à rassembler et à décrire des faits. Elle ne peut donc être considérée comme une anthropologie répondant aux exigences de la problématique transcendantale, c'est-à-dire être un discours portant sur l'*être* même de l'homme.

1. Voir sur ce point le chapitre du présent ouvrage traitant de « La conception heideggérienne du monde après *Être et temps* ».

2. M. Heidegger, *Kant et le problème de la métaphysique*, Paris, Gallimard, 1953, p. 262.

3. *Ibid.*, p. 264.

C'est alors que Heidegger s'engage dans la discussion de ce que pourrait et devrait être une anthropologie « philosophique ». Car le projet anthropologique en tant que tel suppose la prise en compte des diverses dimensions de l'humain, biologique, psychologique et culturelle, si bien que l'hétérogénéité des faits à rassembler rend impossible la définition rigoureuse d'une telle science. Le terme d'« anthropologie » ne renvoie donc qu'à une étiquette qu'on appose sur un ensemble hétéroclite de disciplines, de sorte qu'il finit plutôt par désigner un point de vue explicatif qui peut être pris sur toutes choses dans la mesure où elles peuvent être mises en rapport avec l'homme. Or c'est précisément l'insatisfaction née d'une telle situation qui conduit à l'exigence d'une « anthropologie philosophique ». Heidegger se réfère ici au travail de Max Scheler, à la mémoire duquel d'ailleurs *Kant et le problème de la métaphysique* est dédié – Max Scheler est mort en 1928 – et il mentionne son dernier livre, paru en cette même année 1928, *Die Stellung des Menschen im Kosmos*[1], dans lequel Scheler fait état à la fois de la nécessité de parvenir à une idée unitaire de l'homme et des difficultés liées à cette tâche.

Il est nécessaire ici d'ouvrir une parenthèse, car ce projet d'élaboration d'une « anthropologie philosophique » a tout particulièrement marqué les années 1920 en Allemagne, non seulement avec la parution du livre de Scheler, qui, se fondant sur l'opposition de la nature et de l'esprit, rattache l'homme à l'ordre extramondain de l'esprit, et développe une métaphysique de la personne, mais aussi avec celui que Plessner a consacré la même année, sous le titre « Les niveaux de l'organique et l'homme », à une « Introduction à l'anthropologie philosophique »[2]. Contrairement à Arnold Gehlen (1904-1976), le plus illustre représentant de ce courant de l'anthropologie philosophique, qui développera par la suite, dans un livre paru en 1940 et intitulé « L'homme, sa nature et sa place dans le monde »[3], une conception de l'homme comme être de culture, essentiellement déterminé par son caractère inachevé et déficient, Helmuth Plessner (1892-1985), prenant appui sur les travaux des biologistes, considère que c'est dans ce que l'homme a de pleinement naturel qu'il apparaît justement comme un être extraordinaire, ce qui explique qu'il soit le seul parmi les êtres vivants à transformer son propre environnement en environnement culturel. C'est ce qu'il nomme la « positionalité excentrique » de l'homme

1. *Cf.* M. Scheler, *La Situation de l'homme dans le monde*, Paris, Aubier, 1979.

2. H. Plessner, *Die Stufen des Organischen und der Mensch. Einleitung in die philosophische Anthropologie*, Berlin, de Gruyter, 1928.

3. *Cf.* A. Gehlen, *Der Mensch, seine Natur und seine Stellung in der Welt*, Gesamtausgabe, Band 3, Frankfurt am Main, Klostermann, 1993.

par opposition à l'absence de centralité des plantes, dont la forme d'organisation est ouverte et dépourvue d'intériorité, et à celle, fermée, mais dépourvue de réflexivité, des animaux qu'il nomme « centrique ». Ce qui caractérise l'humain, c'est en effet le rapport réflexif qu'il entretient avec la vie, de sorte qu'il existe sous le double rapport du corps organique *(Körper)* qu'il possède et du corps vivant *(Leib)* qu'il est. C'est donc bien le fait d'être hors de soi *(Aussersichsein)*, ce qu'il éprouve en particulier dans les affects et les passions, qui fait de lui un être humain. Dan un texte plus tardif, et qui date de 1973, Plessner explique que ce rapport dialectique, cet entrelacement *(Verschränkung)* du *Leib* et du *Körper* renvoie au concept d'ambiguité propre à Merleau-Ponty[1], et il affirme que, bien qu'il ait développé en 1928 son propre concept de « positionalité excentrique » sans avoir alors pris connaissance de *Sein und Zeit*, il n'en est pas moins compatible avec l'ontologie heideggérienne du *Dasein*, au sens où « la vie recèle comme l'une de ses possibilités l'existence »[2]. Heidegger, qui ne cite nulle part expressément Plessner, n'en définit pas moins curieusement lui aussi, en 1929, dans une longue note de *De l'essence du fondement*, destinée à montrer que le reproche qui a été adressé à *Sein und Zeit* de promouvoir un « point de vue anthropocentrique » est une grave erreur d'interprétation, l'être du *Dasein* comme « ekstatique, c'est-à-dire excentrique »[3].

Il n'en reste pas moins cependant que, pour Heidegger, la difficulté fondamentale en ce qui concerne la détermination de l'être de l'homme ne consiste pas dans l'obtention d'une unité systématique de ses déterminations, mais réside dans le concept même d'« anthropologie philosophique », qui demeure foncièrement ambigu. Car ce terme d'anthropologie philosophique peut signifier la recherche de ce qui constitue de manière spécifique l'être de l'homme par contraste avec celle des autres types d'étants, mais elle n'est alors qu'une ontologie régionale parmi d'autres et ne peut donc à ce titre prétendre constituer le centre de la philosophie. Il peut aussi signifier une recherche qui se fonde sur la reconnaissance de l'homme comme étant absolument premier et certain, selon la définition cartésienne, ce qui implique alors la centration de la philosophie sur la subjectivité humaine. D'une part donc l'idée d'une anthropologie philosophique s'impose irrésistiblement, mais d'autre part elle prête le flanc à des critiques qui s'attaquent à « l'anthropologisme » régnant en philosophie. Or toutes ces difficultés proviennent de ce que le projet

1. H. Plessner, « Der Aussagewert einer philosophischen Anthropologie », *Mit anderen Augen*, Stuttgart, Reclam, 1982, p. 142.
2. *Ibid.*, p. 134 : « Leben birgt *als eine seiner* Möglichkeiten Existenz ».
3. M. Heidegger, *Questions I*, p. 140.

« anthropologique » n'a pas été suffisamment justifié à partir de l'essence même de la philosophie et qu'il a conduit à faire de l'anthropologie, comme le souligne Heidegger, « une sorte de dépotoir de tous les problèmes philosophiques essentiels » [1].

Dans l'interprétation qu'il a ainsi donnée de la position kantienne, Heidegger a montré que les trois questions de la métaphysique spéciale n'ont de sens que si elles sont comprises comme des témoignages de la finitude de l'être humain, ce qui explique qu'elles doivent être rapportées à la quatrième question « Qu'est-ce que l'homme ? ». Car seul un être fini peut poser des questions au sujet de sa capacité de connaître, son obligation morale et sur ce qu'il peut légitimement espérer. Il est donc possible d'affirmer que, dans les questions relevant de la métaphysique spéciale, la finitude de l'homme est présupposée et assumée, ce qui implique que la fondation de la métaphysique est en elle-même fondée sur la finitude de l'homme. Mais le problème ne consiste pas seulement dans la démonstration de la finitude humaine, mais dans la détermination de son essence. Ce qu'il s'agit par conséquent de montrer, c'est qu'il existe une relation intime entre la fondation de la métaphysique et la question de la finitude en l'homme. Or la finitude, si elle est comprise seulement au sens d'une dépendance à l'égard de la pré-donation des étants, ce qui correspond au concept kantien de finitude, n'est pas ce qui est le plus radicalement fini en l'homme. Kant a élaboré son concept de finitude en le déterminant de manière externe comme *intuitus derivativus*, par opposition à *l'intuitus originarius*, à l'intuition créatrice de l'être divin, en continuant à voir dans l'être humain un *ens creatum*, une créature [2]. Mais si l'être humain est compris à partir de lui-même, en tant qu'il est caractérisé par sa tendance à poser des questions métaphysiques, ce que Kant nomme *metaphysica naturalis*, une relation interne peut être établie entre la question de la *metaphysica specialis*, la question de l'être, et le comportement pré-philosophique de l'homme, en tant qu'il possède par lui-même une compréhension pré-conceptuelle de l'être. L'être humain doit donc être d'abord compris sur la base de ce mode d'être qui lui est spécifique et que Heidegger nomme existence. L'existence doit cependant elle-même être comprise non pas seulement comme le privilège que posséderait l'homme d'être ouvert à l'être, mais aussi comme impliquant pour l'être humain la nécessité d'assumer sa dépendance à l'égard de la pré-donation des étants.

1. M. Heidegger, *Kant et le problème de la métaphysique*, p. 269.
2. *Cf.* M. Heidegger, *Interprétation phénoménologique de la « Critique de la raison pure »*, (cours de 1927-28), Paris, Gallimard, 1982, p. 355.

Car l'homme ne peut se comporter à l'égard des étants qu'il rencontre que parce qu'il a préalablement projeté l'horizon transcendantal de l'être. Une intuition pure et immédiate de sa situation de fait lui est donc déniée, comme Heidegger le montrait déjà avant *Être et temps*, lorsqu'il expliquait dans ses premiers cours que l'unique accès que la vie humaine peut avoir à elle-même est une « intuition herméneutique », c'est-à-dire compréhensive et non pas objectivante[1]. C'est la raison pour laquelle dans *Être et temps*, la facticité est définie non pas comme un *factum brutum*, un simple état de fait, mais comme une facticité qui requiert d'être assumée, comme *Faktizität der Überantwortung*, « facticité de la nécessaire prise en charge de soi-même »[2]. C'est par conséquent la compréhension de l'être qui constitue le fondement de la finitude, au sens où la finitude interne qui définit l'être humain est le besoin de compréhension de l'être par lequel le *Dasein* se montre lui-même comme *Da-sein*. C'est ce besoin transcendantal qui fonde la possibilité qu'il y ait un *Da-sein*, lequel constitue l'être fondamental de l'homme, ce qui explique la fameuse affirmation de Heidegger dans *Kant et le problème de la métaphysique* : « Plus originelle que l'homme est en lui la finitude du *Dasein* »[3].

Il apparaît clairement à partir de là que la question de l'homme, en tant qu'elle constitue le fondement de la métaphysique, ne peut pas être une question anthropologique, puisque l'anthropologie présuppose déjà acquis le concept de l'homme. Au lieu donc de considérer que toute métaphysique a un fondement anthropologique et factuel, il est au contraire nécessaire de comprendre que la métaphysique ne peut être fondée que sur une base ontologique, sur l'analyse de l'être de l'homme, c'est-à-dire sur une analyse existentiale et non pas seulement existentielle. Or une telle analyse existentiale est déjà en elle-même une enquête métaphysique, au sens de la *metaphysica naturalis*. La métaphysique ne peut par conséquent être fondée que sur la métaphysique du *Dasein*, ce qui implique, comme Kant le reconnaît lui-même dans une lettre à Marcus Herz citée par Heidegger, que le problème de la fondation de la métaphysique est un problème relevant de la métaphysique de la métaphysique, et donc un problème méta-métaphysique[4]. Pour Heidegger lui-même, la question de l'être de l'homme n'a rien à voir avec l'anthropologie, mais fait intrinsèquement partie de la question ontologique elle-même. C'est ce qui était déjà

1. *Cf.* M. Heidegger, *Zur Bestimmung der Philosophie* (cours de 1919), Frankfurt am Main, Klostermann, 1987 (Ga 56/57), p. 116.
2. M. Heidegger, *Sein und Zeit*, Tübingen, Niemeyer, 1963, § 29, p. 135.
3. M. Heidegger, *Kant et le problème de la métaphysique*, p. 283.
4. *Ibid.*, p. 286.

clairement dit dans *Être et temps* : « L'analytique du *Dasein* n'a pas pour but la fondation ontologique de l'anthropologie, elle a pour fin l'ontologie fondamentale »[1]. L'analytique existentiale est nommée « ontologie fondamentale » dans la mesure où elle constitue le fondement de la métaphysique, qui est pour Heidegger la finitude du *Dasein*. Un privilège est par là attribué au *Dasein*, mais il n'a rien à voir avec un anthropocentrisme. Une telle interprétation ne pourrait faire sens en effet que si l'on identifie l'homme et le *Dasein*, alors que toute la problématique de *Être et temps* vise à montrer que la conception traditionnelle de l'homme qui voit en lui un étant parmi d'autres ne permet pas de poser la question de l'être, laquelle suppose au contraire que l'être de l'homme soit compris comme le *Da*, le là, de l'être.

Il n'a donc jamais été possible de considérer le *Dasein* comme une instance indépendante, mais Heidegger a lui-même reconnu par la suite que dans la perspective de l'ontologie fondamentale, la primauté du soi et le mouvement centrifuge du soi à l'égard de l'étant subsistant étaient encore présupposés, alors que ce qui est à penser est au contraire la réponse du *Dasein* au don de l'être. Le tournant de la pensée de Heidegger consiste précisément à ne plus comprendre le mouvement ekstatique du *Dasein* comme un mouvement centrifuge, mais comme l'ouverture ni active ni passive à l'être qui permet au *Dasein* de se tenir dans l'être, l'existence étant maintenant comprise comme in-stance *(Inständigkeit)*, comme il l'explique en 1949 dans sa Préface à *Qu'est-ce que la métaphysique ?*[2]. Cela implique certes le rejet de l'interprétation de l'analyse existentiale en terme d'ontologie fondamentale, mais non pas de l'analyse existentiale elle-même, qui peut être réinterprétée dans une nouvelle perspective, celle de l'*Ereignis*, où, comme le dit explicitement Heidegger dans les *Beiträge zur Philosophie*, l'être-jeté du *Dasein* doit être expérimenté à partir de la vérité de l'être et non pas, comme c'est le cas dans *Être et temps*, de manière prêtant à confusion, au sens de l'apparition fortuite de l'homme parmi les autres étants[3], car loin d'être à l'origine de la projection de l'horizon de l'être, l'homme « est bien plutôt jeté par l'être lui-même dans la vérité de l'être »[4] et « se tient en extase dans l'ouverture de l'être, ouverture qui est

1. SZ, § 42, p. 200.
2. *Questions I*, p. 34.
3. *Cf.* M. Heidegger, *Beiträge zur Philosophie*, Frankfurt am Main, Klostermann, 1989, § 194, p. 318.
4. M. Heidegger, *Lettre sur l'humanisme*, trad. fr. R. Munier, Paris, Aubier Montaigne, 1964, p. 77.

l'être même, lequel, en tant que ce qui jette, s'est acquis l'essence de l'homme en la jetant dans "le souci" »[1].

Dans cette nouvelle perspective, la critique de l'anthropologisme et de l'anthropomorphisme prend un nouveau sens, comme cela devient clair dans les textes récemment publiés datant des années 1936-1940, dans lesquels Heidegger écrit constamment le terme de *Da-sein* avec un trait d'union de manière à faire clairement apparaître la corrélation entre le *Dasein* et l'être, leur co-appartenance indéchirable[2]. L'anthropologisme est maintenant compris non plus seulement comme l'incapacité de l'homme à comprendre son propre être, mais comme relevant de l'oubli de l'être, comme Heidegger l'explique en 1938[3]. Et la même année, il entreprend, à la suite de son cours sur Schelling, l'analyse du concept d'anthropomorphisme[4]. L'anthropomorphisme, qui provient de la conviction que l'ensemble de l'être est sous la dépendance de la représentation humaine et qui prend dans la modernité la forme du subjectivisme, ne peut être compris que sur la base de l'oubli de l'être, ce qui veut dire sur la base de la métaphysique. Car l'humanisation de l'ensemble de l'étant présuppose l'humanisation de l'homme lui-même, laquelle demeure inaperçue. L'homme métaphysique est pour lui-même aussi un étant parmi d'autres qui dépend dans son être de la représentation, et cet oubli de soi comme instance représentative lui permet de considérer l'être humain comme appartenant au domaine de la vie et de l'animalité. Cette humanisation première de l'homme qui est le fondement de la conception de l'homme comme étant subsistant explique que l'être lui-même puisse être compris comme la création spécifique de *l'animal rationale*. Une telle déconstruction de l'anthropomorphisme ne peut cependant être entreprise que si l'homme prend conscience de sa participation dans l'événement de l'être, ce qui implique rien moins que sa transformation en *Da-sein*[5].

La critique heideggérienne de l'anthropologisme et de l'anthropomorphisme ne peut donc être considérée comme relevant d'un antihumanisme, comme ce fut souvent le cas, mais au contraire comme une

1. *Ibid.*, p. 131.

2. M. Heidegger, *Beiträge zur Philosophie*, § 194, p. 317.

3. *Cf.* M. Heidegger, *Die Geschichte des Seins* (1938-1940), (Ga 69), Frankfurt am Main, Klostermann, 1998, p. 160.

4. C'est en effet dans son cours de 1936 et à propos de la conception schellingienne de Dieu que la question de l'anthropomorphisme est abordée pour la première fois. *Cf.* M. Heidegger, *Schelling, Le traité de 1809 sur l'essence de la liberté humaine*, trad. fr. J.-F. Courtine, Paris, Gallimard, 1977, p. 280-282.

5. *Cf.* M. Heidegger, *Besinnung*, (1938/39), (Ga 66), Frankfurt am Main, Klostermann, 1997, p. 318.

critique de la forme prise par tous les humanismes jusqu'à ce jour, à savoir celle de l'humanisme métaphysique, qui n'a été capable de penser que l'*homo animalis* et non pas l'*homo humanus*, ce qui veut dire qu'il n'a pas été capable de comprendre ce qui fait la spécificité de l'humanité, comme Heidegger l'explique dans la *Lettre sur l'humanisme*[1], où il souligne que l'essence de l'homme consiste à être plus qu'une créature rationnelle et moins qu'un sujet, en tant qu'il est le contre-jet ek-sistant, le *Gegenwurf*, de l'être[2] : « Penser la vérité de l'être, c'est en même temps penser l'*humanitas* de l'*homo humanus*. Ce qui compte, c'est l'*humanitas* au service de l'être, mais sans l'humanisme au sens métaphysique »[3]. Parce que Nietzsche a vu, plus clairement qu'aucun autre penseur, la nécessité d'une transformation de l'être « humain, trop humain », Heidegger ne peut pas éviter d'entrer en débat avec l'idéal nietzschéen du « surhomme », qui constitue pour lui un très important motif de pensée. Pourtant, en dépit de sa puissante critique de l'anthropocentrisme, Nietzsche demeure à l'intérieur de la manière métaphysique de penser lorsqu'il définit l'homme comme « l'animal non encore fixé », *das noch nicht festgestellte Tier*[4]. Les deux figures opposées du « dernier homme », à savoir l'homme traditionnel, qui ne cherche pas à se dépasser lui-même, et du « surhomme », qui veut porter l'homme traditionnel à sa vérité, sont encore deux formes de l'homme métaphysique qui, parce qu'il se comprend lui-même comme le fondement de l'être, ne peut voir en l'être que lui-même et le définit par conséquent, comme c'est le cas dans la métaphysique moderne, comme volonté. Le surhomme nietzschéen ne constitue pas pour Heidegger le véritable déclin de l'homme métaphysique et le dépassement de l'anthropocentrisme, parce que, au lieu de se libérer de la volonté, il veut au contraire l'éternité de la volonté sous la forme de l'éternel retour du même[5]. En voulant l'éternité de la volonté, l'homme demeure attaché à un soi qui n'est pas son propre soi, mais un soi qui résulte de la représentation qu'il a de lui-même comme être vivant parmi d'autres. Heidegger, en revanche, ne comprend pas l'ipséité véritable de l'homme sur la base de son appartenance au règne de la vie et de la volonté.

Cela nous ramène une fois de plus à la *Lettre sur l'humanisme*, dans laquelle Heidegger déclare que la métaphysique ne pense pas l'*humanitas* de l'homme, mais seulement son *animalitas*, même lorsqu'elle voit dans la

1. M. Heidegger, *Lettre sur l'humanisme*, p. 57.
2. *Ibid.*, p. 109.
3. *Ibid.*, p. 139.
4. M. Heidegger, *Qu'appelle-t-on penser ?*, Paris, P.U.F., 1959, p. 53.
5. *Ibid.*, p. 80.

raison ou l'esprit la différence spécifique de l'homme par rapport à l'animal[1]. La métaphysique considère l'homme comme un étant parmi d'autres et par conséquent n'est pas en mesure d'apercevoir qu'il participe au processus de dévoilement, à l'avènement du monde, en tant que celui qui collabore à l'émergence du *koinos kosmos*, selon la définition héraclitéenne de l'homme[2]. Mais, afin de parvenir à voir dans l'homme celui qui collabore à l'avènement de l'être en tant que *Da-sein*, il faut penser l'être humain non pas par rapport à la vie, mais par rapport à la mort, comme cela apparaît déjà clairement dans *Être et temps*, où l'assomption de sa propre mortalité est la seule possibilité offerte au *Dasein* de devenir ce qu'il est, à savoir un existant singulier. L'assomption de sa propre mortalité, la résolution devançante en tant que véritable être-pour-la-mort[3], est donc ce qui constitue la véritable différence entre l'homme et l'animal, et non pas la raison ou l'esprit.

Ne peut-on cependant se demander si penser l'être humain à la lumière de la mort diffère réellement de la manière métaphysique de penser qui considère que l'homme appartient au règne de la vie et de l'animalité ? La vie et la mort ne sont-elles pas des phénomènes si intimement liés l'un à l'autre qu'ils ne peuvent être véritablement opposés ? Une telle objection peut sembler à première vue tout à fait légitime. On peut pourtant y répondre en rappelant que la métaphysique, qui est toujours une métaphysique de la vie, ne voit en l'homme qu'un vivant parmi d'autres, alors que l'analyse existentiale le considère non pas comme une donnée, une « réalité », mais au contraire comme une « possibilité », comme un étant qui n'est pas, mais a au contraire à être. Or la mort est la seule possibilité que le *Dasein* ne peut réaliser, de sorte qu'elle constitue pour ainsi dire pour lui un futur absolu. Considéré à partir de ce futur absolu qu'est la mort, le *Dasein* ne peut plus être compris comme un étant parmi d'autres, mais comme étant par essence dépourvu de substantialité, comme le *Platzhalter des Nichts*, le « lieu-tenant du néant », comme Heidegger le nomme dans *Qu'est-ce que la métaphysique ?*[4]. Mais en 1929, le *Dasein*, défini comme « transcendance » en tant qu'il est « retenu à l'intérieur du néant »[5], est considéré comme celui

1. M. Heidegger, *Lettre sur l'humanisme*, p. 57.

2. *Cf.* Héraclite, fragment 75 : « Les dormeurs aussi sont ouvriers et co-ouvriers de ce qui se fait dans le monde ».

3. SZ, § 62, p. 305.

4. *Cf.* M. Heidegger, *Questions I*, p. 66. Voir nouvelle traduction de R. Munier dans *Martin Heidegger*, Paris, L'Herne, 1983, p. 54, auquel est empruntée la traduction de *Platzhalter* par « lieu-tenant », au lieu de « sentinelle ».

5. *Ibid.*, p. 62.

en lequel s'accomplit la projection transcendantale de l'horizon du monde, alors qu'après le tournant, le néant apparaît comme faisant partie de l'être lui-même, dans la mesure où il se refuse ou se retire lui-même afin de laisser apparaître l'ensemble de l'étant. Cela ne veut cependant pas dire que l'avènement du monde est devenu indépendant du *Dasein*, mais que ce dernier est au contraire « employé » *(gebraucht)* par lui, au sens où Heidegger explique dans « La parole d'Anaximandre », texte qui date, comme la *Lettre sur l'humanisme*, de 1946, que le mot *Brauch*, qui veut dire « jouissance » plutôt qu'« usage » ou « emploi », est le nom propre de l'être[1]. Cela n'en implique cependant pas moins une transformation de l'homme compris en tant qu'être-dans-le-monde, comme Heidegger le souligne dans la *Lettre sur l'humanisme*, où il est dit que le monde, loin d'être configuré par l'homme, comme c'était encore le cas en 1929-30, est au contraire « l'éclaircie de l'être dans laquelle l'homme émerge du sein de son essence-jetée » de sorte que l'homme « est d'abord dans son essence ek-sistant dans l'ouverture de l'être » et ne peut nullement être considéré comme un « sujet » demeurant en lui-même avant d'être en rapport avec le monde,[2] son être-employé par l'être étant la marque de sa privation de toute « intériorité » pouvant faire de lui un être séparé.

Dans cette nouvelle perspective, la transformation de l'homme métaphysique en *Da-sein* signifie pour lui de devenir un mortel, c'est-à-dire de devenir « capable de la mort comme mort », comme Heidegger l'explique dans « La chose », conférence qu'il fit en 1950[3]. Il est vrai qu'à cette époque, Heidegger n'utilise plus le terme de « *Dasein* », mais se réfère à l'être humain à travers le nom collectif de « mortels », dans la mesure où « les mortels » ont part au monder du monde, qui doit maintenant être compris comme l'unité d'un quadruple événement qui ne repose sur rien d'autre et ne peut être expliqué par rien d'autre, ce qui veut dire que les quatre « dimensions » du monde, le ciel et la terre, les mortels et les divins, ne peuvent absolument pas être considérées comme des entités séparées qui pourraient être expliquées les unes par les autres ou fondées les unes sur les autres. Heidegger insiste sur le fait que chacun des Quatre est le miroir des autres, au sens où ils s'entre-appartiennent : « Aucun des Quatre n'étreint avec force ce qu'il a en particulier et à part des autres. Chacun des Quatre, au contraire, à l'intérieur de leur transpropriation, est exproprié vers quelque chose qui lui est propre »[4]. Et afin de penser la non

1. *Cf.* M. Heidegger, *Chemins qui ne mènent nulle part*, Paris, Gallimard, 1980, p. 443.
2. *Cf.* M. Heidegger, *Lettre sur l'humanisme*, p. 133.
3. M. Heidegger, *Essais et conférences*, Paris, Gallimard, 1958, p. 213.
4. *Ibid.*, p. 213-214

substantialité et l'entre-appartenance des Quatre, Heidegger fait usage du concept de « jeu », de sorte que le monder du monde peut être compris comme « le jeu qui fait paraître, le jeu de miroir de la simplicité de la terre et du ciel, des divins et des mortels », un tel « jeu du monde » demeurant lui-même sans fond.

Dans cette nouvelle conception du monde, il est important de souligner que les êtres humains continuent de jouer un rôle essentiel : ils participent au monder du monde, et sont, en tant que tels, inséparables des trois autres « dimensions ». Mais ils n'y participent qu'en tant que « mortels », en tant que « capables de la mort *comme* mort », et non pas en tant qu'êtres vivants. Que veut donc dire être « capable » de la mort ? Heidegger l'explique dans « Bâtir, habiter, penser », une conférence prononcée un an plus tard, en 1951 : « Les mortels sont les hommes. On les appelle mortels parce qu'ils peuvent mourir. Mourir veut dire : être capable de la mort *en tant que* la mort. Seul l'homme meurt, il meurt continuellement, aussi longtemps qu'il séjourne sur terre, sous le ciel, devant les divins »[1]. L'existence humaine, dans la mesure où elle participe au monder du monde, est considérée comme une mort continuelle, et non pas comme une vie. Que signifie donc, pour les êtres humains, mourir continuellement aussi longtemps qu'ils existent ? Cela ne peut vouloir dire que laisser la mort avoir pouvoir sur eux, de sorte que la mort apparaît à nouveau ici, comme déjà dans *Être et temps*, comme la seule possibilité qui ne peut être réalisée, comme ce qui échappe à notre décision et à notre action. Laisser la mort avoir pouvoir sur nous, cela veut donc dire prendre conscience que nous ne sommes pas à l'origine de notre être-dans-le-monde, que nous ne sommes pas les maîtres de l'être, et que nous ne sommes donc pas des « sujets », « dépositaires de la puissance de l'être » et capables de « dissoudre l'étance de l'étant dans la trop célèbre "objectivité" »[2].

Pourtant, de la même manière que les hommes métaphysiques, loin d'être déjà réellement humains, doivent encore, en tant qu'ils se considèrent comme des êtres vivants pourvus de raison, *devenir* des mortels, le monde en tant que Quadriparti est encore à venir, il se refuse encore à nous, de la même manière que l'être lui-même. Il ne faut donc pas s'étonner de voir, dans « Contributions à la question de l'être », essai constituant la réponse que Heidegger fait à Jünger en 1956, que le nouveau sens du monde et le nouveau sens de l'être en tant qu'*Ereignis* sont mis en rapport. Heidegger précisait alors, après avoir barré en croix le mot « être », afin de

1. *Ibid.*, p. 177.
2. M. Heidegger, *Lettre sur l'humanisme*, p. 75-77

« repousser cette habitude presque inextirpable de représenter l'"être" comme un en-face qui se tient en soi, et ensuite seulement qui advient parfois à l'homme », qu'il ne s'agit pas de donner à cette rature un sens seulement négatif, car elle fait apparaître « les quatre régions du *Geviert*, du Cadran et leur assemblement dans le lieu où se croise cette croix »[1], qui n'est autre que le monde. Le retrait de l'être, son caractère abyssal, n'a pu être compris par la métaphysique qui réduit l'être à un immense objet ou le définit comme *l'ens realissimum*, l'identifiant ainsi à Dieu en tant que fondement de tout ce qui est. En barrant en croix le mot « être », l'intention de Heidegger n'est cependant pas de détruire la métaphysique, mais au contraire de l'amener à sa vérité. Une vérité qui reste encore dans la dissimulation et est donc encore à venir, et qui ne peut se montrer que si les mortels, dans leur séjour sur la terre et sous le ciel, sont aussi capables de demeurer devant les divins. Car la dimension divine du monde, qui ne peut apparaître en tant que telle qu'après la mort du Dieu métaphysique, est aussi une des dimensions de l'être non anthropocentrique de l'homme. C'est là le sens de la déclaration si souvent citée de l'interview donné par Heidegger au *Spiegel* en 1966, « Seul un dieu peut encore nous sauver »[2], où le mot *retten* (sauver) ne doit pas être pris en un sens sotériologique, mais signifie originellement, comme Heidegger l'indiquait dans sa conférence sur « La question de technique », à propos du vers hölderlinien qui dit que « Là où est le danger, là croît aussi ce qui sauve », « reconduire dans l'essence, afin de faire apparaître celle-ci, pour la première fois, de la façon qui lui est propre »[3].

Ce que Heidegger voulait donc dire en 1966, c'est que « seul un Dieu pourrait nous laisser apparaître en tant que les mortels que nous sommes ». L'article indéfini « un », tout comme le pluriel dans « les » divins, implique une approche non monothéiste de Dieu, ce qui ne veut cependant pas dire un retour à ce qui a été nommé, dans l'histoire des religions, « polythéisme », cela ne veut pas dire le retour à un dieu mythique, ni une retombée du discours philosophique dans la poésie et la mythologie. Une telle interprétation, qui est par exemple celle de Lévinas, est en elle-même fondée sur des présuppositions et des préjugés qu'il s'agirait d'abord de porter au jour[4]. L'approche heideggérienne du divin ne présuppose quant

1. M. Heidegger, *Questions I*, p. 232.

2. *Cf.* M. Heidegger, *Réponses et questions sur l'histoire et la politique*, Paris, Mercure de France, 1977, p. 49.

3. *Cf.* M. Heidegger, *Essais et conférences*, p. 38. Voir également p. 177-178.

4. La conception strictement monothéiste de la religion qui est celle de Lévinas, qu'il considère ouvertement comme supérieure à toutes les autres conceptions du divin, peut en

à elle aucune idée de la religion et veut demeurer opposée à toutes les conceptions antérieures de Dieu, en particulier celle du dieu chrétien, comme il le souligne dans les *Beiträge*, dans la section traitant du « dernier Dieu » [1].

Un tel dieu n'est pas le dernier d'une longue série de dieux, mais la figure ultime du divin, qui ne peut prendre la forme d'une entité définie, du fait qu'il apparaît seulement de manière transitoire. Un tel dieu temporel et fini se situe par delà toute opposition entre le singulier et le pluriel, et doit cependant pouvoir se diviser en lui-même afin de passer dans le temps. Car le dieu ultime est un dieu « qui passe », et non pas un dieu demeurant en lui-même et pouvant être défini comme l'autre infini et absolu, il est un dieu qui envoie un signe, *ein Wink*, aux mortels afin de leur révéler « la plus intime finitude de l'être » [2], cette finitude de l'être qui implique que, comme Heidegger le disait déjà dans *Être et temps*, il n'y a d'être que pour autant qu'il y a *Dasein*. Cela ne signifie cependant pas une réduction de la transcendance divine au niveau de la simple histoire humaine, mais au contraire une compréhension plus authentique du divin, qui n'est approchée que de manière inadéquate à travers la notion même de « transcendance », laquelle implique encore une référence à l'homme en tant que fondement. Ni immanent, ni transcendant, le dieu ultime ne peut se manifester lui-même que par son retrait, et par le signe qu'il adresse aux mortels, c'est-à-dire à ceux parmi les hommes qui sont devenus capables de surmonter l'égocentrisme et l'anthropocentrisme. Un tel Dieu a besoin *(braucht)* de l'*Ereignis*, de la co-appropriation de l'homme et de l'être, car il ne peut faire signe en passant que dans ce lieu qui est l'être pensé comme l'événement de la clairière.

« Appropriation » : c'est là une des traductions possibles du mot *Ereignis*, et l'un des sens que Heidegger a donnés à ce terme, qui veut dire dans la langue courante « événement ». Mais s'approprier quelque chose ne veut pas dire le posséder, mais le porter à ce qu'il a de propre, le laisser advenir en propre. Afin de laisser advenir en propre l'être, l'être humain doit devenir ce qu'il est lui-même en propre, il a à assumer sa finitude et sa

effet être jugée « humaniste », voire « trop humaniste ». Voir ce qu'il déclare à ce sujet dans *Totalité et infini*, Livre de Poche, p. 77-78 : « Ce sont nos relations avec les hommes (...) qui donnent aux concepts théologiques l'unique signification qu'ils comportent », de sorte que « tout ce qui ne peut se ramener à une relation interhumaine représente, non pas la forme supérieure, mais à jamais primitive de la religion ».

1. *Cf.* M. Heidegger, *Beiträge zur Philosophie*, VII, § 253-256. Voir à ce sujet F. Dastur, « Le dieu extrême de la phénoménologie », in *La phénoménologie en questions*, Paris, Vrin, 2005, p. 248-252.

2. M. Heidegger, *Beiträge zur Philosophie*, § 256, p. 410.

mortalité, ce qui veut dire devenir capable de faire l'expérience de cette *Stimmung* ou tonalité particulière que Heidegger nomme, dans les *Beiträge*, « *Verhaltenheit* », retenue[1], dans laquelle il voit la disposition fondamentale de l'homme tout autant que de la pensée.

1. M. Heidegger, *Beiträge zur Philosophie*, § 13, p. 33.

LA QUESTION DE L'ÊTRE DE L'HOMME DANS L'*INTRODUCTION À LA MÉTAPHYSIQUE*

C'est pour répondre à l'objection selon laquelle l'être est le concept le plus général et le plus indéterminé – objection qui était déjà mentionnée dans l'Introduction à *Être et temps*[1] – que Heidegger entreprend dans le chapitre IV de *l'Introduction à la métaphysique*[2] de montrer que l'être est au contraire déterminé de multiples manières et qu'il se distingue ainsi de ses autres que sont respectivement le devenir, l'apparence, la pensée et le devoir. On pourrait ainsi s'attendre à un traitement équivalent de ces grandes distinctions dont Heidegger nous dit lui-même qu'elles sont non seulement restées dominantes à l'intérieur de la philosophie occidentale mais qu'elles pénètrent en outre tout savoir, tout faire et tout dire (101; *105*). Or on s'aperçoit au contraire que la troisième d'entre elles, celle par laquelle l'être se voit délimité par la pensée, fait l'objet d'un exposé qui représente à lui seul plus du tiers de l'ensemble du cours. Certes Heidegger nous avertit d'emblée, au début du chapitre, que la scission « être et pensée » est la distinction la plus complexe et la plus problématique des quatre et qu'elle ne reçoit sa véritable forme qu'au début des temps modernes (102; *106*). La direction de l'opposition est en effet ici essentiellement différente, explique-t-il un peu plus loin, au début de la longue analyse qu'il lui consacre (124; *128*), au sens où la pensée se pose *en vis à vis de* l'être et en fait pour ainsi un objet. La pensée en effet ne fait pas que se distinguer de l'être, comme c'est le cas du devenir, de l'apparence et du

1. M. Heidegger, *Sein und Zeit*, Tübingen, Niemeyer, 1953, § 1, p. 3; *Être et Temps*, trad. fr. E. Martineau, Paris, Authentica, 1985, et F. Vezin, Paris, Gallimard, 1986.

2. M. Heidegger, *Einführung in die Metaphysik*, Hrsg. Petra Jaeger, Gesamtausgabe Band 40, Frankfurt am Main, Klostermann, 1983; trad. fr. G. Kahn, *Introduction à la métaphysique*, Paris, Gallimard, 1958. Dans ce qui suit, on indiquera, pour chaque référence ou citation, d'abord la pagination du texte allemand, puis celle, en italiques, de la traduction française, laquelle sera souvent modifiée.

devoir, mais elle s'*oppose* à lui, au point de devenir la base à partir de laquelle l'être même reçoit son sens. On voit bien ce qui peut se produire alors, qui n'est rien autre qu'une inversion de priorité entre l'être et la pensée. Or c'est précisément dans cette inversion que Heidegger voit ce qui caractérise la «position de fond de l'esprit de l'Occident», à laquelle il déclare s'attaquer, tout en précisant qu'elle ne peut être surmontée que de manière originaire, c'est-à-dire en lui assignant ses limites. Il ne faut donc pas s'étonner de voir alors Heidegger remonter jusqu'aux débuts mêmes de la pensée occidentale, jusqu'à ce moment qui précède l'apparition de la philosophie avec Socrate et Platon.

Mais ce qu'il y a de nouveau en 1935, ce n'est pas seulement le recours aux Présocratiques, à Héraclite et Parménide, dont les noms n'apparaissent que de manière marginale dans *Être et temps*, mais aussi et surtout la référence à la poésie dramatique et à Sophocle. Nul doute que cette référence à la poésie en général et à l'*Antigone* de Sophocle en particulier – qu'il mentionne comme exemple particulier d'œuvre d'art dans la conférence qu'il fait à la même époque sur «De l'origine de l'œuvre d'art»[1] – ne vienne de la nécessité ressentie par Heidegger, après l'échec du rectorat, de se tourner vers le dialogue avec les poètes, non, comme on a coutume de le penser, pour y chercher un refuge et y fuir la réalité, mais afin au contraire de pénétrer plus profondément dans la compréhension du destin de l'Occident en tant qu'il est essentiellement lié à la question fondamentale de la métaphysique, celle de l'être (53; *60*). C'est en effet pendant l'hiver 1934-35, au semestre précédant le cours consacré à *l'Introduction à la métaphysique*, qu'il choisit de faire porter son cours sur deux des plus grands hymnes de Hölderlin, *La Germanie* et *Le Rhin*[2]. On sait certes que Heidegger a lu très tôt, dès ses années d'études, les poètes auxquels il dédiera plus tard cours et conférences: non seulement Hölderlin, mais aussi Rilke, George et Trakl. Mais on ne voit guère émerger le thème de la poésie que dans les années trente. La seule référence que l'on puisse trouver dans *Être et temps* à la poésie concerne une fable d'Hygin, poète latin du Ier siècle de notre ère et ami d'Ovide. Dans cette fable, qui a déjà retenu l'attention de Herder et de Goethe, Heidegger découvre un

1. *Cf.* M. Heidegger, *De L'origine de l'œuvre d'art*, première version inédite [1935], trad. fr. E. Martineau, édition bilingue, Paris, Authentica, 1987, p. 23. Voir également la version de 1936 dans *Chemins qui ne mènent nulle part*, Paris, Gallimard, 1980, p. 42.

2. *Cf.* M. Heidegger, *Hölderlins Hymnen «Germanien» und «Der Rhein»*, Hrsg. Suzanne Ziegler, Gesamtausgabe Band 39, 1980; trad. fr. F. Fédier et J. Hervier, *Les hymnes de Hölderlin, La Germanie et Le Rhin*, Paris, Gallimard, 1988.

« témoignage préontologique »[1] du fait que le *Dasein* se comprend lui-même comme souci en dehors de toute interprétation théorique et où le souci *(cura)* est non seulement envisagé comme ce qui possède l'homme tout au long de sa vie, mais où il apparaît aussi comme premier par rapport à la conception qui voit dans l'homme un composé de matière et d'esprit[2].

C'était donc pour tenter de cerner l'être de l'homme qu'un recours à la poésie s'avérait alors nécessaire. Il est significatif que ce soit à nouveau pour déterminer qui est l'homme que Heidegger ait recours dans l'*Introduction à la métaphysique* au premier chœur de l'*Antigone* de Sophocle. Un peu plus haut, une première référence à Sophocle concernait non pas *Antigone*, mais *Œdipe-Roi*, dont Heidegger considère qu'on y trouve la présentation la plus pure de l'unité et de l'antagonisme de l'être et de l'apparence, Œdipe devant être compris comme la figure même du *Dasein* grec, en tant que celui qui s'aventure au plus loin dans ce qui en constitue la passion fondamentale, à savoir la passion du combat pour l'être même (114; *118*). Heidegger mentionne ici le nom de Karl Reinhardt, déjà cité dans *Être et temps* à propos de son interprétation du poème de Parménide[3], auquel on doit en outre une interprétation *d'Œdipe-Roi* comme « tragédie de l'apparence » que Heidegger qualifie ici de « grandiose » (115; *119*)[4]. Mais c'est surtout à Hölderlin qu'il renvoie ici, à ce poème tardif qui dit que « Le roi Œdipe a peut-être un œil de trop », Hölderlin dont il a sans doute lu avec attention les traductions de Sophocle et les *Remarques* qui les accompagnent, bien qu'il n'y fasse explicitement allusion que dans le troisième cours qu'il consacre à un autre hymne de Hölderlin, « *Der Ister* », en 1942[5]. C'était donc déjà dans ce qu'il nomme « la puissance du dire poétique » (115; *119*), celui de Pindare en ce qui concerne « la force nommante » du mot *phusis* (108; *112*), celui du dernier chœur d'*Œdipe-Roi* pour ce qui est de celle de la *doxa* (115-116; *119-120*) que Heidegger

1. *Cf.* SZ § 42, p. 197 *sq.*

2. Voir, en ce qui concerne l'ensemble des rapports de la question de l'être et de la question de l'homme chez Heidegger, F. Dastur, *Heidegger et la question anthropologique*, Louvain-Paris, Peeters, 2003.

3. *Cf.* SZ, § 44, p. 223, note 1.

4. *Cf.* K. Reinhardt, *Sophocle*, trad. fr. E. Martineau, Paris, Minuit, 1971.

5. *Cf.* M. Heidegger, *Hölderlins Hymne « Der Ister »*, Hrsg. Walter Biemel, Gesamtausgabe Band 53, Frankfurt am Main, Klostermann, 1984. Heidegger a en effet consacré à *Andenken* son cours du semestre précédent: *Hölderlins Hymne « Andenken »*, Hrsg. Curd Ochwald, Gesamtausgabe Band 52, 1982. Dans son cours sur l'*Ister*, Heidegger met en évidence l'importance du dialogue poétique entre Sophocle et Hölderlin, affirmant que « la résonance du premier chœur de l'Antigone de Sophocle dans la poésie hymnique de Hölderlin est une nécessité poético-historiale dans laquelle l'être chez soi et le ne pas être chez soi de l'humanité occidentale se décide » (Ga 53, p. 69).

cherchait à éclaircir la distinction entre l'être et l'apparence. C'est également dans le premier chœur de l'*Antigone* de Sophocle qu'il trouve « une esquisse poétique de l'être de l'homme » susceptible de nous aider à comprendre la détermination pensante de celui-ci qui est l'œuvre de Parménide (155; *160*).

De manière plus nette encore que dans *Être et temps*, il apparaît ici qu'il n'est pas possible de donner de l'être de l'homme une « définition savante », car ce qu'est l'homme, précise Heidegger, nous ne l'apprenons qu'à travers l'explication et le combat avec l'étant dans lequel il entre et la fondation poétique qu'il donne de l'être de l'étant (153; *158*). On ne peut en effet définir l'homme de manière scientifique, selon son genre et sa différence spécifique, mais uniquement de manière philosophique, à partir du rapport qu'il entretient avec l'être de l'étant. Or c'est précisément ce que font les Présocratiques, dont la pensée est encore poétique. C'est en particulier dans le *Poème* de Parménide, où retentit la fameuse affirmation selon laquelle « être et penser sont le même », c'est-à-dire s'entre-appartiennent, que Heidegger découvre une détermination de l'être de l'homme à partir de son *appartenance* à l'être. Ce qui apparaît clairement ici, du fait que la pensée n'est pas une possession de l'homme mais bien plutôt ce qui le possède, c'est ce que Heidegger, d'un bout à l'autre de son œuvre, n'a cessé d'affirmer, à savoir que la question « qui est l'homme ? » ne peut être posée qu'à travers la question de l'être (152; *157*).

Il s'agit donc d'interroger cette forme de poésie pensante dans laquelle le *Dasein* des Grecs s'est véritablement instauré, à savoir la tragédie (153; *158*). C'est ce qui conduit Heidegger à s'engager dans une interprétation détaillée du premier chœur (vers 332-374) de l'*Antigone* de Sophocle, dont on peut dire qu'elle est entièrement centrée sur le mot *deinon*, que Heidegger traduit d'emblée par « *unheimlich* », mot qui apparaissait à plusieurs reprises dans *Être et temps* sous la forme du substantif « *Unheimlichkeit* » et que les traducteurs ont rendu par « dépaysement » (Boehm et Waehlens) « étrangeté » (Vezin), voire « étrang(ère)té » (Martineau). Or le mot *deinos* a en grec le double sens de ce qui inspire la crainte, et est par conséquent malfaisant ou funeste, et de ce qui frappe l'imagination et provoque l'étonnement, et est par conséquent extraordinaire. C'est ce qui explique que d'autres traducteurs de Sophocle ait pu rendre ce terme par « merveilleux », comme c'est le cas de Robert Pignarre qui traduit ainsi les deux premiers vers : « Entre tant de merveilles du monde, la grande merveille, c'est l'homme »[1]. Hans Jonas, qui s'appuie également sur ce chœur dans *Le Principe Responsabilité*[2] le traduit par *Ungeheuer*, terme qui a lui aussi le double sens de monstrueux et de prodigieux et auquel Heidegger aura recours dans la *Lettre sur l'humanisme* pour traduire le fragment d'Héraclite *èthos anthropô daimôn*, où il le comprend au sens du non familier, de l'extra-ordinaire[3]. C'est également la traduction qu'en propose Hölderlin, comme le rappellera Heidegger dans son cours de 1942[4]. Il n'est pas douteux que ce soit l'idée de crainte (en grec *deos*) qu'exprime fondamentalement le terme de *deinos*, alors que dans sa traduction en allemand par *Unheimlich* ou *Ungeheuer*, c'est plutôt celle d'étrangeté qui est mise en avant. Le radical de *Unheimlich* est en effet le mot *Heim*, qui a le sens de « foyer », « chez soi »[5], dont dérive l'intraduisible *Heimat*, qui désigne le pays natal, le lieu dont on est originaire et qu'on habite. Or Heidegger a, préalablement à son cours de 1935, mis essentiellement en rapport dans *Être et temps* cette expérience de l'*Unheimlichkeit* qu'est l'angoisse et l'être propre de l'homme, et c'est donc de cette analyse de l'angoisse qu'il nous faut tout d'abord rappeler les grands traits.

Ce sur quoi Heidegger met en effet l'accent dans *Être et temps*, c'est sur le fait que c'est la disposition, la *Befindlichkeit*, – ce que les premiers traducteurs de l'ouvrage avaient nommé si justement le « sentiment de la situation »[6] –, qui constitue « le mode existential fondamental dans lequel le *Dasein*, l'être-Là, est son "Là" »[7]. La disposition, loin de constituer seulement l'accompagnement « affectif » d'un voir ou d'un faire, est au

1. *Cf.* Sophocle, *Théâtre complet*, Paris, Flammarion, 1964, p. 77. C'est également la traduction de Paul Mazon aux Belles Lettres.

2. *Cf.* H. Jonas, *Der Prinzip Verantwortung*, Frankfurt am Main, Suhrkamp Taschenbuch, 1984, p. 17.

3. *Cf.* M. Heidegger, *Lettre sur l'humanisme*, trad. fr. R. Munier, Paris, Aubier Montaigne, 1964, p. 151.

4. Ga 53, p. 85.

5. Terme qui renvoie à la racine indo-européenne **kei*, être couché, qui a donné le verbe grec *keimai*, qui a la même signification.

6. Cf. *L'Être et le Temps*, traduit par Rudolf Boehm et Alphonse de Waelhens, Paris, Gallimard, 1964, p. 301, où les traducteurs, dans la note relative à la page 134 de l'original allemand, expliquent que Heidegger rapproche dans le mot *Befindlichkeit* les deux significations du verbe réflexif *sich befinden*, qui veut dire d'une part « se sentir » et d'autre part « se situer ».

7. SZ, § 29, p. 139. *Dasein* sera constamment traduit dans ce qui suit, comme le fait d'ailleurs Gilbert Kahn lui-même, par « être-Là », la majuscule indiquant que le sens à donner ici à « là » est celui de l'ouverture à l'être, et ne désigne pas le pur être *de facto* de l'homme. Sur le problème de la traduction de *Dasein*, voir *Heidegger et la question anthropologique*, *op. cit.*, p. 11 et 19.

contraire ce par quoi nous découvrons primairement le monde. Et l'angoisse est cette disposition insigne où ce *pour quoi* on s'angoisse, à savoir l'être dans le monde comme tel, est aussi ce *devant* quoi on s'angoisse[1]. L'angoisse, contrairement à la peur, apparaît en effet comme indéterminée, sans objet assignable, car « ce qui angoisse dans l'angoisse, c'est le monde comme tel »[2]. Ce avec quoi l'être-Là rompt dans l'angoisse, c'est avec la *familiarité* qui caractérise l'être-dans-le-monde quotidien. C'est ce lien avec le monde qui subit une modification : l'être-dans, qui dans la quotidienneté a le sens d'un habiter, acquiert la modalité existentiale du non-chez-soi (*Un-zuhause*), ce qui implique que l'expérience du ne pas être chez soi, de l'« étrangeté » (*Unheimlichkeit*), est encore une manière d'avoir un rapport essentiel au monde. Cette manière d'être-dans-le-monde sur le mode de l'étrangeté est cependant, du point de vue existential et ontologique, « le phénomène le plus originel »[3] à partir duquel il peut y avoir quelque chose comme un être-dans-le-monde sur le mode de la familiarité. La fuite qui caractérise ce que Heidegger nomme la *Verfallenheit*, l'être-déchu, est donc fuite *vers* la familiarité *devant* l'étrangeté de l'être-Là en tant précisément qu'il est *jeté* comme Là dans le monde. Remarquons donc que, déjà en 1927, Heidegger voit dans la familiarité un mode de l'étrangeté (de l'*Unheimlichkeit*) foncière et originaire du *Dasein, de l'être-Là*, ce qui implique que ce dernier ne trouve jamais sa véritable *Heimat*, son véritable « lieu natal » que dans le ne pas-être chez soi. Or c'est la même thématique, celle de l'*Unheimlichkeit*, de l'étrangeté et du ne pas être chez soi de l'être-Là en ce qu'il a de propre, que Heidegger développe non seulement dans son cours inaugural de 1929, sous le titre de *Qu'est-ce que la métaphysique ?*, où l'analyse de l'angoisse est approfondie, mais aussi dans l'*Introduction à la métaphysique* de 1935, au moment même où Heidegger commence à voir dans l'*Heimatlosigkeit*, l'absence de lieu natal, comme il l'écrira en 1946 à Jean Beaufret, un « destin mondial », celui d'une modernité qui a atteint au plus profond « oubli de l'être »[4].

C'est en effet dans cette perspective, celle de la question cruciale de savoir si l'être n'est qu'un mot et sa signification une vapeur, comme le prétend Nietzsche dans le *Crépuscule des idoles* (39; *44*), ou au contraire « le destin spirituel de l'Occident » (40; *46*) qu'il faut situer

1. SZ, § 40, p. 188.
2. *Ibid.*, p. 187.
3. *Ibid.*, p. 189.
4. M. Heidegger, *Lettre sur l'humanisme*, p. 100 *sq.*

l'interprétation, articulée en trois parcours différents, que Heidegger entreprend du premier chœur de l'*Antigone* de Sophocle [1].

Dans le premier parcours, Heidegger commence par mettre lui-même l'accent sur une autre ambiguïté du sens du mot *deinon*, qui, explique-t-il, désigne d'une part le *Furchtbare*, ce qui provoque la frayeur *(Furcht)* et qui, en tant que puissance subjuguante [2], est l'origine aussi bien de la terreur panique que de la crainte cachée, et d'autre part le *Gewalt-tätige*, le faisant-violence, ce dont l'usage de la puissance *(Gewalt)* constitue non seulement le trait fondamental de son action, mais aussi de son être-Là. L'homme est ainsi doublement *deinon*, non seulement parce qu'il appartient au domaine de l'étant, qui est en lui-même la puissance subjuguante, mais aussi parce qu'en portant à l'ouvert la puissance de l'étant, il fait lui-même usage de puissance contre ce qui le subjugue ainsi. On comprend alors qu'il puisse être dit *to deinotaton*, « ce qu'il y a de plus violent ».

Il reste cependant à expliquer pourquoi *deinon* est traduit ici, au risque d'affaiblir son sens premier, par « *unheimlich* ». Heidegger insiste au contraire sur ce qu'a de « décisif » cette traduction, l'*Unheimlich* devant être compris, au sens littéral, comme ce qui jette l'homme hors de ce qui lui est familier *(heimisch)*, ce qui l'empêche de « rester dans son élément » [3]. Car ce qui le pousse à sortir des limites de ce qui lui est familier et habituel, c'est bien la puissance subjugante de l'étant contre laquelle il fait lui-même usage de puissance. Dans *Être et temps*, Heidegger mettait déjà l'accent sur le fait que la vérité « doit toujours tout d'abord être arrachée par la lutte *(abgerungen)* à l'étant » et que ce dernier doit être lui-même « arraché à l'occultation », de sorte que la mise à découvert de l'étant « est toujours un *rapt* », comme l'indique bien le terme *privatif* d'*a-lètheia* dont usent les Grecs pour exprimer la vérité [4]. Et dans *Qu'est-ce que la métaphysique ?*, il

1. On ne procédera ici qu'à une analyse de l'interprétation que donne Heidegger de ce chœur, sans entrer dans la discussion du bien-fondé de la traduction qu'il en propose.

2. Gilbert Kahn traduit, non sans pertinence, *überwältiges Walten* par « perdominance prépotente ». Tout le lexique ici mis en jeu renvoie au verbe *walten* (régner, gouverner*)* dont il faut rappeler qu'il provient de la même racine indo-européenne que le *valere* latin, qui veut dire « être fort, puissant », le mot *Gewalt* signifiant en allemand la puissance, la force, et *Gewalttätigkeit* plus précisément la violence.

3. C'est ce qu'il soulignera de manière encore plus explicite dans son cours de 1942 en précisant qu'il entend l'*Unheimlich* dans la direction du non-habituel *(Nicht-geheuren)* « au sens de ce qui ne se sent pas chez soi *(daheim)*, – de ce qui n'est pas chez soi *(heimisch)* dans le chez soi *(Heimischsein)* » (Ga 53, p. 87).

4. SZ, § 44, p. 222.

expliquait que dans l'angoisse « on ressent une inquiétante étrangeté *(ist es einem unheimlich)* » et que nous faisons ainsi l'expérience d'un « recul de l'étant dans son ensemble », de sorte que dans cette « dérive de l'étant », « il ne reste rien comme appui » [1]. Cette expérience d'un « dé-paysement » est en effet la révélation de « la parfaite étrangeté *(Befremdlichkeit)* jusqu'alors cachée » de l'étant qui se révèle à nous comme « le radicalement autre » [2], étrangeté qui, lorsqu'elle nous assaille, suscite l'étonnement [3] et est ainsi à l'origine même de la question fondamentale de la métaphysique « pourquoi y a-t-il quelque chose et non pas plutôt rien » dont part le cours de 1935. Dire donc de l'homme qu'il est ce qu'il y a de plus « *unheimlich* », c'est dire à la fois qu'il est ce qu'il y a de plus « inquiétant », *unheimlich* ayant le sens en allemand courant de ce qui inspire de l'angoisse, mais aussi qu'il est ce qu'il y a de plus dépourvu de « chez soi », de lieu propre et de familiarité avec ce qui l'entoure. Or c'est en précisément en cela que Heidegger voit « la véritable définition *grecque* de l'homme » (160; *165*).

C'est dans une autre parole du chœur, l'expression *pantoporos aporos* (vers 360) qu'il découvre une interprétation de cette définition de l'homme. Ce n'est pas en effet seulement parce qu'il se fraye en tous sens et partout *(pantè)* une voie *(poros)* à l'intérieur de l'*Unheimlichkeit*, de l'étrangeté de l'étant, qu'il est lui-même ce qu'il y a de plus « *unheimlich* », de plus étrangement inquiétant, mais bien parce que, ce faisant, il ne trouve nulle issue, il aboutit à l'aporie, et que, se voyant ainsi privé de tout rapport avec la quiétude familière, il donne prise à l'*atè* (vers 185), à cette ruine et à ce malheur qui est le cœur même de la tragédie. Une troisième parole saillante, *hupsipolis apolis* (vers 370), qui unit de la même façon des contraires, renvoie à ce lieu historial [4] et non seulement politique au sens étroit du terme qu'est la *polis*, où advient la violence créatrice des hommes, qui sont à la fois au plus haut dans le site historial *(hupsipolis)* et pourtant sans assise historiale, *apolis*, c'est-à-dire sans foyer, *unheimlich*, précisément parce qu'il leur faut tout d'abord le fonder.

1. M. Heidegger, « *Qu'est-ce que la métaphysique ?* », *Questions I*, Paris, Gallimard, 1966, p. 58 (traduction modifiée).
2. *Ibid.*, p. 61-62.
3. *Ibid.*, p. 71.
4. On reprend ici la traduction de *geschichtlich* par historial proposée par Henry Corbin dans sa traduction en 1938 d'extraits de *Être et temps in* M. Heidegger, *Qu'est-ce que la métaphysique ?* Paris, Gallimard, 1938, car elle permet de rendre compte de la distinction faite par Heidegger entre *Geschichte* (l'histoire en tant que processus réel) et *Historie* (la science historique).

Dans le second parcours, il s'agit de prêter attention à la manière dont se déploie l'être de l'homme en tant que *deinotaton*. Il est d'abord question de ces domaines de la puissance subjuguante que sont la mer, que l'homme affronte dans la tempête, et la terre, dont il dérange le calme et la croissance. Puis de l'ensemble des êtres vivants, qui contrairement à l'homme, qui leur fait violence et les arrache à leur ordre, s'insèrent dans la puissance subjuguante maritime et terrestre. Une telle description, Heidegger y insiste, est celle d'un commencement de l'histoire auquel il ne s'agit pas d'appliquer les catégories de l'ethnologie, car loin d'être ce qu'il y a de plus primitif et de plus maladroit, il est au contraire ce qu'il y a de plus étrangement inquiétant et de plus puissant. C'est pourquoi le mystère d'un tel commencement ne peut nullement être approché par une science historique empruntant sa méthode aux sciences de la nature, mais uniquement par une mythologie (165; 169). Ce qui reste ici une indication énigmatique sera développée dans la longue réinterprétation du même chœur d'Antigone qu'entreprend Heidegger dans son cours de 1942[1]. Heidegger y explique que la mythologie n'est pas un stade primitif du savoir, mais bien au contraire « le "processus" historial dans lequel l'être lui-même vient poétiquement à l'apparaître »[2], ce qui manifeste l'entreappartenance originelle de la poésie et de la pensée et interdit de considérer, comme on le fait habituellement, que la pensée philosophique libère de tout son contenu mythique la poésie mythologique et en traduit la teneur restante en froids concepts. La pensée ne consiste pas, aux yeux de Heidegger, en la « démythisation » du mythe, car cela laisserait faussement supposer que la pensée existe déjà, toute faite, à l'intérieur de la poésie et qu'il suffirait donc de l'en extraire. Une telle perspective, précise Heidegger, qui est celle de l'époque dite des « Lumières », appartient à la métaphysique et s'annonce d'ailleurs déjà dès l'apparition de la philosophie, comme le montre la position adoptée par Platon à l'égard des poètes. Que la pensée ne s'identifie pas à la pensée métaphysique qui est celle d'une démythisation du poétique, c'est précisément ce que qu'atteste la pensée grecque initiale, celle des Présocratiques ou des tragiques.

Car tout comme il s'agit de ne pas considérer que l'homme et la nature constituent des domaines séparés, il faut considérer que la parole *(phthegma)*, dont il est question tout de suite après (vers 353), n'est nullement une propriété de l'homme et appartient elle aussi, tout autant que la mer et la terre, à la puissance subjuguante de la *phusis*. Le langage n'est pas

1. *Cf.* Ga 53, p. 63-152.
2. *Ibid.*, p. 139.

en effet une création de l'homme, et Heidegger refuse ici de traduire le terme *edidazato* (vers 355) par « il s'est enseigné sans maître », comme le fait par exemple Pignarre, car, explique-t-il, ce mot « ne signifie pas : l'homme a inventé, mais : il s'est trouvé dans ce qui le subjugue et ne s'est trouvé lui-même en tant que puissance d'un tel agir qu'en celui-ci » (166 ; *171*). Car il n'est de mer, de terre et d'animal, c'est-à-dire de déclosion de l'étant *en tant qu'*étant que par la puissance d'un agir qui ne consiste pas pour l'homme à exercer un pouvoir qu'il serait seul à posséder, mais au contraire à entrer dans l'étant pour en dompter et ajointer les puissances. Cette puissance d'agir, cette violence, est celle par laquelle l'homme se fraie de multiples chemins dans l'étant, et, comme le proclame hautement Sophocle, seule la mort peut lui faire échec. Mais celle-ci, qui l'expose définitivement à l'absence de chez soi, n'est pas, comme Heidegger l'a montré dans *Être et temps*, ce qui met un terme à l'existence, mais ce en quoi l'homme se tient constamment et essentiellement[1], de sorte que son existence, son être-Là, *est « die geschehende Un-heimlichkeit selbst »*, « l'avènement de l'absence de chez soi elle-même » (167 ; *172*).

La mort est ainsi, en tant que telle, la limite interne du projet poétique de l'être en même temps que de celui de l'être-homme lui-même. C'est pourquoi la suite du chœur consiste simplement en la reprise du même motif fondamental, qui est celui de l'homme défini comme *deinotaton*. Or ce qui caractérise la puissance d'agir et la violence de l'homme, c'est ce que les Grecs nomment *tekhnè*, mot qui, selon Heidegger, ne signifie pas fabrication, mais savoir. Car ce qui définit le savoir, c'est la vue par delà le préexistant, la prise en vue de l'être par delà l'étant, afin de le porter à la présence et à la stance dans une œuvre. C'est là ce que Heidegger à la même époque explique également dans ses conférences sur *L'origine de l'œuvre d'art* : l'œuvre d'art, qu'il faut donc comprendre à partir de l'essence de la *tekhnè* grecque, « porte à l'œuvre *(er-wirkt)* l'être dans un étant » (168 ; *173*) de sorte qu'en cette œuvre c'est la *phusis* elle-même qui vient au paraître. Or une telle conception de l'œuvre d'art, Heidegger la tire tout entière de la poésie pensante de Hölderlin, ce qu'il reconnaît de manière plus explicite dans les cours qu'il lui consacre de 1934 à 1942. Pour Hölderlin en effet, l'être humain dépend du tout, de la nature, mais inversement, la nature dépend aussi de l'être humain, car elle ne peut apparaître qu'à travers son activité poétique. C'est ce que Hölderlin nomme un

1. *Cf.* SZ, § 48, p. 245 : « Le finir auquel renvoie la mort ne signifie pas un être-à-la-fin du *Dasein*, mais un être *pour la fin* de cet étant. La mort est une manière d'être que le *Dasein* assume aussitôt qu'il est : "Aussitôt qu'un homme vient à la vie, il est déjà assez vieux pour mourir" ».

« paradoxe » dans une lettre à son frère datée de juin 1799 où il affirme que « le besoin formatif et artistique (...) est un véritable service que les hommes rendent à la nature »[1]. La nature n'est pas sous la domination de l'homme qui ne peut jamais la soumettre à son pouvoir, mais elle a néanmoins *besoin* de l'homme, auquel elle donne la mission de favoriser et de compléter son propre développement. Car elle ne peut pas apparaître par elle-même, sa force ne peut se manifester de manière immédiate, elle requiert pour cela quelque chose de plus faible qu'elle, à savoir l'art de l'homme. C'est précisément ce que Hölderlin explique dans le petit texte intitulé « La signification des tragédies », texte tardif qui a probablement été rédigé en 1803, à l'époque où Hölderlin travaillait à l'édition de ses traductions des tragédies de Sophocle[2]. L'homme est ainsi doublement *deinon*, non seulement parce qu'il appartient au domaine de l'étant, qui est en lui-même la puissance subjuguante, mais aussi parce qu'en portant à l'ouvert la puissance de l'étant, il fait lui-même usage de puissance contre ce qui le subjugue ainsi. On comprend alors qu'il puisse être dit *to deinotaton*, « ce qu'il y a de plus violent ». Or il en va de même pour Heidegger : la puissance d'agir et la violence de l'homme est tout entière empruntée à celle de la *phusis*, qu'il retourne ainsi contre elle-même. Il s'agit donc bien dans la *tekhnè*, dans le savoir, d'un combat interne à la *phusis* elle-même qui venant à l'apparaître dans l'œuvre se voit ainsi tirée hors de sa fermeture initiale.

Mais le terme *deinon* renvoie aussi et d'abord à la puissance subjuguante elle-même, à la *phusis*. Ici ce n'est pas au terme de *tekhnè*, mais à celui-ci de *dikè* que les Grecs font appel pour la caractériser. Il ne s'agit cependant pas de traduire ce terme, comme on le fait habituellement, par « justice », en réduisant ainsi sa signification au domaine juridico-moral, mais bien, en lui restituant ainsi son contenu métaphysique fondamental, par *Fug*, ajointement et ordonnancement[3], au double sens actif et passif de ce terme : ce qui ajointe et ce qui est ajointé, *das fügende Gefüge* (169; *174*). On a ainsi rendu compte du double sens du *deinon*, qui renvoie à la fois à la puissance d'agir et la violence de l'homme et à la puissance subjuguante de la *phusis*. Ainsi *tekhnè* et *dikè* se tiennent-elles face à face non pas comme

1. Hölderlin, *Œuvres*, Paris, Gallimard, 1967, p. 711.

2. Voir à ce sujet F. Dastur, *Hölderlin, Le retournement natal*, La Versanne, Encre Marine, 1997, en particulier aux pages 119-135 sur « La tragédie de la nature ».

3. Que *Fug* ou *Fuge* soit le nom même de l'être en tant que *phusis*, c'est ce qu'attestent les textes du milieu des années trente et en particulier ce passage du cours du semestre d'hiver 1941-42, *Hölderlins Hymnen « Andenken »*, (Ga 52), p. 100 : « Nous nommons ajointement *(Fuge)* l'être dans lequel tout étant se déploie ».

deux choses séparées, mais comme l'alternance entre soulèvement de la *tekhnè* contre la *dikè*, l'ajointement qui, de son côté, dispose de la *tekhnè*.

Ce qui apparaît donc clairement maintenant, c'est le rapport réciproque entre les deux sens antérieurement distingués du *deinon*, la puissance subjuguante de la *phusis* et la violence de l'agir humain. La déchirure *(Riss)* par laquelle l'être est mis en œuvre dans l'étant ne permet pourtant à l'homme, comme Hölderlin l'a bien compris, aucune maîtrise de sa puissance subjuguante. C'est ce que Heidegger, citant un autre des grands tragiques, Eschyle, mettait déjà en évidence en 1933 dans son *Discours de Rectorat.* Il se proposait là en effet de déterminer l'essence de la science, et c'est pour ce faire qu'il citait le vers 514 du *Prométhée enchaîné : tekhnè d'anagkès asthenestera makrô*, qu'il traduisait ainsi : « mais le savoir est bien plus faible que la nécessité »[1]. Et il parlait à cet égard déjà de la « faiblesse créatrice du savoir » qui, parce qu'il échoue en œuvrant *(wirklich versagt)*, permet justement à l'étant de s'ouvrir « dans son insondable immuabilité ». Ici, en 1935, il souligne plus fortement encore que tout domptage par la violence de la puissance subjuguante de la *phusis* est ou victoire ou défaite, mais que toutes deux sont menacées d'aller à la ruine, car celui qui fait usage de violence, le créateur, celui qui tente d'obtenir l'être par la lutte, se tient constamment dans le risque (*tolma*, vers 371) et doit nécessairement s'exposer à la menace de la dis-jointure *(Un-gefüge)* et du dés-ordonnancement *(Unfug).*

Dans le troisième parcours, Heidegger se propose d'aller au-delà de ce qui est immédiatement dit dans ce chœur, et donc d'user lui-même de violence pour faire apparaître ce qui y est dit en dehors des paroles mêmes et qui n'est autre que ce qu'indique le vers d'Eschyle cité dans le *Discours de rectorat*, à savoir que dans l'affrontement de *tekhnè* et *dikè*, la violence de l'agir humain doit nécessairement se briser contre la puissance subjuguante de la *phusis.* Or cette nécessité vient précisément de ce que la *phusis* a besoin, pour apparaître, de la *tekhnè*. C'est donc à partir de cette nécessité qui est celle de l'être lui-même que la manière dont l'être-homme se déploie peut alors s'ouvrir à nous. On aboutit ainsi à une tout autre définition de l'homme que celle que nous livre la tradition : « L'être-Là de l'homme historial, cela veut dire : être exposé en tant que la brèche au sein de laquelle la puissance subjuguante de l'être fait irruption en apparaissant, afin que cette brèche elle-même se brise sur l'être » (172 ; *176-177*).

1. M. Heidegger, *L'auto-affirmation de l'université allemande*, trad. fr. G. Granel, édition bilingue, Mauvezin, T.E.R., 1982, p. 9.

On peut comprendre alors pourquoi l'homme peut être dit le plus « *unheimlich* » : c'est parce qu'il ne sauvegarde la quiétude du foyer que pour s'en évader et permettre ainsi l'irruption de la puissance subjuguante de la *phusis*. Il est jeté par l'être lui-même dans cette voie où il se voit forcé de maintenir l'être ouvert. Le créateur, celui qui use de violence, voit ainsi dans son propre déclin le consentement le plus profond à la puissance subjuguante de la *phusis*. Car le véritable créateur sait que son œuvre, comme le dit Héraclite, n'est qu'une disjointure *(Unfug)* et un « tas de fumier » *(sarma)* et que ce n'est qu'en se brisant qu'elle peut laisser à la *phusis* son ajointement (172; *177*). Le fragment 124 d'Héraclite, « le monde le plus beau est semblable à un tas de fumier répandu au hasard », a été cité un peu plus haut (142; *146*), et Heidegger voit en lui une attestation et non pas une infirmation de l'expérience grecque de l'être pour laquelle précisément la *phusis* en tant que *logos* n'est pas immédiatement accessible et demeure cachée, comme cette *harmoniè aphanès*, cet unisson qui ne se montre pas, dont le fragment 34 dit qu'il est « plus puissant que celui qui est toujours manifeste ». En tant qu'une telle brèche pour la déclosion de l'être ainsi mis en œuvre dans l'étant, l'être de l'homme n'est qu'un *incident*, *ein Zwischen-fall*, un événement qui s'intercale dans la *phusis* et dans lequel soudain les puissances déchaînées de celle-ci se déploient et font leur entrée dans l'œuvre en tant qu'histoire. C'est ce que comprirent les Grecs, qui loin d'éluder la détresse *(Not)* dans laquelle ils se trouvaient, ne firent au contraire que l'accroître. Car pour Heidegger, les Grecs ne furent pas tant, comme le classicisme veut nous le faire croire, les éducateurs de l'humanité, que ceux qui ont eu le « profond pressentiment » de ce que requiert l'historial, à savoir la soudaineté de la violence par laquelle s'ouvre, de manière unique, ce site de l'être qui est aussi celui de l'homme. Heidegger retrouve ainsi une conception du « grand commencement de tout l'être-Là grec » qui fut déjà celle de Nietzsche, et qui n'a été dépassée que par Hölderlin (135; 139). Dans son cours de 1942, Heidegger sera encore plus explicite à cet égard, en affirmant que l'hellénité a pour Hölderlin une autre détermination historiale que le monde grec pour le jeune Nietzsche, qui lui a d'ailleurs par la suite préféré la romanité, et que son rapport à la Grèce n'est ni classique, ni romantique, ni métaphysique, ce qui lui permettra d'entretenir avec elle un rapport authentique, lequel suppose la reconnaissance de ce qui l'oppose essentiellement à la germanité[1].

Il ne s'agit donc pas de porter un jugement moral sur l'orgueil et de l'outrecuidance dont l'homme fait ainsi montre dans son soulèvement

1. *Cf.* Ga 53, p. 67.

contre les puissances de la nature. C'est pourquoi il ne faut pas interpréter de manière négative les dernières lignes du chœur où il semble que le poète récuse implicitement une telle manière d'être homme, en proclamant que « de mon foyer il ne devienne pas un intime (...) l'homme qui accomplit cela ». On a en effet coutume de considérer que Sophocle, fidèle en cela à l'esprit grec tel que le comprend le classicisme, condamne ainsi l'*hubris*, la démesure de l'homme, et recommande au contraire la modération, la *sophrosunè*. Mais pour Heidegger, la sentence finale du chœur ne contredit pas ce qu'il a déclaré auparavant au sujet de l'être de l'homme. Le chœur ne s'élève donc pas contre l'*Unheimlich*, contre l'absence de quiétude et de chez soi qui le caractérise, mais se borne à reconnaître qu'une telle manière d'être n'est pas celle de la quotidienneté. Cette distinction que fait ainsi le chœur entre une quotidienneté qu'il faut comprendre comme familiarité avec le monde environnant et l'être véritable de l'homme comme étranger à celui-ci rejoint celle que Heidegger a établi dans *Être et temps* entre quotidienneté « moyenne » et être en propre du *Dasein*[1]. Dans son cours de 1942, Heidegger revient longuement sur la question de l'interprétation à donner à la parole finale du chœur, dans laquelle on ne peut simplement voir une condamnation de l'homme en tant que *deinotaton*, puisque l'héroïne, Antigone, a elle-même un rapport au *deinon*. Antigone est en effet celle qui prend en charge le *deinon*, qui en court le risque et l'endure, comme elle le dit à sa sœur Ismène[2], ce qui fait d'elle l'être humain le plus *unheimisch*, le plus dépourvu de lieu propre, de chez soi[3]. Prenant ainsi en charge le ne pas être chez soi, elle est « proprement » sans chez soi, ce qui veut précisément dire en quête du chez soi. Or ce que la parole finale du chœur répudie, c'est le non être chez soi impropre de l'aventurier, qui persiste dans le ne pas être chez soi, non celui d'Antigone, qui « tente l'impossible », comme le lui reproche sa sœur (vers 92), en se réclamant de lois non écrites (vers 454), c'est-à-dire, explique Heidegger, de ce qui seul donne au respect dû aux morts et à la primauté des liens du sang leur fondement et leur nécessité, à savoir l'être lui-même, le foyer véritable, auquel, par sa mort, elle fait retour[4]. L'interprétation que tente Heidegger de l'*Antigone* de Sophocle culmine en effet dans l'affirmation selon

1. *Cf.* SZ, § 9, p. 43 *sq.*

2. L'expression « *pathein to deinon touto* » (vers 95) sur laquelle s'appuie Heidegger est en effet traduit par Pignarre par « courir ce risque ».

3. Ga 53, p. 129.

4. *Ibid.*, p. 147.

laquelle *estia*, « foyer », au sens de lieu où brûle la flamme [1], est le mot grec pour « être », ce « rien » qui octroie à tout son pouvoir-être et qui ne peut qu'être dit dans le poème ou pensé dans la pensée [2]. Antigone est au sein de l'étant *die Unheimlichste*, celle qui y est la plus étrangère, la plus dépourvue de chez soi, précisément parce qu'elle se réclame *uniquement* de ce foyer qu'est l'être. Vue dans cette lumière, l'*Antigone* de Sophocle n'est donc rien autre que « le poème du parvenir au chez soi dans le ne pas être chez soi » [3].

Toute cette interprétation du premier chœur de l'*Antigone* de Sophocle a représenté, Heidegger le reconnaît lui-même, une sorte de digression. La question qui se pose alors est celle du rapport entre cette définition poétique de l'être de l'homme et la parole parménidienne qui dit l'entre-appartenance de l'être et de la pensée. La thèse de Heidegger est à cet égard la suivante : il y a entre le dire poétique et le dire philosophique une cohérence essentielle, ce qui veut dire que le rapport réciproque de *tekhnè* et *dikè* dans le chœur sophocléen est la même que celle de *noein* et *einai* dans le poème parménidien (174; *179*). Il faut donc, pour étayer cette thèse, d'abord montrer que *dikè*, aussi bien chez Héraclite que chez Parménide, est bien le nom pensant de l'être, mais aussi, et cela est plus délicat, que l'appréhension, le *noein*, est quelque chose qui, dans sa co-appartenance avec l'être, fait usage de violence et relève de la nécessité d'un combat.

Heidegger commence par mettre en lumière ce qui constitue la violence interne de l'appréhension, à savoir le fait qu'elle est « décision *pour* l'être *contre* le néant et par là explication *avec* l'apparence », ce qui permet de penser qu'elle est « *arrachée par la lutte* à l'activité habituelle » (177; *182*). Il s'agit ensuite de montrer que l'appréhension est en communauté interne d'essence avec le *logos*. Heidegger s'appuie pour cela sur le début du fragment VI du poème parménidien, *Khrè to legein te noein t'eon emmenai*, où *logos* et appréhension sont nommés ensemble et liés par la même nécessité. Il est par conséquent nécessaire de faire ici une distinction entre deux modes du *logos*, dont l'un en tant que rassemblement accompli

1. Ga 53, p. 130. Heidegger souligne ici que la racine du mot *estia* a le sens de « briller » et « brûler ». Il y aurait beaucoup à dire sur tout ce qui lie le discours heideggérien sur l'esprit et le rapport qu'il établit entre l'être, l'*alètheia*, la lumière et le feu, avant même la lecture qu'il propose, dans ses derniers textes, de la poésie de Trakl, comme l'a montré J. Derrida dans *De l'esprit*, Paris, Galilée, 1989, en particulier p. 158 *sq*.

2. *Ibid.*, p. 150.

3. *Ibid.*, p. 151.

(Gesammeltheit) et ajointement *(Fuge)* appartient à la *phusis* elle-même, et l'autre en tant qu'acte de rassembler *(Sammlung)* est le faire de l'homme et obéit en tant que tel à la nécessité. Il apparaît clairement à partir de là que la détermination de l'homme qui s'accomplit au commencement de la philosophie occidentale ne consiste pas en la saisie des propriétés par lesquelles il se distingue des autres êtres vivants, mais uniquement en la relation qu'il entretient avec l'ensemble de l'étant. L'être de l'homme, son *Wesen*[1], se déploie comme la relation qui l'ouvre à l'être, et cette relation qui est *besoin* d'appréhension et de rassemblement le contraint à la liberté qui, de son côté, prend en charge la *tekhnè*, c'est-à-dire la mise en œuvre de l'être. Le *logos* pro-duit ainsi le non-occulté – comme Platon, qui définit le *logos* comme *dèloun*, comme un rendre manifeste, et Aristote, qui le caractérise comme *apophainesthai*, comme un amener-à-se-montrer, l'ont, à la suite d'Héraclite, bien compris –, et, en tant qu'il devient le faire nécessaire de l'homme, il détermine alors l'essence de la langue. Or celle-ci, comme l'a montré le chœur d'*Antigone*, n'est pas une invention humaine, elle ne peut avoir trouvé son origine que dans l'irruption de l'homme dans l'être et donc à partir de la puissance subjuguante de la *phusis* et de son *Unheimlichkeit*. Dans la mesure où en elle l'être devient parole, elle est poésie, c'est-à-dire ce qui donne forme à l'étant. Car le mot, la nomination, replace dans son être l'étant qui se presse dans sa puissance subjuguante immédiate, et lui octroie la constance et la délimitation Il est ainsi lui-même, en tant que ce qui ouvre l'être, un faire-violence à l'origine de ce rassemblement second qui est le fait de l'homme, lequel devient ainsi le rassembleur de l'être, celui qui assume et accomplit la prise en main de la puissance subjuguante, sa régie, sa *Verwaltung* (181 ; *186*). Mais ce faire-violence est précisément ce qu'il y a de plus « *unheimlich* », et là où la langue accomplit le domptage de la *phusis*, il y a aussi nécessairement déliaison et perte, ce qui implique que la langue peut aussi devenir *Ge-rede*, ce discours *(Rede)* rassemblé sur lui-même de telle sorte qu'il ne permet nul retour à la chose dont il parle[2] et qu'il recouvre ainsi l'être au lieu de l'ouvrir.

Il en découle que le langage de la quotidienneté ne vient à sa vérité que lorsqu'il est mis en rapport avec le *logos* en tant que dimension de la *phusis*.

1. Le terme *Wesen*, tel que le comprend Heidegger, ne peut qu'imparfaitement être traduit par « essence » et ne renvoie nullement à l'invariance d'une espèce, mais à la manière éminemment temporelle dont une chose déploie son être. Comme il l'explique dans sa conférence de 1953 sur « La question de la technique » (*Essais et conférences*, Paris, Gallimard, 1958, p. 41), ce terme doit être compris à partir du verbe *wesen* qui a le même sens que *währen*, durer.

2. *Cf.* SZ, § 35, p. 169.

C'est ce qui donne au l*egein* et à l'appréhension propres à l'homme son caractère de rassemblement. C'est la raison pour laquelle le *legein* humain doit se détourner de tout *Gerede*, et être au contraire, comme Parménide le suggère, l'instrument de la discrimination, du *krinein* par lequel l'être est distingué de la simple apparence. C'est de cette manière que le *logos* devient le fondement de l'être-homme. C'est donc dans le poème de Parménide qu'on trouve la toute première détermination de l'être-homme, qui est la suivante : « Être-homme, c'est *prendre en charge* le rassemblement, l'appréhension rassemblante de l'être dans l'étant, la mise en œuvre dans le savoir de l'apparaître et ainsi *prendre en main* la non-occultation, la *préserver* de l'occultation et du recouvrement » (183; *188*).

Pour Heidegger, une telle définition initiale de l'être de l'homme, qu'il qualifie de décisive, n'a pu être maintenue, comme le montre bien la définition de l'homme comme être vivant raisonnable qui devint par la suite courante pour tout l'Occident. Il advint ainsi un étrange renversement qui devient patent si l'on met en regard l'un de l'autre d'une part la définition traditionnelle : *anthrôpos= zôon logon ekhôn*, l'homme en tant que vivant ayant en partage la raison, et d'autre part la formule que l'on peut donner du commencement grec : *phusis = logos anthrôpon ekhôn*, l'être, la puissance subjuguante de l'apparaître, a besoin du rassemblement qui possède l'homme et le fonde.

Un tel renversement est-il le résultat d'une interprétation arbitraire, conséquence d'une méthode exégétique, celle de Heidegger, dont la partialité et la violence sont devenues proverbiales ? C'est là la question que pose Heidegger lui-même. Il reconnaît certes qu'ici un saut est exigé, mais que celui-ci, qui provient d'une interprétation véritablement questionnante, est lui-même rendu nécessaire « à partir de la détresse et du besoin *(Not)* de l'être-Là historial » (185; *190*). Il ne s'agit en effet pas ici d'une enquête relevant de la science historique et concernant les conceptions que l'on peut se faire de l'homme en Occident, mais d'un questionnement métaphysique par lequel « notre être-Là est convoqué devant son histoire » et appelé en elle à la décision (48; *54*). Cette détresse et ce besoin, ce sont donc les nôtres, à nous qui questionnons, car, comme Heidegger l'a souligné avec force dans son cours inaugural de 1929, « nulle question métaphysique ne peut être posée sans que celui qui questionne – comme tel – ne soit lui-même compris dans la question, c'est-à-dire mis en question »[1]. C'est donc dans la mesure où celui qui questionne ne demeure pas extérieur

1. M. Heidegger, « Qu'est-ce que la métaphysique ? », *Questions I*, p. 48 (traduction modifiée).

à la question qu'il pose qu'il peut être amené à s'écarter des représentations habituelles que l'on se fait de l'être-homme.

Ce qu'il s'agit en effet de comprendre, à la suite de Hölderlin, c'est que la violence exercée *contre* la *phusis* est toujours en même temps une violence exercée *pour* elle. Il n'y a donc ici nul amour de la violence pour la violence, mais au contraire la prise en compte de la possibilité, dans cet usage de la violence, de n'accomplir pleinement la prise en main, la maîtrise, de la *phusis* que lorsque lui est assurée l'occultation et que lui est ainsi refusée en quelque sorte toute possibilité d'apparaître. Car en un tel refus, qui est en réalité la plus haute reconnaissance possible de celle-ci, consiste la présomption même du faire-violence, qui parvient ainsi à tenir en échec, en lui fermant le lieu de son apparaître, la puissance subjuguante de la nature. Mais cela n'est possible, pour l'être-Là, que par le renoncement au déploiement de son être, ce qui veut dire pour lui : sortir de l'être ou n'y jamais entrer. Heidegger s'appuie ici sur un passage d'un chœur de l'*Œdipe à Colone* de Sophocle (vers 1224 sq.), passage que Hölderlin a placé en exergue au second volume de l'*Hypérion* : « Le meilleur est de n'être pas né ; mais pour qui est apparu, ce qu'il y a de mieux ensuite, c'est de retourner aussitôt que possible là d'où il est venu »[1]. Voici comment Heidegger traduit pour sa part le premier vers de ce passage : « *mè phunai ton apanta nika logon* : « ne jamais être entré dans l'être-le-là prévaut sur l'être rassemblé de l'étant dans son ensemble ». Il y voit, à travers le mot *phunai* (être né) le fait que l'homme est ici pensé en relation avec la *phusis*, alors que le mot *logos* exprime l'ajointement des puissances de celle-ci. Il en conclut que « cette parole poétique énonce le rapport le plus intime de l'être-Là à l'être et à son ouverture, par le fait de nommer le plus grand éloignement par rapport à l'être, le non être-Là » (186 ; *191*). C'est en effet cela qui constitue la possibilité la plus « *unheimlich* » de l'homme : briser, en usant de la plus haute violence contre lui-même, la surpuissance de l'être. Que l'être-Là doive se briser contre l'être, cela est en effet ce qui le caractérise au plus profond. Heidegger reprendra le même motif et se l'appliquera à lui-même en 1946 dans la *Lettre sur l'humanisme* lorsque, répondant à ceux qui prétendent que la tentative de *Être et temps* a abouti à une impasse, il déclare qu'à une pensée qui échoue, qui se heurte à la dureté de la chose qu'elle cherche à penser, à savoir en ce qui le concerne la vérité de l'être, n'advient aucun malheur, mais au contraire « l'unique don qui puisse lui venir de l'être »[2].

1. *Cf.* Hölderlin, *Œuvres*, *op. cit.*, p. 1154, note de la page 212.
2. M. Heidegger, *Lettre sur l'humanisme*, p. 113.

Car il ne s'agit pas de considérer que les Grecs, s'ils ont bien pensé cela, sont tombés dans le pessimisme. Pessimisme et optimisme relèvent en effet d'une interprétation de l'existence qui consiste à la considérer du point de vue des profits ou des pertes auxquelles elle peut donner lieu. Ce point de vue, qui est celui de Schopenhauer lorsqu'il déclare que « la vie est une affaire qui ne couvre pas ses frais » (186; *191*), ne s'applique pas aux Grecs, comme Hölderlin et Nietzsche l'ont bien compris, et comme sans doute Schelling ne l'a pas non plus ignoré. Heidegger, qui consacrera son cours de l'année suivante, pendant le semestre d'été 1936 à la question de la liberté chez le jeune Schelling [1], ne fait pas mention de la conception de la tragédie que celui-ci expose schématiquement dans la dernière de ses *Lettres philosophiques sur le dogmatisme et le criticisme* de 1795, dans laquelle il s'efforce de montrer que la tragédie grecque fut un hommage rendu à la liberté humaine. Ce fut une grande idée, explique-t-il, que « de prendre sur soi volontairement le châtiment même pour un crime *inévitabl*e, afin de témoigner, jusque dans la perte de sa liberté, de cette liberté même n et de succomber tout en proclamant sa libre volonté » [2]. Pour Schelling, le héros tragique n'accepte pas de voir dans certaines de ses actions l'effet de la seule fatalité et choisit d'être responsable de tout ce qu'il a fait, même de ce qu'il n'a pas conscience d'avoir fait, comme c'est le cas d'Œdipe, parce que c'est la seule manière pour lui d'avoir accès au niveau d'une liberté absolue et de s'identifier avec le destin. Mais il ne peut le faire qu'en mourant, de sorte qu'il gagne une liberté absolue au moment même où il la perd. Il est à la fois vainqueur et vaincu : il s'identifie au destin, mais pour cela il doit perdre sa vie, sacrifier son individualité finie. Schelling en conclut qu'« aucun peuple plus que les Grecs n'est demeuré jusqu'ici fidèle au caractère de l'humanité » [3].

C'est la même conception de l'être-homme que Heidegger découvre lui aussi chez les Grecs. Ce qu'ils ont compris, souligne-t-il, c'est que « c'est le non-être-Là qui est la plus haute victoire sur l'être », car l'être-Là est constamment contraint par l'être à être le site de son apparaître, il est donc toujours lui-même soumis à la détresse de la défaite et de la résurgence de la violence faite à l'être (186/187-*192*).

Il ressort donc de tout cela que la question de l'être et celle de l'homme sont intimement liées et que le déploiement de l'être de l'homme doit être compris comme celui du « site dont l'être a besoin en vue de son ouverture »

1. *Cf.* M. Heidegger, *Schelling, Le traité de 1809 sur l'essence de la liberté humaine*, trad. fr. J.-F. Courtine, Paris, Gallimard, 1977.

2. *Cf.* Schelling, *Premiers écrits*, trad. fr. J.-F. Courtine, , Paris, P.U.F., 1987, p. 208.

3. *Ibid.*

(214; *220*). Car l'homme est le Là ouvert en soi, dans lequel l'étant se tient et vient à l'œuvre. C'est la raison pour laquelle l'être de l'homme est, au sens strict du terme, le *Da-sein*, l'« être-Là ».

C'est donc en cette période où Heidegger tient apparemment un discours nationaliste à ses étudiants, en leur parlant de la nécessité de prendre en charge la mission historiale du peuple allemand en tant qu'il est « le milieu de l'Occident » (53; *60*) qu'il met l'accent, plus encore que dans *Être et temps*, sur le caractère foncièrement « apatride » du *Dasein*. Comment rendre compte de cette apparente contradiction ? Car il n'est pas possible, comme certains le voudraient, de distinguer ici, dans le discours heideggérien, le philosophique de ce qui relèverait de l'idéologie ambiante : Heidegger insiste en effet, comme nous l'avons vu, sur la profonde indissociabilité du métaphysique et de l'historial.

C'est ici à nouveau la figure de Hölderlin qu'il faudrait invoquer et du sens que celui-ci a donné à ce qu'il nomme dans les *Remarques sur Antigone* « *vaterländische Umkehr* », ce « retournement natal » auquel il invite les Hespériens, les habitants de ce pays du soir qu'est l'Occident, et qui n'a nullement le sens de l'exaltation d'un patriotisme au sens étroit[1]. Dans son cours de 1942, Heidegger met l'accent sur le fait que l'unique souci du poète, c'est de parvenir à se sentir chez soi dans ce qui lui est propre, ce qui implique précisément que le chez soi ne soit pas une donnée de départ et qu'il faille d'abord pour y atteindre passer par une explication avec l'étranger[2]. C'est bien en effet ce que Hölderlin déclare à son ami Böhlendorff auquel il écrit en 1801 que « ce qui est propre, il faut l'apprendre comme ce qui nous est étranger » et que par conséquent « le plus difficile, c'est le *libre* usage de ce qui nous est *propre* »[3]. De la même manière, Heidegger insiste sur le fait qu'un peuple historial n'est jamais par lui-même « chez lui *(beheimatet)* dans sa propre langue » et qu'il « n'est qu'à partir du dialogue entre sa langue et les langues étrangères »[4]. Le chez soi et le non chez soi, le propre et l'étranger demeurent ainsi intimement en relation. C'est pourquoi il faut bien voir que l'absence de chez soi est secrètement habité par le désir et la recherche d'un chez soi, et que celui-ci demeure présent de manière privative dans l'absence de chez soi lui-même,

1. Voir à ce sujet, F. Dastur, *Hölderlin, Le retournement natal*, *op. cit.*, en particulier p. 15-20.

2. Ga 53, p. 63.

3. Hölderlin, *Œuvres*, *op. cit.*, p. 1004.

4. Ga 53, p. 80.

ce qui ne veut cependant pas dire qu'il faille comprendre cela de manière chrétienne, comme le résultat de l'expulsion de l'homme hors du paradis et la recherche d'une rédemption, pas plus que de manière dialectique, comme c'est le cas dans la métaphysique de l'idéalisme allemand avec Schelling et Hegel [1]. Le négatif n'est en effet ni à éliminer, ni à surmonter, il doit, comme Hölderlin l'a compris, être *enduré*, car seul celui qui est proprement sans chez soi peut avoir une relation au foyer, à un foyer auquel on ne peut que faire retour sans jamais pourtant pouvoir coïncider avec lui.

Lorsque Heidegger en appelle donc en 1935 à un réveil spirituel des Allemands, c'est sous l'obédience de Hölderlin qu'il se met. Hölderlin dont il affirme à nouveau, en 1946, dans la *Lettre sur l'humanisme*, que ce qu'il nomme «*Heimat*», lieu natal, n'a pas un sens patriotique, mais relève uniquement de l'histoire de l'être, son seul souci étant « de faire accéder ses compatriotes à leur essence», sans la chercher «dans un égoïsme national», mais en la voyant plutôt «à partir de l'appartenance au destin de l'Occident», un tel Occident ne devant cependant pas être pensé géo-politiquement, mais uniquement «à partir de la proximité à l'origine» [2]. C'est une telle proximité à l'être, et elle seule, qui peut constituer la « patrie » de ces expatriés que sont par essence les humains, dont la tâche la plus urgente demeure celle de penser l'absence de patrie, l'*Unheimlichkeit* qui leur est propre.

1. *Ibid.*, p. 95.
2. M. Heidegger, *Lettre sur l'humanisme*, p. 97-99.

MODERNITÉ, TECHNIQUE, ÉTHIQUE

Il semble que le problème de l'éthique constitue aujourd'hui le centre de l'intérêt du monde intellectuel et qu'il y ait une tendance à juger toutes les productions philosophiques du point de vue éthique, comme si – et c'est là, on le sait, la position d'Emmanuel Lévinas[1] – l'éthique et non l'ontologie était réellement devenue la *prima philosophia*, la philosophie première. On en est ainsi venu à accuser Heidegger d'avoir donné trop d'importance à la pensée de l'être et pas assez à celle de l'homme, trop d'importance à la spéculation abstraite et pas assez aux affaires humaines. Et l'on considère – dans le meilleur des cas – que sa faute principale en 1933 consista à croire qu'il pouvait, en tant que philosophe, infléchir dans un sens positif une situation politique des plus dangereuses et des plus confuses[2]. Les philosophes ne sont-ils pas en effet, à commencer par Platon, affligés d'une incurable cécité à l'égard des affaires pratiques et Heidegger ne s'est-il pas précisément comporté de manière typiquement platonicienne à l'égard de Hitler pendant la période de son rectorat ? Une telle explication peut paraître à première vue satisfaisante. Mais si l'on considère les choses d'un peu plus près, la conception selon laquelle on oppose la théorie à la pratique ou l'ontologie à l'éthique finit par apparaître bien simplificatrice, de sorte qu'on en vient à penser qu'il est fort possible qu'une telle opposition n'ait jamais existé en réalité, comme Heidegger lui-même l'a d'ailleurs suggéré dans *Être et temps*, où il montre que le comportement théorique n'est jamais dépourvu d'action et que le comportement pratique de son côté n'est pas aveugle et possède lui aussi sa propre « vue »[3]. Si l'être de l'homme est, comme Heidegger l'affirme,

1. *Cf.* E. Lévinas, *Totalité et infini* (1961), Le livre de Poche, p. 340 : « La morale n'est pas une branche de la philosophie, mais la philosophie première ».

2. Voir à ce sujet F. Dastur, « A propos de l'engagement politique de M. Heidegger », *Heidegger à plus forte raison*, Paris, Fayard, 2006, p. 441-458.

3. M. Heidegger, *Sein und Zeit*, Tübingen, Niemeyer, 1963, § 15, p. 69.

essentiellement défini comme souci, alors la pure observation d'un quelconque étant donné n'est pas moins exempte de « souci » qu'une action politique[1], de sorte que, comme il le déclare au début de la *Lettre sur l'humanisme*, il est nécessaire de prendre conscience que « la pensée agit en tant qu'elle pense » et que « cet agir est probablement le plus simple en même temps que le plus haut, parce qu'il concerne la relation de l'être à l'homme »[2].

Cela signifie pour nous, qui ne renonçons pas à lire Heidegger, que nous n'avons pas seulement à nous montrer capables de comprendre théoriquement ce qu'il dit, mais que nous devons aussi nous préparer de manière pratique et éthique à recevoir sa pensée et à prêter l'oreille au sens qu'il donne aux mots dont il fait usage. Car il y a, avant tout, une *éthique de la lecture*, dont Heidegger lui-même a donné le principe dans un passage de son cours intitulé *Qu'appelle-t-on penser ?*. Il y déclare qu'il y a seulement deux manières d'engager le dialogue avec un penseur, soit en allant à la rencontre de sa pensée, soit en s'opposant à elle, et que si nous voulons vraiment aller à la rencontre de la pensée d'un penseur, « il nous faut rendre encore plus grand ce qu'il y a de grand en elle », pour parvenir ainsi jusqu'à son impensé ; en revanche, si nous ne voulons que nous opposer à elle, nous avons par cette volonté même « déjà rapetissé par avance ce qu'il y a de grand en elle », ce qui implique que « nous ne faisons alors que transposer sa pensée dans la supériorité évidente de notre savoir »[3].

C'est une telle lecture qui agrandit et non pas rapetisse une pensée que l'on se propose de pratiquer ici sur certains des textes où Heidegger expose sa conception de l'être de l'homme dans la perspective d'une réflexion consacrée à la modernité, à l'essence de la technique et à une redéfinition de l'éthique.

Il est nécessaire de commencer par souligner que Heidegger voit dans la modernité une fondamentale ambiguïté et non pas l'unité monolithique d'une époque qu'il s'agirait uniquement de soumettre à une critique négative. On a ainsi commencé d'ébranler l'image couramment répandue d'un Heidegger anti-moderne, ennemi de la technique et méprisant pour les sciences, et qui aurait ultimement cherché dans la poésie un refuge pour y

1. SZ, § 41, p. 193.

2. M. Heidegger, *Lettre sur l'humanisme*, trad. fr. R. Munier, Paris, Aubier Montaigne, 1964, p. 29.

3. M. Heidegger, *Qu'appelle-t-on penser?* Paris, P.U.F., 1959, p. 118-119 (traduction modifiée).

développer un mode de pensée ésotérique. Cette image, ou plutôt cette caricature, demande à être fortement corrigée. Ne serait-ce qu'en rappelant que le jeune Heidegger, avant d'opter définitivement pour la philosophie, a sérieusement songé, après avoir abandonné ses études de théologie, à se consacrer aux sciences mathématiques et physiques dont il a d'ailleurs entamé alors l'étude [1] et qu'il s'est par la suite montré capable de discuter de ces questions avec ces grands physiciens que furent Werner Heisenberg et Carl Friedrich von Weizsäcker, ce qui n'est pas si commun aujourd'hui parmi les philosophes. Comme le raconte Carl Friedrich von Weizsäcker, il y eut en particulier à l'automne 1935 une rencontre, qui dura plusieurs jours et qui eut lieu dans la Hütte de Todtnauberg, entre Heidegger, Werner Heisenberg, le physiologue Achelis, son oncle, le neurologue Victor von Weizsäcker et lui-même. Et cette rencontre fut suivie d'une série de visites que fit le jeune physicien, alors âgé de 23 ans, à Heidegger au cours des années qui suivirent, visites qui furent l'occasion à nouveau d'échanges concernant la physique moderne et la nouvelle image du monde qui en découle [2]. La conception que Heidegger a la modernité est en effet directement issue d'un débat avec la science contemporaine et non pas une vue de l'esprit imposée du dehors aux phénomènes. Par opposition à une pensée qui, dans la partie seule publiée d'*Être et temps*, est unilatéralement orientée vers l'investigation de l'*Umwelt* humain et de sa structure d'instrumentalité et ne prend pas en compte l'ensemble de la nature, la méditation de Heidegger, après le tournant des années trente, redécouvre la question de la chose et du monde précisément parce que la décisive mutation de la représentation scientifique de l'univers au début du XXe siècle détermine une nouvelle structure de l'expérience. Comme il le montre dans sa conférence consacrée à « La chose », première du cycle des quatre conférences qu'il fit à Brême en décembre 1949 sous le titre global de « Regard dans ce qui est », toutes les distances se rétractent aujourd'hui dans l'espace et dans le temps, de sorte que tout est emporté et confondu dans le flot de l'uniformité sans distance, et pourtant, malgré toutes ces victoires remportées sur la distance, la proximité des choses demeure absente [3]. La question de « la

1. Sa leçon inaugurale de 1915, consacrée au « Concept de temps dans la science historique », dans laquelle Heidegger, en opposant le concept physique au concept historique de temps, fait allusion aux plus récents travaux de Planck et d'Einstein, témoigne de ce que ses connaissances en matière de physique ne sont pas des connaissances de seconde main. *Cf.* M. Heidegger, *Frühe Schriften*, Klostermann, Frankfurt am Main, 1972, p. 355-375

2. *Cf.* C. F. von Weizsäcker « Begegnungen in vier Jahrzehnten », *Erinnerung an Martin Heidegger*, Tübingen, Neske, 1977, p. 239-248.

3. *Cf.* M. Heidegger, « La chose », *Essais et conférences*, Paris, Gallimard, 1958, p. 194 *sq.*

chose » s'avère ainsi moins la question propre au penseur Heidegger que la question même que se pose l'époque qui fait l'expérience de la disparition des choses et qui apprend par là que le « naturel » n'est jamais que de l'historique. Le savoir de la science moderne, explique en effet Heidegger, « a déjà détruit les choses en tant que choses, longtemps avant l'explosion de la bombe atomique »[1], parce que la science moderne contraint toutes choses à apparaître sous la forme d'un objet et a ainsi la prétention d'atteindre seule ce qui est dans sa véritable réalité, de sorte que nous autres modernes sommes entourés d'objets, mais demeurons dans l'incapacité de laisser apparaître les choses dans leur proximité. Mais si les choses ne viennent pas dans la proximité sans la vigilance des hommes, les artifices de ces derniers ne peuvent cependant pas les faire apparaître car, comme le souligne Heidegger, « un simple changement d'attitude n'y peut aider, de même qu'on ne peut purement et simplement convertir en choses tout ce qui aujourd'hui se tient comme objet dans le sans-distance », et, ajoute-t-il, « jamais non plus les choses ne viennent comme choses par cela que nous nous tenons simplement à l'écart des objets et que nous rappelons le souvenir de vieux objets d'antan, qui peut-être étaient en voie de devenir des choses et même d'être présents comme des choses »[2]. Il est clair qu'ici une attitude simplement réactionnaire ou conservatrice n'est d'aucun secours. Il nous faut en fait vivre dans l'absence de proximité sans rêver d'un retour à un lointain passé, parce que si les choses ont peut-être été autrefois de « vraies » choses, pourtant « jamais encore elles n'ont pu apparaître comme choses à la pensée »[3], de sorte que nous pouvons seulement espérer qu'elles le deviennent, mais non pas vivre dans la nostalgie de leur disparition.

Heidegger ne cherche pas en effet à procéder à la construction de philosophèmes qu'il s'agirait d'imposer après coup aux phénomènes, mais à dire ce qui est, sa pensée est une pensée dont il dit lui-même qu'en opposition à la vision hégélienne de l'histoire, elle est pensée du *qu*'il en est ainsi et non pas du *pourquoi* il est ainsi[4]. Dans le court opuscule intitulé *De l'expérience de la pensée*, qui fut publié en 1954, Heidegger évoquait les dangers qui menacent la pensée et voyait dans le « philosopher » le « mauvais danger », celui qui apporte la confusion[5], précisément parce que la philosophie, dans sa figure traditionnelle, aspire à être une pensée de la

1. M. Heidegger, « La chose », *Essais et conférences*, p. 201.
2. *Ibid.*, p. 217.
3. *Ibid.*, p. 201.
4. M. Heidegger, *Questions IV*, Paris, Gallimard, 1976, p. 89.
5. M. Heidegger, *Questions III*, Paris, Gallimard, 1966, p. 29.

pensée elle-même, une *noèsis noèseos*, selon la définition que donne Aristote de la pensée divine, et non pas une pensée propre à ces mortels que nous sommes, qui est pensée de ce qui arrive et de ce qui nous est ainsi *donné* à penser, de sorte que cette mauvaise autonomisation de la pensée en fait la soi-disant propriété des penseurs, alors qu'il nous faut au contraire comprendre que « nous ne parvenons jamais à des pensées », mais bien qu'« elles viennent à nous »[1].

C'est à partir de là qu'il faudrait prendre au sérieux ce que Heidegger dit du « tournant », de la *Kehre*, dans sa lettre d'avril 1962 à Richardson, à savoir qu'il ne l'a pas plus inventé qu'il ne concerne sa seule pensée, mais qu'il joue au sein de la question elle-même qui est celle du « et » de « être et temps »[2]. Ce tournant n'est en effet rien autre que la révélation du caractère intrinsèquement temporal de l'être à laquelle la pensée *répond* par un virage *(Wende)*, virage auquel elle est appelée dès le départ et qui consiste précisément en un renversement de priorité entre l'être et le *Dasein*. Un tel tournant ne concerne pas seulement la pensée, mais il advient aussi dans la réalité, sous la forme de la disparition de l'objet comme du sujet, à savoir de toute instance comprise comme présence subsistante, comme *Vorhandenheit*.

Cette « déconstruction » de la pré-sence prend le sens, en physique comme dans l'éthique, dans les sciences de la nature comme dans les sciences de l'homme, de la *calculabilité* intégrale de tout ce qui est. Cette calculabilité intégrale qui consomme l'in-différence de l'objet et du sujet constitue le déploiement de l'être de la technique moderne, *das Wesen der Technik*, et détermine ce que Heidegger nomme, dans un texte tardif, « la radicale inhumanité » de la science d'aujourd'hui qui « abaisse l'homme au rang d'élément disponible et ordonnable pour une pensée qui pense par modèles et dont le caractère opérationnel ne connait pas de bornes »[3]. Ce que Heidegger a nommé dès 1936 dans les *Beiträge zur Philosophie* le tournant dans l'*Ereignis*[4] s'annonce d'abord sous la figure ce qu'il nomme *Gestell*, qui en constitue, précisera-t-il en 1962, la « préfiguration »[5].

1. *Ibid.*, p. 25.
2. M. Heidegger, *Questions IV*, p. 185.
3. M. Heidegger, « Zeichen » (1969), *Denkerfahrungen*, Frankfurt am Main, Klostermann, 1983, p. 151.
4. M. Heidegger, *Beiträge zur Philosophie*, Frankfurt am Main, Klostermann, 1989, § 255, p. 407.
5. « Protocole d'un séminaire sur la conférence "Temps et être" », *Questions IV*, p. 91.

C'est cette ambiguité du *Gestell*, son caractère de *Januskopf*, de tête de Janus[1], qui explique que Heidegger, d'un seul geste, pose et en même temps annule la différence entre ces deux strates de la modernité qui correspondent respectivement au règne de la représentation avec la physique newtonienne et au règne du calcul intégral avec la physique quantique. Car d'une part la calculabilité intégrale n'est que l'achèvement de ce projet calculatoire qui transforme toute chose en *Gegen-stand*, en vis-à-vis, pour un sujet « maître et possesseur de la nature », selon le mot fameux de Descartes[2] ; mais d'autre part le caractère « démesuré » du projet calculatoire rejaillit sur le « sujet » lui-même, ce qui a pour effet cette *mutation* décisive du phénoménal qui ne peut plus dès lors se donner sous la figure du *vis-à-vis*, qui *stricto sensu* n'a plus aucun « visage » et ne peut plus être représenté. Ce qu'*annonce* donc paradoxalement l'ère de la calculabilité intégrale, c'est l'incalculabilité de l'*Ereignis* lui-même, c'est-à-dire le fait que la nature comme le monde humain se soustraient décisivement à toute prise en vue et à toute eidétique. Cette fin de la science moderne qui prend aussi les allures d'une fin de l'histoire – l'*Ereignis* est en effet ce qui ne fait plus époque –, par laquelle les concepts fondamentaux de l'ontologie tout comme ceux des sciences de la nature ne reçoivent plus qu'un sens métaphorique, doit cependant plutôt être pensée selon Heidegger comme « l'entrée dans le séjour de l'*Ereignis* » *(die Einkehr in den Aufenthalt im Ereignis)*, c'est-à-dire comme le fait de sortir du rêve métaphysique de la présence subsistante qui est en même temps oubli de la temporalité de l'être[3].

Mais cela n'est pas le résultat d'une décision de la pensée : ce n'est pas la philosophie qui décrète un jour le dépassement de la métaphysique, comme l'explique Heidegger dans un texte qui porte précisément ce titre et qui rassemble des notes écrites de 1936 à 1946. Ce qu'il entend alors par dépassement ne doit pas cependant pas être compris, comme le fait Nietzsche, comme un simple « renversement du platonisme », lequel ne change que le sens de l'opposition métaphysique du sensible et de l'intelligible, ce qui a pour effet de conduire l'oubli de l'être à son

1. « Protocole d'un séminaire sur la conférence "Temps et être" », *Questions IV*, p. 91.

2. *Cf.* R. Descartes, « Discours de la Méthode » (6e partie), *Œuvres et Lettres*, « Bibliothèque de la Pléiade », Paris, Gallimard, 1966, p. 168. Il faut cependant préciser que Descartes, parlant des « notions générales touchant la physique » qu'il a acquises, explique qu'elles peuvent conduire à une philosophie « pratique » susceptible de « nous rendre *comme* maîtres et possesseurs de la nature » (je souligne), une telle « maîtrise » et « possession » de la nature n'étant évidemment possible, pour Descartes, que pour Dieu et non pour l'homme.

3. *Questions IV*, p. 92 : « L'éveil pour l'*Ereignis* est (...) lié d'avance et nécessairement à l'éveil hors de l'oubli de l'être pour cet oubli ».

achèvement[1]. Dépasser la métaphysique, cela ne peut vouloir dire, explique Heidegger que « la livrer et la remettre à sa propre vérité »[2]. C'est pourquoi au terme de « dépassement » *(Überwindung)*, qui a le sens d'un congé donné à la métaphysique, Heidegger préfère celui d'assomption *(Verwindung)*, qui indique au contraire la capacité d'accepter la métaphysique et d'accéder ainsi à sa vérité[3]. Dans la perspective heideggérienne de la *Verwindung*, la métaphysique conserve en effet une vérité durable, précisément en tant qu'elle est l'avènement même de l'oubli de l'être. Car l'être ne peut se dispenser qu'en se retirant et ce qu'il dispense par son retrait même, c'est l'étant. La métaphysique en tant qu'elle pense l'étantité de l'étant et « oublie » ainsi l'être n'est donc pas unilatéralement cette « histoire d'une erreur » qu'y voyait Nietzsche dans *Le crépuscule des idoles*[4], mais elle peut devenir l'expérience « authentique » de l'oubli de l'être, dans la mesure où l'oubli n'est plus lui-même oublié et où l'histoire de la métaphysique est comprise comme l'histoire même du retrait de l'être.

Aucun volontarisme n'est pourtant ici de mise, puisqu'il ne s'agit pas d'abandonner une forme de pensée devenue caduque, tombée en désuétude ou inadaptée à notre époque. Dire que la métaphysique est « passée », c'est dire qu'elle constitue le présent dans son essence même et c'est la raison pour laquelle pour Heidegger l'ère du dépassement de la métaphysique est aussi celle de sa domination absolue[5] de sorte que celui qui décrète le dépassement de la métaphysique, à savoir Nietzsche, est aussi celui qui précisément l'accomplit. Nous sommes en effet à l'époque du devenir-monde de la métaphysique, au stade de la métaphysique achevée, c'est-à-dire réalisée. Car cet achèvement de la métaphysique, Heidegger le comprend comme « le déclin de la vérité de l'étant », c'est-à-dire comme le fait que « la manifestation de l'étant, et du *seul* étant, perd l'exclusivité »[6]. On trouve en effet chez Heidegger l'idée d'une continuité dans le déploiement de la métaphysique comme pensée représentative dont le premier germe se trouve dans l'*idea* platonicienne qui instaure la primauté du voir sur l'apparaître et qui s'accomplit comme certitude et savoir absolu de soi

1. « Dépassement de la métaphysique », *Essais et conférences*, p. 90-91.

2. *Ibid.*, p. 90.

3. Le terme *Verwindung* est créé à partir du verbe *verwinden* qui a aussi le sens de surmonter, mais non pas par un passage au-delà *(über)*, mais par intériorisation et transposition *(ver)*.

4. F. Nietzsche, *Le crépuscule des idoles*, Paris, Gallimard, 1974, p. 43-44.

5. M. Heidegger, *Essais et conférences*, p. 81.

6. *Ibid.*, 82.

avec Descartes et Hegel. Le dernier métaphysicien, Nietzsche, opère la clôture de ce déploiement, car avec la volonté de puissance, c'est la vérité même du sujet qui se fait jour : à savoir le fait qu'il se veut lui-même inconditionnellement comme unique réalité et seul étant véritable. Lorsque la volonté apparaît au premier plan et lorsqu'elle prend la forme de la volonté de volonté, la volonté de puissance n'étant en effet qu'une volonté qui se veut elle-même inconditionnellement, il n'y a plus de destin, plus d'envoi ou de donne de l'être : « la volonté de volonté durcit toute chose et la conduit dans l'absence de destin » [1]. Ce qui s'installe alors, c'est le règne de la calculabilité intégrale et de l'organisation de toutes choses dans la non-historicité et l'absence de finalité qui caractérise le « nihilisme absolu », c'est-à-dire le plus extrême oubli de l'être[2]. Comme le vide de l'être qui en résulte ne peut jamais être comblé par la plénitude de l'étant, la seule issue possible consiste à organiser sans cesse l'étant, de manière à rendre possible la mise en ordre permanente d'un monde devenu non-monde puisqu'il ne règne plus en tant que la présence non objective de l'éclaircie de l'être[3], la technique se révélant ainsi être paradoxalement « l'organisation de la pénurie »[4]. Ce que fait alors apparaître cette domination de la volonté de volonté, c'est, comme le souligne in fine Heidegger, « le non-sens d'une action humaine posée comme absolue »[5]. C'est ce stade de la métaphysique achevée que Heidegger nomme « époque de la technique », mais en donnant à ce terme un sens qui englobe, au-delà du domaine de la production des machines, tous les autres domaines de l'étant, la culture, la politique et même la nature devenue objet[6].

Cette réflexion sur l'essence de la technique, Heidegger la poursuit dans les autres conférences faites en 1949 sous le titre commun de « Regard dans ce qui est », et en particulier dans celle qui s'intitule « Das Ge-stell », que Heidegger reprendra dans une version modifiée en 1953 sous le titre « La question de la technique ». Il y montre en effet que dans l'horizon de la technique moderne, les rapports de l'homme et de l'objet ne se laissent plus cerner à la manière classique : car rien ne se présente plus sous la figure de l'ob-jet *(Gegenstand)*, c'est-à-dire d'un vis-à-vis du sujet, mais tout apparaît au contraire comme fonds et réserve de puissance *(Bestand)* pour le sujet. Cette disparition de l'objet dans la calculabilité intégrale va

1. M. Heidegger, *Essais et conférences*, p. 91.
2. *Ibid.*, p. 105.
3. *Ibid.*, p. 107.
4. *Ibid.*, p. 111.
5. *Ibid.*, p. 115.
6. *Ibid.*, p. 92.

d'ailleurs de pair avec la disparition du sujet lui-même, puisque le « sujet » moderne, la société industrielle dans son ensemble, est soumise elle aussi à la puissance provocante de ce que Heidegger nomme le *Gestell*, ce mode du dévoilement qui nous livre tout étant comme susceptible d'être interpellé, arraisonné, commandé en vue de la production d'énergie. Le terme de *Gestell*, de l'aveu même de Heidegger, est ici employé en un sens parfaitement insolite[1], car ce mot qui, dans l'allemand courant, signifie « cadre », « châssis », « étagère », « chevalet », bref toute chose résultant d'un montage, d'un « poser ensemble » désigne ici le mode de dévoilement qui régit l'essence de la technique moderne en tant que celle-ci résulte du rassemblement (*ge-* a en allemand une fonction rassemblante) des actes exprimés à partir du verbe *stellen* qui signifie poser, tels que *bestellen*, passer commande, *herstellen*, produire, *vorstellen*, représenter, etc. La traduction de ce terme proposée par André Préau dans *Essais et conférences* est « arraisonnement »[2], mais on pourrait aussi tout simplement le traduire par « Dispositif » en donnant à ce mot le sens fort d'une mise à disposition de l'étant qui fait de celui-ci un fonds, un stock ou une réserve. Or le paradoxe de la technique moderne, c'est d'une part qu'elle semble être le règne de la volonté de volonté et de la domination absolue de l'étant, mais que d'autre part, le dévoilement du réel comme fonds commissible entraîne une disparition du sujet lui-même qui atteste que la provocation du *Gestell*, du Dispositif, n'émane pas d'une décision humaine, puisque l'homme se voit lui-même pris dans son cercle. La technique moderne place ainsi l'homme dans une position telle qu'il peut tout aussi bien se livrer à la frénésie de domination que se rendre attentif à la part qu'il prend au dévoilement. Car c'est parce que le règne de la pensée opératoire s'étend sur tout le domaine de l'étant et concerne donc aussi l'homme lui-même, qui se trouve ainsi requis par le *Gestell*, que s'annonce dans sa mise en danger même cette entre-appartenance de l'homme et de l'être que Heidegger a dès le départ nommé *Da-sein* et qu'il se propose, après le tournant, de penser en propre sous le nom d'*Ereignis*.

Cette question du rapport de l'être à l'homme nous ramène à la question dont nous étions partis, celle de l'éthique. Le premier nom de ce rapport, du *Verhältnis*, avant d'être l'*Ereignis* lui-même compris comme réciproque

1. « La question de la technique », *Essais et conférences*, p. 26.

2. *Ibid.* Note du traducteur. C'est en se fondant sur une remarque de Heidegger, expliquant que *stellen* a ici le sens d'obliger quelqu'un à *rationem reddere* qu'André Préau a été conduit à traduire *Gestell* par « arraisonnement ».

propriation de l'être et de l'homme, c'est *Sorge*, souci, lequel ne peut aucunement être compris comme un souci de soi, comme *Selbstsorge*, ainsi que Heidegger le souligne lui-même : « *Sorge* ne peut pas signifier primairement et exclusivement un comportement *(Verhalten)* isolé du moi à l'égard de lui-même. L'expression "souci de soi" par analogie avec la préoccupation *(Besorgen)* et la sollicitude *(Fürsorge)* serait une tautologie. *Sorge* ne peut pas signifier un comportement particulier à l'égard de soi-même parce que le soi est déjà caractérisé ontologiquement par l'être-en-avance-sur-soi *(Sich-vorweg-sein)* et dans cette détermination sont aussi conjointement posés les deux autres moments structuraux du souci, l'être-déjà-dans… et l'être-auprès-de… »[1]. Il peut bien en effet y avoir un souci concernant les choses du monde et un souci concernant l'autre *Dasein*, mais non pas un souci de soi qui serait celui d'une ipséité close sur elle-même, puisque celle-ci est d'emblée ouverte, du fait de son être-jeté dans le monde, et de son être auprès des choses, à l'éclaircie de l'être.

Car ce dont il y va pour cet étant qu'est le *Dasein*, ce n'est pas seulement de son propre être, de l'*ici* qui est la place du moi, mais du *là*, où se tient l'autre, c'est-à-dire de l'être comme tel, *das Seyn überhaupt*, comme le précise bien une apostille ajoutée par la suite au § 9[2], afin de clarifier le sens du privilège ontico-ontologique qui a été reconnu au *Dasein* et qui le détermine comme compréhension de l'être des étants autres que lui, privilège déjà aperçu par Aristote dans la détermination qu'il donne de l'âme humaine comme étant en quelque sorte l'étant[3], mais que Heidegger fonde sur la temporalité et le caractère ekstatique d'un être qui n'est lui-même qu'en étant préoccupé par le monde et sollicité par autrui. Cette *double* détermination du souci comme *Besorgen*, préoccupation et *Fürsorge*, sollicitude, répond d'ailleurs au double sens de l'allemand *Sorge*, qui, tout comme le latin *cura* – comme le souligne Heidegger dans le § 42 de *Sein und Zeit*, où il montre que l'on peut trouver, dans une fable du poète latin Hygin, un témoignage préontologique de l'interprétation de l'être de l'homme comme *cura*[4] –, signifie à la fois souci et soin et caractérise tout rapport à l'étant comme tel : du *Dasein* à l'étant qu'il est lui-

1. SZ, § 41, p. 193.

2. *Ibid.*, § 9, p. 42. À la phrase « Il appartient à l'être de cet étant [le *Dasein*] que celui-ci se rapporte lui-même à son être », est ajoutée, dans l'exemplaire personnel de Heidegger, une apostille qui dit : « Quel être ? Le là que cet étant a à être afin d'y soutenir l'être *(das Seyn)* en tant que tel *(überhaupt)* ».

3. SZ, § 4, p. 14.

4. *Ibid.*, § 42, p. 199. Heidegger rapporte ici le double sens du mot *cura* à la constitution fondamentale de l'exister qui est de structure double, celle du projet jeté.

même en tant que ce rapport est existence, mais aussi du *Dasein* à l'étant qu'il n'est pas lui-même et qui n'est pas de l'ordre du *Dasein* (niveau du *Besorgen*) tout comme à l'étant qu'il n'est pas lui-même et qui est pourtant de l'ordre du *Dasein* (niveau de la *Fürsorge*).

Cette détermination du *Dasein* comme ouverture originaire à soi et à l'autre constitue ce devant quoi fuit le *Dasein* « inauthentique » et ce à quoi s'ouvre le *Dasein* « authentique », c'est pourquoi toute fuite est comprise comme fuite *dans* la familiarité et refuge dans l'intimité du chez-soi alors qu'au contraire le *Dasein* authentique affronte dans l'angoisse ce qui le constitue en propre : le *ne pas être-chez-soi*, das *Un-zuhause sein*, à partir duquel seul l'habitation du monde peut être comprise [1]. C'est en effet la familiarité qui est un mode « déchéant » de la non-familiarité et non le contraire, ce qui implique le caractère foncièrement « apatride » d'un *Dasein* pour lequel habiter est une *tâche* et non une donnée de fait. Au terme *Un-zuhause* a été apposé en apostille, dans l'exemplaire personnel de Heidegger, le mot « *Enteignis* », dépropriement, qui constitue le phénomène originel de l'*Ereignis*. C'est donc sur fond de dépropriation qu'il faut penser le devenir propre réciproque de l'homme et de l'être. C'est parce que la familiarité est un mode de l'étrangeté (de l'*Unheimlichkeit*) foncière et originaire du *Dasein* qu'il semble possible de caractériser schématiquement l'« éthique » heideggérienne en tant qu'elle se confond avec l'« ontologie » comme une paradoxale « éco-nomie » de l'*Unheimlichkeit*, de l'expatriation, au sens où le *Dasein* ne trouve jamais son véritable *oikos*, son véritable habitat, et sa véritable *Heimat*, son véritable lieu natal, que dans le ne pas-être chez soi, ce ne pas être-chez-soi originel constituant la loi, le *nomos*, de son être-dans-le-monde.

C'est cette paradoxale économie de l'*Unheimlichkeit* qui est en question dans l'interprétation que Heidegger donne dans la *Lettre sur l'humanisme* du fragment 119 d'Héraclite *èthos anthrôpô daimon*, qu'il traduit d'abord ainsi : « l'homme habite, pour autant qu'il est homme, dans la proximité du dieu », la traduction habituelle de ce fragment : « le caractère propre de l'homme est son démon », révélant, selon lui « une façon de penser non grecque » [2]. Ce dont parle ce fragment, c'est en effet du séjour dans lequel l'homme habite, séjour ouvert à la venue de ce à quoi l'homme appartient en propre et qui est la dimension du divin, de ce qui déchire et sépare [3]. Car habiter au sens propre – cet habiter authentique qui

1. *Ibid.*, § 40, p. 189.

2. M. Heidegger, *Lettre sur l'humanisme*, p. 145 *sq.*

3. Rappelons que le grec a deux mots pour dire le divin : *theos*, qui renvoie à la racine indo-européenne * *deiwos*, qui signifie lumière du jour et qui a donné également le sanscrit

se dit en grec *èthos*[1] – ne signifie pas la simple familiarité avec le monde, le simple être-chez-soi dans le monde dans la tranquillité de la jouissance, mais au contraire l'ouverture à l'*étrangeté* de l'être-dans-le-monde et à la douleur de la *Geworfenheit* qui est au fondement de tout habiter. C'est pourquoi l'« éthique » ne consiste pas tant à « jouir de la vie », à établir son séjour dans le familier qu'à s'ouvrir, à s'*exposer* à l'étrangeté et à la douleur qui est au fond de toute familiarité et de toute jouissance. C'est *uniquement* ce que rappelle Héraclite lorsqu'il indique aux curieux avides de sensation que *einai gar kai entautha theous*, « les dieux sont présents ici aussi » au niveau de la vie indigente et du besoin « vital », au niveau de ce qui constitue le séjour habituel de l'homme dans le monde[2]. On peut alors entendre d'une manière nouvelle ce que dit le fragment 119 : « Le séjour (accoutumé) est pour l'homme le domaine ouvert à la présence du dieu (de l'insolite) »[3]. C'est donc cet ordre du *besoin*, de la *Dürftigkeit des Lebens* qui est ouvert, par ce que l'on pourrait appeler une blessure originaire – par l'entame ou la déchirure la plus intime, *der innigste Riss*, qui est aussi die *offene Stelle*, le lieu ouvert[4] –, à l'altérité constitutive de l'être-homme, qui empêche la vie humaine de jouir purement d'elle-même et qui la définit comme non-vie, comme ek-sistence. L'« exclusion » de la vie, comme base de la compréhension de l'être de l'homme, au profit de l'existence, c'est ce qui est en effet requis par ce qui caractérise en propre l'être de l'homme, à savoir cette ouverture à ce qui est autre, à l'*Ungeheuer* dans le *Geheuer*, à l'insolite dans l'accoutumé, l'ouverture de l'éthique au sens originel du terme. C'est ce qui permet à Heidegger de conclure : « Si donc, conformément au sens fondamental du mot *èthos*, le terme d'éthique doit

devas et le latin *deus*, et *daimon*, dont l'étymologie est incertaine, et qui se rattache peut-être à *daizo*, séparer, déchirer, partager.

1. Rappelons qu'il y a en grec, à côté du mot *èthos* qui signifie séjour habituel, lieux familiers, demeure, puis par extension manière d'être habituel, caractère, coutume, usage, le mot *ethos* qui a le sens de coutume, habitude, usage, les deux mots étant de même origine. L'adverbe *ethei*, selon l'usage, s'oppose à *phusei*, selon la nature. Il a donc le même sens que le latin *mos* (usage, coutume, caractère, manière d'agir). Du point de vue étymologique, le mot *ethos* vient, par jeu de contraction, de la racine indœuropéenne **sva* (le sanscrit *sva* signifiant son, le sien, propre, personnel), que l'on retrouve dans le latin *suesco*, avoir l'habitude de, et qui signifie « ce qui est propre à quelqu'un », d'où les mots *se*, *sui*, en latin et les termes *sich* (soi), *Sitte* (mœurs) en allemand. L'*èthos* c'est donc au sens strict la disposition d'un être en tant qu'il garde sa propre manière d'être.

2. M. Heidegger, *Lettre sur l'humanisme*, p. 149.

3. *Ibid.*, p. 151.

4. M. Heidegger, *Beiträge zur Philosophie*, § 281, p. 510. Il est ici question du langage, en tant que fondement du *Da-sein*, et originelle déshumanisation (*Entmenschung*) de l'homme en tant qu'être vivant subsistant et sujet.

indiquer que celle-ci pense le séjour de l'homme, alors cette pensée qui pense la vérité de l'être comme l'élément initial de l'homme en tant qu'eksistant est déjà en elle-même l'éthique originelle »[1].

Il n'y a donc nul conflit entre l'ontologie et l'éthique pour Heidegger, car il s'agit là de deux noms de disciplines qui font partie de la définition scolaire de la philosophie, celle qui fait son apparition avec Platon et Aristote, et qui signe selon lui « la ruine de la pensée », du fait qu'elle l'identifie à la science *(epistèmè)*[2], et qu'elle ne la définit comme *theôria* que pour sauvegarder son autonomie à l'intérieur d'une interprétation technique de la pensée, qui met celle-ci « au service du faire et du produire »[3]. Ce qui advient au moment où la pensée se fait philosophie, c'est l'opposition de la *theôria* et de la *praxis*, c'est-à-dire de la contemplation du tout de l'univers, la *phusikè*, et de la science de l'action, l'*ethikè*, deux disciplines auxquelles il faut ajouter la *logikè* qui est la science de la pensée théorique, c'est-à-dire cette science qui assure à la *theôria* son autonomie à l'égard de l'action. Si maintenant on se situe en amont de cette définition tripartite de la philosophie, on découvre que les premiers penseurs, ceux que l'on nomme présocratiques, ne distinguaient pas la théorie de la pratique et pensaient la *phusis* non comme pas comme ce qui s'oppose à l'ordre humain, mais comme au contraire ce qui l'englobe, lui donnant ainsi une « profondeur et une amplitude dont aucune "physique" postérieure n'a plus jamais été capable »[4]. C'est à partir de là que l'on peut comprendre que le séjour humain puisse être ouvert, comme le dit Héraclite, au non humain ou au plus qu'humain. C'est là la détermination de l'*èthos* au sens originel du terme, que l'homme ne puisse pas se refermer sur lui-même comme sur une sphère séparée, comme le voudront les sophistes et après eux l'ensemble de la tradition dite « humaniste ». L'homme présocratique est au contraire en rapport constant avec le divin, et c'est précisément de ce rapport dont il est encore question dans la tragédie grecque, qui met en scène l'être humain aux prises avec cette force surhumaine qu'est le destin. C'est ce qui explique que Heidegger puisse affirmer que les tragédies de Sophocle « abritent plus originellement l'*èthos* dans leur dire que les leçons d'Aristote sur l'"éthique" »[5].

Le séjour humain, loin de constituer une sphère fermée au sein de l'univers, est donc au contraire en lui-même l'ouverture même du monde.

1. M. Heidegger, *Lettre sur l'humanisme*, p. 151.
2. *Ibid.*, p. 143.
3. *Ibid.*, p. 31.
4. *Ibid.*, p. 143.
5. *Ibid.*, p. 145.

C'est ce qui explique que la pensée de l'être, qui constitue l'élément originel de l'existence humaine, dans la mesure où l'être humain ne peut penser sa propre existence sans penser en même temps l'être de tout ce qui est, est en elle-même l'éthique originelle : ni une partie de la philosophie, ni sa source fondamentale, l'éthique n'est autre que la pensée elle-même en exercice, la simple *expérience de la pensée*.

TROISIÈME PARTIE

UNE AUTRE PENSÉE DU DIVIN, DU NÉANT ET DE L'ÊTRE

THÉOLOGIE ET PHILOSOPHIE

> Or nous voyons ici la philosophie placée dans une situation critique : il faut qu'elle trouve une position ferme sans avoir, ni dans le ciel ni sur la terre, de point d'attache ou de point d'appui. Il faut que la philosophie manifeste ici sa pureté, en se faisant la gardienne de ses propres lois, au lieu d'être le héraut de celles que lui suggère un sens inné ou je ne sais quelle nature tutélaire.
>
> Kant, *Fondements de la métaphysique des mœurs.*

Sous ce titre, très vaste, et qui renvoie à une déjà immense littérature, il ne s'agit ici ni de proposer une synthèse des rapports de Heidegger et de la théologie tout au long de son « chemin de pensée », ni même de privilégier telle ou telle période, par exemple celle du dialogue avec une théologie chrétienne renouvelée pendant les années de Marburg, dont on sait qu'elles furent marquées par un travail en commun avec Bultmann, ou encore celle de la *Kehre*, qui voit la réintroduction de la dimension du divin dans une pensée jusqu'alors définie comme rigoureusement philosophique, c'est-à-dire fondée sur un athéisme de principe. Il s'agira plutôt de tenter de dégager quelques jalons, en s'en tenant strictement aux énoncés, relatifs à la théologie, de Heidegger lui-même, lesquels sont suffisamment nombreux et suffisamment précis pour nous permettre d'éclaircir quelque peu la nature de son rapport à une théologie dont il faut tout de suite souligner qu'elle est essentiellement double, théologie chrétienne et théologie philosophique, et qu'elle renvoie aux deux dimensions antagonistes de la foi et de la métaphysique.

Prenons comme point de départ un énoncé très souvent cité dans les travaux traitant du rapport de Heidegger à la théologie et qui semble en effet incontournable : c'est, dans *Acheminement vers la parole*, sa fameuse déclaration au cours d'un entretien datant de 1953 avec le professeur

Tezuka qui l'interroge sur la genèse de sa pensée et auquel il rappelle qu'il a commencé par l'étude de la théologie : « Sans cette provenance théologique, je ne serais jamais arrivé sur le chemin de la pensée. Provenance est toujours avenir »[1]. C'est aussi dans le même entretien que Heidegger cite, à propos de la permanence d'un bout à l'autre de son chemin de pensée de l'unique question de l'être, ce vers de Hölderlin, tiré de l'hymne *Le Rhin*, qui dit : « *Denn / wie du anfiengst wirst du bleiben* » – « Car / tout comme tu commenças, tu vas rester ». On pourrait certes s'autoriser de ces textes pour régler d'emblée la question et, en se souvenant de ce que Nietzsche dit de la philosophie allemande dans *L'Antéchrist*, à savoir qu'elle n'est qu'une « théologie insidieuse », *eine hinterlistige Theologie*[2], et considérer, comme le fait un élève de Heidegger, Karl Löwith, que celui-ci est un « théologien sans dieu, dont l'ontologie fondamentale est issue de la théologie »[3], en bref un « cryptothéologien ». S'il semble essentiel de commencer par préciser la provenance théologique du penseur Heidegger et les liens que le jeune Heidegger a entretenu avec le christianisme, ce que nous pouvons d'autant mieux faire aujourd'hui, à la suite de travaux récents, en particulier ceux de Hugo Ott[4], il paraît également nécessaire, avant toute tentative d'interprétation globale, de laisser la parole à Heidegger lui-même et de faire effort pour comprendre son propre point de vue quant aux rapports qu'entretient et que peut entretenir selon lui la pensée, et singulièrement la sienne, avec la double figure de la théologie.

Sans doute est-il indispensable de rappeler d'abord quelques données de la biographie de Heidegger. Nous savons que Heidegger est né à Messkirch dans une région profondément catholique et marquée par la lutte entre catholiques et vieux-catholiques[5], que son père est artisan et sacristain, et qu'après être passé de la *Realschule* de Messkirch au lycée de Constance, grâce à la protection de Konrad Gröber, supérieur du foyer

1. M. Heidegger, *Acheminement vers la parole*, trad. fr. F. Fédier, Paris, Gallimard, 1976, p. 95.

2. *Cf.* F. Nietzsche, *L'Antéchrist*, Paris, UGE, 10/18, 1967, § 10, p. 18 : « Entre Allemands, on saisit sur le champ quand je dis que la philosophie est corrompue par le sang théologien. Le pasteur protestant est le grand-père de la philosophie allemande et le protestantisme son *peccatum originale*. Définition du protestantisme : hémiplégie du christianisme – *et* de la raison … Il ne faut que prononcer le mot "Tübinger Stift" pour saisir, au fond, ce qu'est la philosophie allemande : une théologie *captieuse*. »

3. *Cf.* K. Löwit, *Ma vie en Allemagne avant et après 1933*, Hachette, Paris, 1988, p. 47.

4. Dans son essai de biographie récemment traduit en français (*Martin Heidegger, Unterwegs zur seiner Biographie*, Frankfurt am Main, Campus, 1988), Hugo Ott a mis l'accent sur les rapports de Heidegger et du catholicisme.

5. Les Vieux-catholiques, issus de la Bavière, refusent le dogme de l'infaillibilité pontificale du Concile de 1770.

catholique St Conrad où Heidegger est pensionnaire, il termine ses études secondaires à Fribourg en tant que boursier. La bourse Eliner qu'il a obtenu (du nom d'un professeur de théologie et recteur de l'université de Fribourg du XVIe siècle) permet à des jeunes gens de Messkirch d'étudier la théologie à Fribourg et c'est ainsi que Heidegger se destine à cette époque à la prêtrise : après son *Abitur*, Heidegger entre au noviciat de la société de Jésus à Tisis le 30 septembre 1909 (il a tout juste vingt ans), pour en ressortir il est vrai treize jours plus tard, à cause apparemment d'une constitution physique insuffisante[1], et c'est à l'Université de Fribourg qu'il commence alors ses études de théologie, études qu'il interrompra en 1911, à nouveau pour raisons de santé[2]. C'est avec une bourse de l'Université de Fribourg qu'il entreprendra alors des études de mathématiques, physique, chimie et philosophie et c'est en juin 1913 qu'il obtient son doctorat en philosophie avec une Dissertation sur « La doctrine du jugement dans le psychologisme » d'inspiration déjà très nettement husserlienne.

C'est pourtant à un penseur médiéval, Duns Scot, qu'il consacre sa thèse d'habilitation soutenue en 1915, et c'est en 1917 que Husserl, qui est arrivé en mai 1916 à Fribourg et qui a aidé Heidegger à publier sa thèse, est amené à répondre à une demande d'information de Natorp au sujet de Heidegger, alors mobilisé, auquel Natorp pense pour un poste de professeur d'histoire de la philosophie médiévale à Marbourg. Husserl lui apprend que Heidegger avait été pressenti pour la chaire de philosophie catholique de Fribourg et que l'historien Finke lui a apporté son support en tant que candidat approprié « *in konfessionneller Hinsicht* », du point de vue confessionnel[3]. La lettre de Husserl, qui n'a rien de spécial à dire sur Heidegger à cette époque, ne l'aide évidemment pas à obtenir ce poste. Mais un an et demi plus tard, une seconde demande d'information venant de Marbourg est adressée à Husserl, cette fois par le théologien protestant Rudolf Otto, au sujet d'un certain Heinrich Ochsner, et dans sa réponse datée du 5 Mars 1919, Husserl profite de l'occasion pour mentionner le nom de Heidegger. Il faut citer quelques extraits de cette lettre, publiée dans *Das Mass der Verborgenen*, ouvrage consacré à la mémoire de Heinrich Ochsner paru en 1981, parce qu'elle fournit un aperçu intéressant sur ce qu'est alors le rapport de Heidegger à la religion. Après avoir indiqué que

1. *Cf.* H. Ott, *Martin Heidegger, Unterwegs zur seiner Biographie*, *op. cit.*, p. 59.

2. *Ibid.*, p. 67 *sq.* On ne peut s'empêcher de penser que les malaises cardiaques d'origine nerveuse dont souffre alors Heidegger ont un lien tout à fait déterminé avec ses études de théologie en tant qu'elles auraient dû normalement déboucher sur le sacerdoce.

3. *Cf.* T. Sheehan, « Heidegger's "Introduction to the Phenomenology of Religion, 1920-1921" », in *The Personalist*, LX, 3, 1979, p. 313.

H. Ochsner, comme son ami plus âgé, M. Heidegger (Ochsner a deux ans de moins) est un élève de Rickert et que tous deux, « non sans résistance intérieure », ont fini par se rapprocher de lui, Husserl ajoute : « Tous deux sont des personnalités d'orientation réellement reli-gieuse : chez Heidegger, c'est l'intérêt philosophique théorique qui l'em-porte, chez Ochsner, l'intérêt religieux ». Et un peu plus loin il précise : « Mon influence philosophique a quelque chose de curieusement révolutionnaire : les protestants deviennent catholiques, les catholiques protestants [...] Dans l'archicatholique Fribourg, je ne veux pas me poser en séducteur de la jeunesse, en prosélyte, en ennemi de l'église catholique. Cela, je ne le suis pas. Je n'ai pas exercé la moindre influence sur le passage de Heidegger et de Ochsner au protestantisme, bien que cela ne puisse que m'être très agréable en tant que "protestant non dogmatique" et chrétien libre (si peut se nommer ainsi celui qui sous ces termes entend un but idéal d'aspiration religieuse et le comprend pour lui-même au sens d'une tâche infinie). Au reste, j'exerce volontiers une influence sur tous les hommes sincères, qu'ils soient catholiques, protestants ou juifs. »[1]. Ce qui ressort de cette lettre, c'est que les convictions religieuses de Heidegger ont subi de 1916 à 1919 une profonde transformation qui l'a conduit à se rapprocher du protestantisme, ce qui n'est sans doute pas sans rapport avec son mariage avec Elfride Petri, de confession protestante, en mai 1917. Une nouvelle lettre de Husserl adressée à Natorp et datée du 11 février 1920 est fort explicite à cet égard. Husserl y exprime ses regrets d'avoir caractérisé Heidegger, en 1917, dans sa première lettre, comme un « philosophe catholique » alors que celui-ci s'était déjà, sans qu'il en eût connaissance, libéré du catholicisme dogmatique et il fait maintenant de son élève un éloge dithyrambique[2]. Heidegger se considère en effet encore à cette époque comme un « théologien chrétien », comme il le déclare à Karl Löwith dans une lettre datée du 19 août 1921[3].

En cette même période, Heidegger consacre un cours à l'*Introduction à la phénoménologie de la religion* (semestre d'hiver 1920-21) et un autre à *St Augustin et le néo-platonisme* (semestre d'été 1921) et dans ces deux cours le rapport entre la réflexion théologique et la problématique de

1. *Das Mass der Verborgenen, Heinrich Ochsner zum Gedächtnis*, Hannover, Charis, 1981, p. 156-8.

2. *Cf.* Sheehan, « Heidegger's "Introduction to the Phenomenology of religion, 1920-1921" », *op. cit.*, p. 314.

3. *Cf.* Th.. Kisiel, « War der frühe Heidegger tatsächlich ein ‚christichler Theologe'? », in *Philosophie und Poesie : O. Pöggeler zum 60. Geburtstag*, éd. A. Gethmann-Siefert, Stuttgart, Frommann-Holzboog, 1988, p. 59 *sq.*

l'historicité que commence alors à développer Heidegger se trouvent particulièrement bien mis en évidence[1]. Ce que Heidegger développe dans le cours sur l'*Introduction à la phénoménologie de la religion*, c'est une phénoménologie de l'expérience de la *faktische Leben*, de la vie dans sa facticité, et c'est dans ce contexte qu'il est amené à commenter les épîtres de Saint Paul, en particulier sa première épître aux Thessaloniciens. Sans entrer dans le détail de l'analyse de Heidegger, on peut dégager la thèse qui semble diriger toute cette interprétation : avec l'expérience chrétienne, qui est celle de la vie dans sa facticité, on a affaire à une nouvelle conception de l'eschatologie qui n'a plus rien à voir avec les notions irano-babylonienne et juive de l'eschatologie, au sens où la relation chrétienne authentique à la *parousia*, à cette seconde venue en présence du Christ qui manifeste la fin des temps, n'est pas l'attente *(Erwartung)* d'un événement futur, mais l'éveil *(Wachsamsein)* à l'imminence de cette venue. C'est en ce sens qu'il faut comprendre le début du chapitre V de *Thessaloniciens I* : « Quand aux temps *(chronoi)* et aux moments *(kairoi)*, vous n'avez pas besoin, frères, qu'on vous écrive là-dessus. Car vous-mêmes vous savez exactement que le jour du Seigneur vient comme le voleur la nuit ». La question du « quand » ne renvoie pas à un temps objectif, au temps du monde, mais à un savoir déjà possédé de l'authentique relation à soi-même en tant que temporalité, savoir par lequel le chrétien devient ce qu'il est déjà « en fait ». Avoir un rapport à la parousie signifie être *présentement* en éveil dans une constante et essentielle incertitude, ce qui implique que la signification paulinienne de l'eschatologie, d'attente d'un événement futur, s'est transformée en un rapport d'accomplissement avec Dieu, *ein Vollzugzusammenhang mit God*, l'imminence de la parousie renvoyant à la *modalité e*ssentielle de la vie dans la facticité, l'incertitude. L'expérience chrétienne n'est donc rien d'autre que cette endurance de l'incertitude de l'avenir à partir de laquelle le chrétien devient ce qu'il est et à partir de laquelle aussi la signification de Dieu peut être déterminée. Pour Heidegger, c'est cette expérience fondamentale de la temporalité que Luther a compris et c'est pour cette raison qu'il s'est opposé si violemment à la philosophie d'Aristote. L'expérience chrétienne est en effet

1. *Cf.* M. Heidegger, *Phänomenologie des religiösen Lebens*, Frankfurt am Main, Klostermann, Gesamtausgabe Band 60, 1995. Ce volume rassemble, en plus des deux cours de 1920-21 et de 1921, les notes préparatoires de Heidegger concernant le cours de 1918-1919 sur « Les fondements philosophiques de la mystique médiévale » qu'il ne fit pas. Sur le premier de ses cours, voir J. Barash, « Les sciences de l'histoire et le problème de la théologie : Autour du cours inédit de Heidegger sur Saint Augustin », in *St Augustin*, Lausanne, L'Age d'Homme, 1988.

essentiellement expérience de la vie dans sa facticité, c'est-à-dire d'une vie qui ne prend pas de distance théorique à l'égard d'elle-même mais qui se comprend en demeurant à l'intérieur de son propre accomplissement. Parce qu'elle ne tente pas de donner de l'existence une représentation objective au moyen de repères chronologiques et de contenus calculables, elle demeure livrée à l'indétermination de l'avenir et au caractère non maîtrisable du temps, et *c'est essentiellement à partir de celui-ci que Dieu peut acquérir une signification*. C'est ce rapport d'accomplissement non objectivable avec le temps que Heidegger, reprenant un terme que Dilthey lui-même doit à Yorck von Wartenburg, nommera dès 1924 *Geschichtlichkeit*, historialité[1]. De Dilthey, Heidegger retient en effet l'idée que la vie se comprend à partir d'elle-même, qu'elle a une structure herméneutique et il intitulera précisément son dernier cours de Fribourg du semestre d'été 1923 « Herméneutique de la facticité »[2].

C'est pourtant dans la période qui suit immédiatement ce cours sur l'*Introduction à la phénoménologie de la religion* que Heidegger est amené à distinguer radicalement la philosophie de la théologie. Nous trouvons d'abord dans un appendice à son cours du semestre d'hiver 1921-22 consacré aux *Interprétations phénoménologiques relatives à Aristote* cette phrase lapidaire : « La philosophie *elle-même* en tant que telle est athée, lorsqu'elle se comprend de manière radicale; cf. le concept de vie »[3], qui nous laisse penser qu'une vie qui se comprend elle-même dans sa facticité peut faire l'économie du concept de Dieu, puisque nous avons déjà vu apparaître l'idée que Dieu ne prend lui-même sens qu'à partir d'une expérience originaire de la temporalité. Cette idée se voit reprise et développée dans un manuscrit récemment redécouvert, celui du fameux « Rapport pour Natorp », daté d'octobre 1922, qui a servi permis la nomination de Heidegger à Marbourg et qui a été republié en 1989 dans le *Dilthey Jahrbuch*. Ce texte que Gadamer, qui avait pu le lire dès 1922, nomme «*Heideggers "theologische" Jugendschrift*», par analogie avec le titre

1. M. Heidegger, *Der Begriff der Zeit* (Vortrag vor der Marburger Theologenschaft, Juli 1924) Tübingen, Niemeyer, 1989, p. 24 *sq*. *Cf.* M. Heidegger, *Sein und Zeit*, Tübingen, Niemeyer, 1963, § 77, p. 397 *sq*.

2. *Cf.* M. Heidegger, *Ontologie (Hermeneutik der Faktizität)* Gesamtausgabe Band 63, Frankfurt am Main, Klostermann, 1988.

3. *Cf.* M. Heidegger, *Phänomenlogische Interpretationen zu Aristoteles. Einführung in die phänomenologische Forschung*, Gesamtausgabe Band 61, Frankfurt am Main, Klostermann, 1988, p. 199.

donné aux écrits de jeunesse de Hegel redécouverts par Dilthey au début du XXe siècle[1], mérite au moins ce titre (Gadamer met, il est vrai, des guillemets à « *theologische* ») du fait que, s'agissant d'un texte de portée surtout méthodologique et qui se présente comme une introduction à un livre projeté portant sur Aristote, il contient une véritable déclaration d'indépendance de la philosophie par rapport à toutes questions théologiques. La philosophie s'y voit en effet définie comme questionnement et recherche qui a pour objet la vie dans sa facticité en tant qu'elle se comprend elle-même à partir de ses propres possibilités de fait, ce qui implique que *die Philosophie ist grundsätzlich atheistisch*, « la philosophie est par principe athée ». Et Heidegger ajoute en note qu'il ne s'agit pas d'un athéisme au sens théorique, d'un matérialisme par exemple, mais qu'athée signifie ici le fait de se dégager de la préoccupation tentante de débattre de la religiosité et il laisse entendre que l'idée d'une philosophie de la religion, surtout si elle ne prend pas en compte la facticité de l'homme, est une pure absurdité[2]. Cette déclaration d'athéisme sera réitérée dans le cours du semestre d'été 1925 consacré aux *Prolégomènes à l'histoire du concept de temps* où il est dit que « La recherche philosophique est et demeure athéisme, c'est pourquoi elle peut se permettre "la présomption de la pensée" et non seulement elle peut se la permettre, mais celle-ci est la nécessité interne et la force proprement dite de la philosophie et c'est précisément dans cet athéisme qu'elle devient, comme un grand penseur l'a dit, un "gai savoir" »[3]. L'allusion à Nietzsche est ici sans ambiguïté et ne laisse aucun doute sur le changement de cap effectué par Heidegger au début des années vingt : il s'agit de prendre pleinement la mesure de la *radicalité* du questionnement philosophique et du fait que, comme il le

1. *Cf. Hegels Theologische Jugendschriften*, Tübingen, 1907. L'éditeur, Hermann Nohl, était un élève de Dilthey.

2. *Cf.* M. Heidegger, *Phänomenologische Interpretationen zu Aristoteles*, in *Dilthey Jahrbuch* 6, 1989, p. 246 ; republication et traduction française par J.-F. Courtine, *Interprétations phénoménologiques d'Aristote*, édition bilingue, Mauvezin, T.E.R., 1992, p. 53, note 2 : « Athée, non pas au sens d'une quelconque théorie, comme le matérialisme. Toute philosophie qui se comprend elle-même en ce qu'elle est, doit nécessairement, en tant que modalité facticielle de l'explicitation de la vie, savoir – et cela précisément quand elle a encore quelque "pressentiment" de Dieu – que l'arrachement par lequel elle reconduit la vie à elle-même est, en termes religieux, une façon de se de se déclarer contre Dieu. Mais c'est par là seulement qu'elle demeure loyale devant Dieu, c'est-à-dire à la hauteur de la seule possibilité dont elle dispose ; athée signifie donc ici délivré de toute préoccupation et de la tentation de simplement parler de religiosité. L'idée même de philosophie de la religion, surtout si elle ne fait pas entrer en ligne de compte la facticité de l'homme, n'est-elle pas un pur non-sens ? »

3. M. Heidegger, *Prolegomena zur Geschichte des Zeitbegriffs*, (Ga 20), Frankfurt am Main, Klostermann, 1979, .p. 109-110.

rappellera au début de *Sein und Zeit*, en citant le *Sophiste* de Platon, le premier pas du point de vue philosophique consiste à ne pas *mython tina diègeisthai*, à ne pas raconter d'histoire, c'est-à-dire à ne pas déterminer l'étant en tant qu'étant dans sa provenance par reconduction à un autre étant, comme si l'être avait le caractère d'un possible étant [1]. Geste, comme l'a bien montré Gérard Granel, réitéré par Kant au seuil de la philosophie moderne lorsque, dans sa lettre à Marcus Herz du 21 février 1772, il dénonce le *Deus ex machina*, c'est-à-dire l'hypothèse divine invoquée par la tradition, comme une hypothèse absurde et montre que la philosophie transcendantale doit s'opposer à la forme théologique que prend la métaphysique dogmatique précisément parce que le lien originel entre l'esprit et les choses, une fois confié à Dieu, ne fait plus question [2]. Ce qui est ainsi nettement délimité, c'est la spécificité de la foi par rapport à une tout autre forme de piété, celle spécifique à la pensée qui est le questionnement. C'est en effet ce qu'affirmait Heidegger en 1953 dans sa conférence sur « La question de la technique » qui se terminait sur ces mots : « L'interrogation est la piété de la pensée » [3]. Lorsque, dans une des conférences qu'il consacre en 1957 au « Déploiement de la parole », Heidegger revient sur cet énoncé, il souligne que le mot *fromm* (pieux) est entendu ici en son sens ancien de *fügsam*, docile : « docile, précisément ici à ce que la pensée a à penser » [4]. C'est ce qui l'incite à déclarer maintenant que « le geste proprement dit *(eigentliche)* de la pensée ne peut être le questionnement », car celui-ci naît non pas de l'initiative propre du questionnant, mais de cette *Frömmigkeit* de la pensée qu'il faut comprendre à la fois comme la docilité et le courage (*fromm* a aussi ce sens [5]) de l'écoute de ce qui se dit à lui *(Hören der Zusage)*. Il y a donc aussi une « piété » de la pensée qui l'apparente à la foi, comme l'indique le terme même de *Zusage* que le traducteur de *Unterwegs* n'hésite pas à traduire par « fiance » [6]. C'est cette « piété » de la pensée, que Heidegger a aussi comprise comme sa « *Vorlaüfigkeit* », son caractère à la fois provisoire et avant-coureur, qui constitue, explique-t-il dans la *Lettre sur l'Humanisme*, sa « pauvreté » par rapport à la pensée

1. SZ, § 2, p. 6.

2. *Cf.* G. Granel, *L'équivoque ontologique de la pensée kantienne*, Paris, Gallimard, 1970, p. 60.

3. M. Heidegger, *Essais et conférences*, Paris, Gallimard, 1958, p. 48.

4. M. Heidegger, *Acheminement vers la parole*, trad. fr. F. Fédier, Paris, Gallimard, 1976, p. 159.

5. C'est ce qui explique que le traducteur ait ici choisi de traduire *Frömmigkeit* par « prouesse » et *fromm* par « preux ».

6. *Ibid.* p. 164 (note 4).

philosophique[1], puisqu'elle n'est plus alors en position de maîtrise et en voie vers le « savoir absolu », mais au contraire liée à ce qui lui vient, à l'être comme venue, qui s'est lui-même déjà destiné à la pensée[2]. Heidegger affirme dans ce même texte que l'être est ce qu'il est *(Es selbst)*, qu'il n'est ni Dieu, ni un fondement du monde, ni rien d'étant, mais le plus proche *(das Nächste)*[3]. Ce qu'il s'agit donc alors pour la pensée de penser, à la différence de ce qui (n')est (que) foi, c'est la *radicalité* de sa finitude qui l'expose à la pure venue elle-même, à l'être comme temps, à un destin *(Geschick)* sans auteur. C'est cette radicalité d'un rapport à la proximité non étante de ce qui arrive et dont le nom sera plus tard *Ereignis* que le jeune Heidegger a découvert dans l'expérience chrétienne et dans sa nouvelle « eschatologie ».

C'est donc le souci de distinguer radicalement la dimension de la foi de celle de la pensée philosophique qui va conduire Heidegger dans les années passées à Marbourg à un dialogue avec la théologie dialectique et, en particulier, avec Rudolf Bultmann qui voit dans la vie et non pas dans la doctrine l'objet même de la théologie tel qu'il se révèle dans l'Écriture. Heidegger participera même au séminaire que celui-ci consacre pendant le semestre d'hiver 1923-24 à l'éthique de St Paul *(Ethik zu Paulus)*. Dans son cours du semestre d'été 1925[4] comme dans l'Introduction à *Sein und Zeit*[5], il fera allusion à la crise que traverse la théologie qui est à la recherche d'une explicitation plus originelle du rapport de l'être de l'homme à Dieu que celle que propose la dogmatique qui repose sur un fondement philosophique dont l'appareil conceptuel « recouvre et défigure » la problématique théologique et qui a posé à l'envers la question du rapport de l'homme à Dieu, question qu'il s'agit, comme l'avait compris Luther, de poser à partir de la foi elle-même. Et c'est précisément à Rudolf Bultmann, qui, par l'antithèse qu'il instaure entre *Lehre und Leben*, doctrine et vie[6], a profondément renouvelé la théologie en l'installant sur le seul terrain de la foi, que Heidegger dédiera le texte de sa conférence qu'il prononça à Tübingen en 1927 et à Marbourg en 1928 sous le titre « Phénoménologie et Théologie ». Il est nécessaire de rappeler les lignes directrices de ce texte

1. M. Heidegger, *Lettre sur l'humanisme*, trad.fr. R. Munier, Paris, Aubier Montaigne, 1964, p. 173.

2. *Ibid.*, p. 169.

3. *Ibid.*, p. 77.

4. Ga 20, p. 6.

5. SZ, § 3, p. 10.

6. *Cf.* B. Trocholepczy, *Rechtfertigung und Seinsfrage, Anknüpfung und Widerspruch in der Heidegger-Rezeption Bultmanns*, Freiburg, Herder, 1991, p. 19 *sq.*

bien connu, mais qui n'en demeure pas moins incontournable pour une position correcte du problème des rapports de la philosophie et de la théologie.

La thèse de Heidegger dans cette conférence est la suivante : « La théologie est une science positive et comme telle, elle est par conséquent absolument différente de la philosophie » [1]. Selon Heidegger, qui s'oppose ainsi à la vision commune des choses, ces deux sciences ne diffèrent pas seulement par le point de vue par lequel elles appréhenderaient le même objet, l'une par la foi, l'autre par la raison, mais elles diffèrent absolument et cette différence absolue provient de ce que la théologie, comme la chimie ou les mathématiques, se réfère à un *positum* qui est dévoilé de manière préscientifique alors que la philosophie, elle et elle seule, est une science sans présupposé. Il s'agit donc de déterminer ce qui constitue la positivité spécifique de la théologie. Ce n'est pas, comme on aurait pu s'y attendre, le christianisme *(Christentum)*, car non seulement la théologie appartient elle-même à l'histoire du christianisme, mais en outre elle est la connaissance de ce qui fait du christianisme un événement originellement historique, à savoir la christianité *(Christlichkeit)*, et c'est celle-ci qui est le véritable positum de la théologie. Or la christianité est définie essentiellement par la foi *(Glauben)*, c'est-à-dire un mode d'existence qui *ne* vient *pas* du *Dasein* et qui *n'*est *pas* temporalisé librement *par* lui, mais qui résulte de ce qui est cru, c'est-à-dire de l'étant qui, comme révélation, produit initialement la foi et qui est, pour la foi chrétienne, le Christ, le dieu crucifié. Cette révélation n'a rien à voir avec une transmission de connaissances concernant des événements objectivement réels, mais elle a le sens d'une participation qui ne peut jamais être donnée que par la foi. La foi accomplit donc une transposition de l'existence qui est ainsi portée devant Dieu et arrachée à toute possibilité de constatation théorique. C'est pourquoi le sens proprement existentiel de la foi est la renaissance comme mode de participation à l'histoire qui s'amorce avec l'événement de la révélation et qui ne se révèle donc qu'à la foi. Heidegger cite à ce propos Luther qui oppose la volonté de savoir à la foi qui « consiste à se livrer à l'emprise des choses que nous ne voyons pas » [2]. La foi constitue donc l'événement chrétien lui-même et la théologie consiste dans la thématisation de la foi et de ce qui est dévoilé avec elle, c'est-à-dire de la révélation. Or la foi fait elle-même partie du thème et c'est elle qui s'impose à elle-

1. M. Heidegger, *Phänomenologie und Theologie*, Frankfurt am Main, Klostermann, 1970, p. 15; trad. fr. « Théologie et philosophie », *Débat sur le kantisme et la philosophie* (Davos, mars 1929), Paris, Beauchesne, 1972, p. 103.

2. *Ibid.*, p. 19; trad.fr. p. 107.

même l'interprétation conceptuelle, ce qui implique que la théologie ne trouve pas sa nécessité au niveau d'un système rationnel des sciences, mais uniquement en tant qu'elle s'insère dans la foi. La théologie doit donc être définie comme la science de la foi, elle est l'autointerprétation de l'existence croyante et en tant que telle, science historico-pratique. Elle ne se confond pas en effet avec la connaissance spéculative de Dieu, mais elle n'est pas davantage la science de l'expérience religieuse humaine. Toutes ces définitions de la théologie comme science de Dieu, science de la relation de l'homme à Dieu, philosophie de la religion, sont tirées de la comparaison avec les sciences non théologiques et non pas de la considération de son *positum* propre, la fidéité, et des limites de celle-ci. En tant que fondée sur et par la foi, la théologie est une science ontique parfaitement autonome.

Jusque-là Heidegger s'est attaché à montrer la spécificité de la foi dans sa différence absolue avec la pensée. Il s'agit maintenant de traiter des rapports de la théologie ainsi comprise avec la philosophie. Or ce rapport est asymétrique : si la science de la foi a besoin de la philosophie, cette dernière n'a nul besoin en elle-même de la théologie. Certes la science de la foi n'a pas besoin de la philosophie pour fonder sa positivité, à savoir la christianité, qui se fonde elle-même, mais elle en a besoin en ce qui concerne sa scientificité, au niveau donc des concepts qu'elle utilise. Toute interprétation ontique en effet se meut sur un fondement ontologique inaperçu et tout étant « positif » ne se dévoile que grâce à une compréhension préalable de son être, bien que celle-ci ne soit pas conceptuelle. Mais n'en va-t-il pas autrement des concepts fondamentaux de la théologie dans la mesure où ceux-ci ne peuvent être constitués que par la foi ? La question est donc celle-ci : « Les concepts théologiques fondamentaux n'échappent-ils pas précisément tout à fait à une réflexion philosophique ? » [1], ce qui constituerait la théologie en science positive tout à fait singulière. Or pour Heidegger, si cette singularité ne peut être effacée, cela ne veut pourtant pas dire que la philosophie ne puisse avoir aucune sorte de rapport avec la théologie. Car si la foi est renaissance, cela implique que, par la foi, l'existence précroyante est dépassée *(aufgehoben)*, c'est-à-dire non pas mise à l'écart, mais assumée, maintenue et conservée dans la nouvelle existence. Mais ce qui est surmonté ontico-existentiellement dans la nouvelle existence y demeure inclus ontologico-existentialement, car surmonter signifie non pas écarter, mais disposer de façon nouvelle. Ce qui veut dire en clair que les structures de l'existence, si elles prennent un contenu nouveau dans la foi, ne perdent cependant pas leur

1. *Ibid.*, p. 28 ; trad. fr. p. 116.

vertu structurante fondamentale : « Tous les concepts théologiques renferment nécessairement en eux la compréhension de l'être que le *Dasein* humain comme tel a de lui-même dans la mesure simplement où il existe »[1]. C'est parce que l'existence préchrétienne et l'existence chrétienne sont du point de vue existential formel une seule et même existence que par exemple le péché, phénomène existentiel opposé à la foi comme renaissance, peut être expliqué du point de vue théologique à partir du concept de faute *(Schuld)* qui constitue un existential du *Dasein.* Cela ne signifie pourtant pas que la philosophie tienne en laisse la théologie car le concept de péché n'est nullement *déduit* de celui de faute, mais ce dernier acquiert en tant que concept théologique une *correction* rendue nécessaire par son contenu ontique pré-chrétien. Et c'est la foi qui donne la direction de cette dérivation qui fait passer au contenu chrétien de ce concept. Heidegger insiste ici sur le fait que cette dérivation n'est pas une construction du concept théologique sur une base existentiale : le domaine ontologique ne donne en effet qu'une indication formelle qui a pour fonction non pas d'enchaîner, mais au contraire de libérer le concept théologique et de le renvoyer à son dévoilement spécifique qui ne peut être donné que par la foi. Ainsi le rôle de la philosophie n'est-il pas fondateur à l'égard de la théologie comme c'est le cas pour toutes les autres sciences positives, mais simplement « correcteur ». Ce rôle de correction, ce n'est pourtant pas la philosophie qui se le donne par elle-même, mais la théologie qui en ressent l'exigence dans la mesure où elle se comprend elle-même comme science. C'est pourquoi Heidegger peut conclure en soulignant l'opposition fondamentale entre ces deux possibilités existentielles que sont la fidéité *(Gläubigkeit)* et la libre prise en charge de soi *(freie Selbstübernahme)* qu'est la philosophie, la foi demeurant l'ennemi mortel de la philosophie du point de vue existentiel, ce qui n'exclut pas mais au contraire inclut leur communauté possible du point de vue scientifique. Aucune médiation n'est donc possible ni dans un sens ni dans l'autre : l'idée même d'une « philosophie chrétienne » est un cercle carré, et il n'y a pas plus de théologie phénoménologique qu'il peut y avoir de mathématique phénoménologique.

On comprend dès lors cette affirmation que l'on trouve dans le cours de 1935, *Introduction à la métaphysique*, et qu'il est nécessaire de citer ici *in extenso* : « Celui, par exemple, pour qui la Bible est révélation divine et vérité divine, possède déjà, avant tout questionner de la question "Pourquoi donc y a-t-il l'étant et non pas plutôt rien ?", la réponse, à savoir : l'étant, s'il

1. *Ibid.*, p. 29 ; trad. fr. p.. 117.

ne s'agit pas de Dieu lui-même, est créé par Dieu. Dieu lui-même, comme créateur incréé, "est". Celui qui se tient sur le terrain d'une telle foi peut certes de quelque manière suivre le questionnement de notre question et y participer, mais il ne peut pas questionner authentiquement sans renoncer à lui-même comme croyant avec toutes les conséquences de cet acte. Il peut seulement faire comme si… Mais d'un autre côté cette foi, si elle ne s'expose pas constamment à la possibilité de tomber dans l'incroyance, n'est pas non plus un croire, mais un "mol oreiller" *(eine Bequemlichkeit)*, et une convention passée avec soi-même de s'en tenir à l'avenir au dogme comme à un n'importe quoi de transmis »[1]. Et un peu plus loin Heidegger conclut : « Ce qui est demandé à proprement parler dans notre question est pour la foi une folie. La philosophie consiste en cette folie ». L'allusion est claire ici à cette parole de St Paul dans la première Épître aux Corinthiens : « Dieu n'a-t-il pas convaincu de folie la sagesse du monde ? ». Heidegger la citera par la suite, dans l'Introduction de 1949 à *Qu'est-ce que la métaphysique ?*, agrémentée de ce commentaire : « Or la sophia *tou kosmou* est ce que, selon I, 22 de la même épître, les *Hellenes zètousin*, ce que cherchent les Grecs. La *protè philosophia* (la philosophie proprement dite), Aristote l'appelle explicitement *zètoumenè*, celle qui est recherchée. La théologie chrétienne se résoudra-t-elle enfin à prendre au sérieux la parole de l'Apôtre et, en conséquence, à considérer la philosophie comme une folie ? »[2]. À cette époque en effet, ce qui fait question pour Heidegger, c'est l'essence onto-théologique de la philosophie proprement dite, qui ne provient pas de l'assomption et de la transformation de la métaphysique grecque par la théologie chrétienne, mais de la manière dont l'étant s'est manifesté en tant qu'étant dès l'origine. C'est donc parce que la métaphysique a une structure onto-théologique et que la théologie surgit du sein même de la philosophie, que la théologie chrétienne a pu s'emparer de la philosophie grecque, en courant ainsi le risque de méconnaître la spécificité de la possibilité existentielle sur laquelle elle-même repose et qui est la foi. À ceux donc qui seraient tentés, comme Löwith, de considérer, en s'appuyant sur Nietzsche, que la philosophie moderne n'est rien d'autre que la sécularisation de la philosophie chrétienne et l'ontologie fondamentale une cryptothéologie, on pourrait répondre, comme le fait Heidegger en 1936 dans son cours sur Schelling, que ce qui est par contre beaucoup plus vrai, c'est que « la théologie chrétienne est la christianisation d'une

1. M. Heidegger, *Einführung in die Metaphysik*, Tübingen, Niemeyer, 1966, p. 5 ; trad. fr. G. Kahn, *Introduction à la métaphysique*, Paris, P.U.F., 1958, p. 14.
2. M. Heidegger, *Questions I*, Paris, Gallimard, 1968, p. 40.

théologie extra-chrétienne » et que « c'est d'ailleurs pour cette raison que la théologie chrétienne a pu être sécularisée à son tour »[1], la théo*logie* n'étant possible que sur fond de philosophie. C'est pourquoi celui qui entreprend le « dépassement *(Überwindung)* de la métaphysique », même compris comme assomption *(Verwindung)* de celle-ci, doit prendre ses distances par rapport à la théologie. C'est ce que Heidegger laisse entendre en 1957, dans « La constitution onto-théologique de la métaphysique », lorsqu'il déclare : « Quiconque a de la théologie, aussi bien de celle de la croyance chrétienne que de celle de la philosophie, une expérience puisée là où elle est pleinement développée, préfère aujourd'hui se taire, dans le domaine de la pensée, au sujet de Dieu »[2]. Pourtant Heidegger lui-même n'a pas complètement fait silence sur Dieu, puisque, après la *Kehre*, la dimension du divin fait sa réapparition. Mais c'est là, semble-t-il, une tout autre perspective qui s'ouvre, non plus théologique, mais proprement *théiologique.*

Comment comprendre en effet qu'au beau milieu des années trente et alors même que l'attitude anticatholique du recteur Heidegger devient de plus en plus patente[3], la dimension du divin fasse sa réapparition dans ses écrits ? Déjà dans le *Discours de rectorat*, où est cité le mot de Nietzsche « Dieu est mort », celui-ci n'est plus présenté comme le représentant d'un athéisme « philosophique », mais au contraire comme « le dernier philosophe allemand qui ait cherché (le) Dieu avec passion »[4]. Il est vrai que Nietzsche lui-même oppose, dans *La généalogie de la la morale*, le Dieu « saint » du christianisme, que la mauvaise conscience invente pour éterniser la culpabilité et la dette, aux dieux de la Grèce qui sont issus de la divinisation et non pas de l'avilissement de l'homme[5], et qu'il affirme

1. M. Heidegger, *Schelling, Le traité de 1809 sur l'essence de la liberté humaine*, trad. fr. J.-F. Courtine, Paris, Gallimard, 1977, p. 95.

2. M. Heidegger, « Identité et Différence », *Questions I*, p. 289 (traduction modifiée).

3. *Cf.* H. Ott, *Martin Heidegger, Unterwegs zur seiner Biographie*, *op. cit*, p. 233 *sq.*

4. M. Heidegger, *L'auto-affirmation de l'université allemande*, trad. fr. G. Granel, édition bilingue, Mauvezin, T.E.R., 1982, p. 12.

5. *Cf.* F. Nietzsche, *La généalogie de la morale*, Livre de Poche, 1990, Deuxième dissertation, § 23 : « En soi la conception des dieux n'entraînent pas nécessairement cette détérioration de l'imagination que nous n'avons pu nous dispenser de reconstituer pour un instant ; il y a des façons plus *nobles* d'utiliser la fiction des dieux que cet auto-crucifiement et cette auto-profanation de l'homme, qui ont été le chef-d'œuvre de l'Europe dans ces derniers millénaires, – pour s'en convaincre il suffit heureusement de jeter les yeux sur les *dieux de la Grèce*, sur ces reflets d'hommes plus nobles et plus souverains chez qui l'*animal*

hautement que « fondamentalement seul le Dieu moral a été surmonté »[1]. L'athéisme de Nietzsche, Heidegger y insiste dans ses cours des années trente, ne signifie nullement l'éradication de la dimension du sacré, mais au contraire son exaltation, par delà son interprétation métaphysique. Voici en effet ce qu'il déclare dans le cours qu'il consacre en 1937 à Nietzsche : « Seule une pensée essoufflée interprétera cette volonté de dé-divinisation de l'étant comme une volonté d'athéisation, alors que la pensée véritablement métaphysique pressent une voie dans l'extrême dé-divinisation, laquelle ne s'octroie pas de subterfuge, ni ne s'obnubile elle-même, une voie, dis-je, dans laquelle seule, si jamais cela était encore une fois possible dans l'histoire de l'homme, les dieux viennent à sa rencontre »[2]. La conférence de 1943, « Le Mot de Nietzsche "Dieu est mort" », dont le contenu repose sur les cours de 1936-40, se termine de la même manière sur cette affirmation : « Pour celui qui sait prêter l'oreille [...], le Forcené est celui qui cherche Dieu en criant après Dieu. Peut-être un penseur a-t-il là réellement crié *de profundis* ? »[3].

Cette nouvelle approche du divin, « par delà le bien et le mal », n'est à vrai dire pas propre au seul Nietzsche : elle suppose au contraire la transformation fondamentale de la figure de Dieu qui advient déjà avec Kant. On pourrait en effet opposer à Nietzsche lui-même que le Dieu proprement « moral », dont la figure se voit profondément détériorée parce qu'elle a été contaminée par l'interprétation morale et confisquée par l'idéalisme, ce n'est nullement le Dieu-postulat kantien, mais au contraire celui qui assume les fonctions de Garant ontologique suprême dans la philosophie d'un Descartes ou d'un Leibniz. Car le Dieu-postulat kantien, s'il demeure bien un dieu de la raison, encore que d'une raison pratique et non théorique, ne trouve cependant de sens qu'à partir de la présence de la loi morale dans la conscience d'un être fini pour lequel elle a nécessairement le sens d'un impératif catégorique. Ce Dieu-là est donc un dieu de la finitude, il n'« apparaît » que sur fond de finitude et peut-être n'est-il en fin

dans l'homme se sentait divinisé et *ne* se déchirait *pas* soi-même, *ne* retournait *pas* sa rage contre soi-même ».

1. *Cf.* F. Nietzsche, *Nachgelassene Fragmente* 1882-1884, Kritische Studien Ausgabe, München-Berlin, dtv/de Gruyter, 1988, p. 212. Voir également *La volonté de puissance*, Paris, Gallimard, 1948, t. II, p. 329 : « Vous dites que c'est une décomposition spontanée de Dieu, mais ce n'est qu'une mue : il se dépouille de son épiderme moral. Et bientôt vous le retrouverez – par delà le bien et le mal. » (1882-1884), et t. I, p. 138 : « Les religions périssent de leur croyance à la morale : le Dieu moral des chrétiens n'est pas soutenable : d'où "l'athéisme" – comme s'il ne pouvait pas y avoir d'autres dieux ! » (1885-86).

2. M. Heidegger, *Nietzsche I*, Paris, Gallimard, 1971, p. 276.

3. M. Heidegger, *Chemins qui ne mènent nulle part*, Paris, Gallimard, 1980, p. 322.

de compte, comme Heidegger à Davos le dit à Cassirer, rien d'autre que le nom de cette « infinité de l'ontologique », « qui est précisément l'argument le plus fort en faveur de la finitude ». Car si « seul un être fini a besoin d'ontologie », comme Heidegger le déclare alors [1], cela veut peut-être dire aussi que seul un être fini a besoin de théologie. Il ne faut donc pas s'étonner de trouver chez cet admirateur de Kant qu'est le jeune Schelling, soucieux de mettre en évidence le véritable sens éthique et existentiel de la philosophie kantienne, une critique du pseudo-criticisme des théologiens de Tübingen qui, méconnaissant le sens pratique des postulats kantiens, veulent interposer entre le monde et le moi, tel un nouveau *Deus ex machina*, un Dieu moral chargé d'éliminer tout conflit et de maintenir le monde dans ses limites [2].

Mais pour en revenir à Heidegger, nul doute que celui à qui il doit, en cette période de la *Kehre*, la réapparition de la dimension du sacré, ne soit un autre des condisciples du Stift, Hölderlin, dans la pensée duquel la figure de Dieu subit elle aussi une étonnante métamorphose, au sens où elle devient l'objet d'une attestation « phénoménologique » à partir de l'entièreté du rapport que l'homme entretient avec un monde historique déterminé [3]. Car c'est d'abord au contact de la poésie pensante de Hölderlin que s'ouvre pour Heidegger la faille béante du « chaos sacré » à partir de laquelle seule quelque chose comme la Déité devient pensable [4]. Dans

1. *Cf.* E. Cassirer, M. Heidegger, *Débat sur le kantisme et la philosophie*, *op. cit.*, p. 35. Heidegger, ayant fait remarquer à Cassirer que « le concept d'impératif comme tel manifeste la relation intrinsèque à un être fini » (*op. cit.*, p. 34), tente de lui montrer que toute infinité ontologique (la compréhension de l'être) s'origine dans une finitude ontique (l'assignation à l'étant, la « réceptivité »). Il me semble que l'on peut, de même, montrer que le déploiement de la dimension du divin s'origine dans la même expérience de la finitude. Cela permettrait de comprendre pourquoi Kant, dans la deuxième Critique, dit de la loi morale qu'elle est « sainte » *(heilig)*.

2. *Cf.* Schelling, « Lettres sur le dogmatisme et le criticisme », *Premiers écrits*, Paris, P.U.F., 1987, p. 157 *sq.* et la Postface du traducteur, p. 243 *sq.* Voir à ce propos J. Granier, *Le problème de la vérité dans la philosophie de Nietzsche*, Paris, Seuil, 1966, p. 70 *sq.*

3. Voir sur ce point F. Dastur, « Hölderlin "De la religion" », *Les Cahiers de Fontenay*, *Idéalisme et romantisme*, n° 73-74, mars 1994, p. 221-238.

4. *Cf.* J. Beaufret, « Heidegger et la théologie », Dialogue avec Heidegger – IV. Le chemin de Heidegger, Paris, Minuit, 1985, p. 45. *sq.* Dans ce texte d'une clarté cristalline et dont on ne saurait trop conseiller la lecture à tous ceux qui prétendent voir dans la *Kehre* heideggérienne un « tournant théologique », Jean Beaufret fait allusion également à Maître Eckhart qui « affaiblit la représentation du Dieu créateur au profit d'une intimité plus haute », celle de la Déité dans laquelle tout est un, et rappelle ce passage du *Feldweg* qui dit : « Les choses à demeure autour du chemin, dans leur ampleur et leur plénitude, donnent le monde. Comme le dit le vieux Maître Eckhart, auprès de qui nous apprenons à lire et à vivre, c'est seulement dans ce que leur langage ne dit pas que Dieu est vraiment Dieu. » (*Questions III*,

l'« éclaircissement » qu'il donne en 1939 de l'hymne hölderlinien *Wie wenn am Feiertage*, Heidegger relève que « le Chaos est le Sacré lui-même », qui « demeure en soi, intact et sauf », précisément parce qu'« il est inapprochable pour tout ce qui est pris isolément, qu'il soit un dieu ou un homme » et que « comme ni les hommes ni les dieux n'arrivent jamais à s'acquitter par eux-mêmes du rapport immédiat au sacré, les hommes ont besoin des dieux et les célestes des mortels » et ne peuvent du même coup « jamais être les uns sans les autres » [1]. La dimension du sacré, qui est pour Hölderlin celle de la nature, dont il dit qu'elle est « plus ancienne que les temps et au-dessus des dieux », c'est pour Heidegger celle de l'*alètheia* elle-même [2], cette « vérité de l'être » qu'il ne s'agit plus, après la *Kehre*, de référer au « projet » ekstatique du *Dasein*, puisque c'est au contraire au sein de son « immédiateté » toujours déjà advenue que celui-ci, au sens de ce que Heidegger nomme désormais *Instandigkeit*, in-stance [3], doit être replacé.

Il est, dès lors, possible de comprendre le discours que Heidegger tient à Jean Beaufret en 1946 dans la *Lettre sur l'humanisme* : « Ce n'est qu'à partir de la vérité de l'être que se laisse penser le déploiement de l'être du sacré. Ce n'est qu'à partir du déploiement de l'être du sacré qu'est à penser le déploiement de l'être de la déité. Ce n'est que dans la lumière du déploiement de l'être de la déité que peut être pensé et dit ce que doit nommer le mot "Dieu" » [4]. Ce que dit clairement ce texte, c'est que la théologie, la nomination de Dieu, n'est nullement sans présupposition et que la théio-logie elle-même, fût-elle celle de Maître Eckhart, présuppose l'horizon de l'« indemne », de l'éclaircie du monde à partir de laquelle toutes choses peuvent seulement s'annoncer et apparaître. Jean Beaufret, auquel ces indications étaient d'abord destinées, note en les commentant : « Ainsi le divin n'est l'une des "contrées du monde" (*U.z. S*, p. 214) que pour n'en être pas le centre. Plus sacré encore que tout Dieu est dès lors le

Paris, Gallimard, 1966, p. 12). Hölderlin, qui invoque aussi, dans « De la Religion », la *Gottheit*, est très proche du « panthéisme mystique » de Maître Eckhart.

1. M. Heidegger, *Approches de Hölderlin*, Paris, Gallimard, 1973, p. 81, 82 et 88.

2. *Cf.* J. Beaufret, « Heidegger et la théologie », *op. cit.*, p. 46, où est cité ce passage du cours de 1937 sur Nietzsche : « Nous entendons ici Chaos dans la plus étroite connexion avec une interprétation originelle de l'essence de l'*alètheia* comme le sans-fond tel qu'il s'ouvre initialement » (*Cf.* M. Heidegger, *Nietzsche I*, p. 274).

3. *Cf.* « Sérénité », *Questions III*, p. 214 *sq.*, et « Le retour au fondement de la métaphysique » *Questions I*, p. 34 *sq.* L'in-stance dans l'ouverture de l'être, ce n'est rien d'autre que cette « situation périlleuse » *(misslicher Standpunkt)* qui est celle de la philosophie selon Kant, en tant qu'elle ne trouve un appui ni sur terre ni dans le ciel, mais doit néanmoins se tenir fermement debout et se faire, librement, la gardienne de ses propres lois en assumant jusqu'à l'extrême sa « non relevable » finitude.

4. M. Heidegger, *Lettre sur l'humanisme*, p. 135 (traduction modifiée).

monde, que la Bible au contraire réduisait à une créature divine »[1]. C'est en effet à partir de là que l'on peut comprendre que pour Heidegger, Dieu et l'être ne sont pas « identiques », comme il ne cessera de l'affirmer depuis la mise au point de la *Lettre sur l'humanisme*, ce qui ne veut pourtant pas dire que l'expérience de Dieu puisse avoir lieu en dehors de la dimension de l'être. Car il faut distinguer strictement à cet égard l'usage fait par la théologie chrétienne de l'être comme prédicat ou fondement de Dieu, qui ne peut manquer de faire de celui-ci un étant suprême, de la nécessité de replacer l'accès au divin comme tel dans la dimension de l'éclaircie de l'être.

Il y a en effet deux approches incompatibles entre elles de Dieu, celle de la philosophie, qui a trait à la manifesteté *(Offenbarkeit)* de Dieu, à la fondation de laquelle l'homme en tant que poète nommant les dieux participe de façon essentielle, et celle de la foi, qui a trait à la révélation *(Offenbarung)* de la parole de Dieu lui-même qui est toujours déjà arrêtée. Heidegger précise d'ailleurs lui-même que « Le passage de la *Lettre sur l'humanisme* parle exclusivement du dieu du poète, et non du dieu de la révélation »[2]. C'est exclusivement en philosophe que parle Heidegger, qui précise bien que si la foi l'interpellait, il fermerait son atelier, car « à l'intérieur de la dimension de la foi, on continue encore à penser, mais la pensée comme telle n'a plus de tâche », dans la mesure où là où l'homme est en rapport à la révélation, celle-ci s'arrête[3]. Et l'on pourrait même dire qu'elle *doit* s'arrêter et que les théologiens *devraient* séjourner dans l'exclusivité de la révélation et préserver son « mystère » au lieu d'avoir recours à la philosophie. C'est ce qu'il explique en 1952, avec toute la clarté désirable, dans un passage d'un dialogue avec les étudiants de l'université de Zurich : « Être et Dieu ne sont pas identiques, et je ne tenterais jamais de penser l'essence de Dieu au moyen de l'être. Quelques-uns d'entre vous savent peut-être que je viens de la théologie, que je garde pour elle un vieil amour et que je ne suis pas sans y entendre quelque chose. S'il m'arrivait encore d'avoir à mettre par écrit une théologie – ce à quoi je me sens parfois incité – alors le terme d'*être* ne saurait en aucun cas y intervenir. La foi n'a pas besoin de la pensée de l'être. Quand elle y a recours, elle n'est plus la foi. Voilà ce que Luther a compris. Même à l'intérieur de sa propre Église, on paraît l'oublier. Je suis on ne peut plus réservé devant toute tentative

1. J. Beaufret, « Heidegger et la théologie », *op. cit.*, p. 48.

2. *Cf.* « Dialogue avec Heidegger », Compte-rendu d'une session de l'Académie évangélique, début décembre 1953, à Hofgeismar, in *Heidegger et la question de Dieu*, Paris, Grasset, 1980, p. 336.

3. *Ibid.*, p. 335.

d'employer l'être à déterminer théologiquement en quoi Dieu est Dieu. De l'être, il n'y a rien ici à attendre. Je crois que l'être ne peut au grand jamais être pensé à la racine et comme essence de Dieu, mais que pourtant l'expérience de Dieu et de sa manifesteté, en tant que celle-ci peut bien rencontrer l'homme, c'est dans la dimension de l'être qu'elle fulgure, ce qui ne signifie à aucun prix que l'être puisse avoir le sens d'un prédicat possible pour Dieu. Il faudrait sur ce point établir des distinctions et de délimitations toutes nouvelles »[1]. Que Heidegger puisse affirmer que s'il écrivait une théologie, le terme d'être n'y figurerait pas, cela ne signifie nullement qu'on soit autorisé à considérer que le second Heidegger, parce qu'il biffe le nom de l'être, ait effectivement écrit une telle théologie[2]. Car comme il le souligne lui-même, « il faudrait sur ce point établir des distinctions et de délimitations toutes nouvelles » et ne pas confondre le fait d'écrire une théologie avec celui d'écrire sur l'être, dans la mesure où ils renvoient à deux attitudes existentielles *incompatibles* entre elles. Et comme il le maintient, « il n'existe pas de troisième instance, qui pourrait en décider »[3], mais seulement à chaque fois des hommes qui, dans une finitude non relevable, décident de choisir le risque de la foi ou celui de la pensée.

Sans doute est-il maintenant possible de comprendre tout ce qui sépare la théologie de la foi d'une théiologie de la pensée. Car cette dernière a pour tâche de dénoncer, comme se le proposait déjà Nietzsche, qui parlait si justement de l'idéal ascétique comme d'un « idéal faute de mieux », la contamination de l'idée de Dieu par la logique qui transforme celui-ci en fondement premier, en *causa sui*, afin de s'élever, en abandonnant le dieu des philosophes, jusqu'à l'idée d'un « Dieu divin », comme le souligne Heidegger en 1957 dans *Identité et différence* : « *Causa sui.* Tel est le nom qui convient à Dieu dans la philosophie. Ce Dieu, l'homme ne peut ni le prier ni lui sacrifier. Il ne peut, devant la *Causa sui*, ni tomber à genoux plein de crainte, ni jouer des instruments, chanter et danser. Ainsi la pensée sans-dieu, qui se sent contrainte d'abandonner le Dieu des philosophes, le Dieu comme *Causa sui*, est peut-être plus près du Dieu divin. Mais ceci veut dire seulement qu'une telle pensée lui est plus ouverte que l'onto-théo-logique ne voudrait le croire »[4]. Ce Dieu « divin », c'est, dirait Hölderlin, le Dieu de la « sphère », de chaque monde historique particulier, un Dieu qui

1. M. Heidegger, « Séminaire de Zurich », *Po&sie* n° 13, p. 60-61.

2. C'est ce que laisse entendre J. Derrida dans « Comment ne pas parler », in *Psyché, Inventions de l'autre*, Paris, Galilée, 1987, p. 592 *sq.*

3. « Dialogue avec Heidegger », in *Heidegger et la question de Dieu*, *op. cit.*, p. 336.

4. M. Heidegger, *Questions I*, p. 306

est inséparable de l'intimité du tout au sein duquel il apparaît comme présent ou comme absent. Ce Dieu divin, qui seul sans doute peut encore nous « sauver »[1], contrairement au Dieu-fondement de l'ontothéologie, ne s'annonce qu'à partir d'une dimensionalité, d'un milieu *(Mitte)* que le dernier Heidegger a pensé, en suivant Hölderlin, comme l'unité du Cadran du ciel et de la terre, des mortels et des divins[2]. C'est de ce dieu, qui n'est pas sans nous, et que, dans les *Beiträge zur Philosophie*, Heidegger nomme le « dernier » Dieu, qu'il nous faut attendre non la rédemption, c'est-à-dire au fond la défaite de l'homme, mais bien plutôt l'engagement de l'être plus originaire de celui-ci dans l'être lui-même[3].

1. Cf. *Martin Heidegger interrogé par le Spiegel, Réponses et Questions sur l'histoire et la politique*, Paris, Mercure de France, 1977, p. 49.

2. *Cf.* M. Heidegger, *Approches de Hölderlin*, p. 211 : « Le Milieu – qui s'appelle ainsi parce qu'il est médiant –, n'est ni la terre, ni le ciel, ni le dieu, ni l'homme ».

3. M. Heidegger, *Beiträge zur Philosophie*, p. 413. Voir à ce sujet F. Dastur, « Le dieu extrême de la phénoménologie », in *La phénoménologie en questions*, Paris, Vrin, p. 248-252.

SITUATION DU NIHILISME : LA RÉPONSE DE HEIDEGGER À JÜNGER

On sait, au moins par ouï-dire, qu'au milieu des années trente un dialogue a commencé à se nouer entre Ernst Jünger, écrivain et penseur de l'extrême droite allemande, mais farouchement opposé à l'hitlérisme, et Martin Heidegger, qui venait alors de démissionner de son poste de recteur de l'Université de Freiburg, rompant ainsi avec le national-socialisme auquel il avait d'abord adhéré. Ce dialogue, qui s'est poursuivi après la guerre, a donné lieu, au milieu des années cinquante, à un échange de textes dont le sujet principal est précisément le phénomène du nihilisme.

Dans son journal, Jünger, avec une certaine emphase, a caractérisé une fois – en 1993 –, son débat avec Heidegger comme un « événement époqual » *(epoquales Ereignis)* [1]. On peut certes sourire et penser que ce qui véritablement « fait époque », ce sont les événements sociaux et historiques eux-mêmes, et non les pensées qu'ils peuvent suggérer. Il est néanmoins possible de considérer que ce dialogue a été d'une importance considérable et qu'il le reste encore aujourd'hui, plus de cinquante ans plus tard, pour tous ceux qui tentent de comprendre ce qui fait la spécificité de l'époque moderne. On peut en effet considérer à cet égard ces deux penseurs comme incontournables : Jünger a, le premier ou l'un des tout premiers, su décrire et interpréter avec une rare perspicacité les événements dramatiques de la

1. E. Jünger, *Siebzig Verwehrt III*, Stuttgart, 1993, p. 292. Cité par Günter Figal dans un remarquable article (dont on s'inspire beaucoup ici), intitulé « Der metaphysische Character der Moderne. Ernst Jüngers Schrift *Über die Linie* (1950) und Martin Heideggers *Kritik Über "Die Linie"* (1955) », publié dans l'ouvrage collectif consacré à *E. Jünger im 20. Jahrhundert*, édité. par H. H. Müller et M. Segebug, Fink Verlag, Munich, 1995. Il faudrait également mentionner l'article que Friedrich-Wilhelm von Herrmann, l'éditeur de l'édition complète des œuvres de Heidegger, a consacré à ce même thème et qui a paru dans *La fête de la pensée, Hommage à François Fédier*, Paris, Lettrage, 2001, p. 147-167, sous le titre « Topologie & topographie du nihilisme. À l'épreuve du dialogue entre Ernst Jünger et Martin Heidegger ».

première moitié du XXe siècle, événements auxquels il a d'ailleurs lui-même participé de près. En effet : enrôlé comme volontaire dans l'armée en 1914 à 19 ans, il est blessé sept fois pendant la guerre, en sort décoré de l'ordre « Pour le mérite », publie en 1920 à compte d'auteur son journal de guerre sous le titre *Orages d'acier*, puis fait paraître en 1922 un essai intitulé *Le combat comme expérience intérieure*, deux textes qui auront un grand retentissement. En 1939, il publie, juste avant d'être mobilisé pour participer à la campagne de France, *Sur les falaises de marbre*, roman qui contient une critique à peine voilée du nazisme. Attaché à l'état-major allemand à Paris à partir de 1941, il sera amené à quitter l'armée en 1944 après l'attentat manqué de Stauffenberg contre Hitler. Quant à Heidegger, ce qu'il se propose explicitement à partir du milieu des années trente, c'est, à l'instar de Hegel, de rendre compte de l'ensemble de la pensée occidentale et de concevoir à partir de là ce qui fait la spécificité de la modernité. Par la mise en rapport de ces deux pensées fortes, un nouvel éclairage se voit donc porté sur le monde moderne, qui en devient d'ailleurs par là plus problématique que jamais.

Si l'on regarde cependant avec attention les textes en question, il semble qu'il s'agit en fait moins d'un débat que, comme le fait remarquer avec pertinence Günter Figal [1], d'une critique parfois tranchante adressée à l'écrivain et au poète par le philosophe. Jünger a publié dans le volume d'hommages dédié en 1950 à Heidegger pour son soixantième anniversaire, sous le titre *Über die Linie*, « Au-delà de la ligne » (traduit en français sous le titre *Passage de la ligne*), un texte consacré à l'analyse du nihilisme, qui fait référence à certains motifs de pensée heideggériens, mais qui contient naturellement aussi des idées propres à l'auteur. Ce texte est, comme Jünger le dépeint lui-même, dans une lettre adressée à Christian Bourgois, l'éditeur français de son texte, et parue dans *Die Welt* le 25 mars 1994, « la tentative de quelqu'un qui veut reprendre pied après deux tremblements de terre » [2]. Il s'agit donc pour lui de tenter de trouver une nouvelle orientation de vie et de pensée en ce milieu d'un siècle catastrophique entre tous. Le volume d'hommages dédié cinq ans plus tard à Jünger pour son soixantième anniversaire fournit à Heidegger l'occasion d'une réponse. Celle-ci, qui prend la forme d'une lettre adressée à Jünger, porte le même titre que la contribution de Jünger : *Über « die Linie »*, mais le fait de mettre des guillemets autour de *die Linie* en change le sens, car le titre veut

1. G. Figal, « Der metaphysische Character der Moderne. Ernst Jüngers Schrift *Über die Linie* (1950) und Martin Heideggers *Kritik Über "Die Linie"* (1955) », *op. cit.*, p. 182.

2. Ce passage est cité par Frédéric de Towarnicki dans *Ernst Jünger, Récits d'un passeur de siècle*, Monaco, Les éditions du Rocher, 2000, p. 137.

dire maintenant : « A propos de la ligne ». Le *über* allemand peut en effet vouloir dire soit « au-delà », soit au « sujet de », comme l'explique Heidegger lui-même : « Dans le titre de votre ouvrage *Über die Linie*, "*über*" signifie : au-delà, *trans*, *meta*. Au contraire, les remarques qui vont suivre entendent le "*über*" seulement dans la signification du "*de*", *peri*. Elles traiteront de la ligne elle-même, de la zone du nihilisme accompli » [1]. C'est ce même texte que Heidegger republiera un an après, en 1956, sous le titre *Zur Seinsfrage*, « Contribution à la question de l'être », et qui sera traduit en 1968 par Gérard Granel.

Comme il ressort clairement de ce texte, Heidegger s'intéresse toujours à cette époque aux premiers écrits de Jünger, et en particulier à *Der Arbeiter*, *Le travailleur*, livre paru en 1932, et dont Heidegger a pris connaissance dans les années suivant sa publication. Adorno et Lukacs ne verront dans ce livre qu'un programme idéologique qui servira de base au national-socialisme, et Ernst Niekisch, proche de Jünger, et qui fut l'un de ceux, plus nombreux à cette époque qu'on ne le pense, qui cherchaient une troisième voie entre nationalisme et marxisme, le définit même comme « la somme de l'idéologie nationale-bolchevique » [2].

Mais ces jugements ne rendent nullement compte de la signification proprement métaphysique que Jünger reconnaît au travail et à la figure du travailleur [3], ce à quoi au contraire Heidegger a été immédiatement attentif. Selon toute apparence en effet, c'est ce livre qui a amené Heidegger à poser la question de la technique et à considérer ce phénomène comme central pour la modernité. Car Jünger comprend de manière particulièrement intéressante la révolution technique de la modernité : il ne tombe pas dans la foi naïve au progrès et il se tient également loin des vues pessimistes de

1. *Cf.* M. Heidegger, « Contribution à la question de l'être », *Questions I*, Paris, Gallimard, 1968, p. 200.

2. Voir à ce sujet J.-M. Palmier, *Les écrits politiques de Heidegger*, Paris, L'Herne, 1968, p. 176 (livre dans lequel on trouve la première tentative de mise en rapport de Jünger et Heidegger en ce qui concerne la question de la technique). Rappelons que Ernst Niekisch, né en 1889, principal représentant du National-bolchevisme et partisan d'une alliance avec l'URSS, incarnant à ses yeux la lutte contre l'Occident bourgeois, fut arrêté en 1937 par les nazis, condamné en 1939 pour haute trahison et emprisonné en camp de concentration. Après sa libération en 1945 par l'Armée Rouge, il s'installa en Allemagne de l'Est, où il occupa à l'Université Humboldt une chaire de sociologie, mais en 1953, dégoûté par la brutale répression du soulèvement des travailleurs, il ira s'établir à Berlin-Ouest où il mourra en 1967.

3. Comme le rappelle Jünger dans une de ses conversations avec Antonio Gnoli et Franco Volpi, dans *Les prochains Titans* (Paris, Grasset, 1998, p. 39), Niekisch a cependant saisi le rapport que Jünger établissait entre la figure du travailleur et l'idée de la *Urpflanze*, de la plante originelle, de Goethe.

ceux qui dénigrent la modernité. Pour Jünger, il ne suffit pas d'être un technicien pour avoir un véritable rapport à la technique et il y a une « erreur fondamentale » dans le fait de poser l'homme dans un rapport immédiat à la technique, en le considérant comme son créateur ou sa victime, car il apparaît alors « soit comme un apprenti sorcier, qui tente de conjurer des forces dont il ne domine pas les effets, soit comme le créateur d'un progrès ininterrompu qui court à la rencontre de paradis artificiels »[1]. Ces deux attitudes sont inappropriées parce que dans les deux cas la technique est reconduite à l'action humaine et que l'on ne prête pas attention au fait que des conditions radicalement nouvelles pour l'action se dessinent avec la technique moderne qui sont celles d'une nouvelle réalité mondiale que Jünger veut caractériser à l'aide du concept du travailleur. La tentative qui consisterait à les favoriser ou à s'opposer à elles, à les considérer comme bienvenues ou à s'en plaindre leur est déjà par avance subordonnée. La croyance au progrès est en effet simplement une idéologie qui permet à la nouvelle réalité de prendre forme, mais sans qu'elle soit par là véritablement comprise. Et inversement, les conservatismes de toutes sortes ne parviennent pas à sauver les éléments de la tradition qu'ils veulent maintenir contre le nouveau monde du « travailleur ». Il ne reste donc plus qu'à accepter la révolution technique selon une attitude que Jünger nomme « réalisme héroïque »[2].

Dans sa réponse, Heidegger résume la teneur propre du *Travailleur* en disant qu'on y trouve « la description du nihilisme européen dans la phase qui a suivi la première guerre mondiale »[3]. Et il ajoute : « L'action de cet ouvrage consistait – et consiste encore, sous une forme modifiée de sa fonction – en ce qu'il rend visible le "total caractère de travail" de tout réel à partir de la figure du travailleur. C'est ainsi que le nihilisme, au début seulement européen, apparaît dans sa tendance planétaire »[4]. Heidegger met en relation la conception que Jünger se fait du travail non seulement avec l'expérience fondamentale, qui fut la sienne, de la guerre de matériel que fut la première guerre mondiale – thème d'un essai important de

1. *Cf.* E. Jünger, *Der Arbeiter, Sämtliche Werke*, Klett, Stuttgart, 1978-1983, t. 6, p. 160. La traduction française, par Julien Hervier, a paru chez Bourgois sous le titre *Le travailleur* en 1989.

2. On reprend ici l'analyse proposée par G. Figal (« Der metaphysische Character der Moderne. Ernst Jüngers Schrift *Über die Linie* (1950) und Martin Heideggers *Kritik Über "Die Linie"* (1955) », *op. cit.*, p. 186-187).

3. *Questions I*, p. 204.

4. *Ibid.*

Jünger, datant de 1930, intitulé *La mobilisation totale* [1] –, mais aussi avec la métaphysique de la volonté de puissance nietzschéenne. Il raconte, épisode instructif, comment sa tentative d'explication dans cette optique des textes de Jünger dans le cadre d'un séminaire en 1939-1940 fut finalement interdite par les nazis, car, commente-il, « il appartient à l'essence de la volonté de puissance de ne pas laisser le réel sur lequel elle établit sa puissance apparaître dans *cette* réalité qu'elle est elle-même essentiellement » [2].

On peut en fait se demander, comme le fait Günter Figal, si Jünger aurait accepté cette interprétation à l'époque où a paru *Le travailleur*. L'idée qu'il aurait pu décrire le nihilisme européen ou planétaire ne lui aurait probablement pas seulement semblé un malentendu, mais l'expression même de l'incapacité à rendre justice à cette nouvelle réalité, telle qu'elle s'exprime par la révolution technique. Le livre est en effet censé montrer qu'un nouveau principe, une nouvelle figure du monde est en train d'apparaître et que, lorsqu'on le méconnaît, les changements du monde qui y correspondent ne peuvent être éprouvés que comme des catastrophes. C'est alors seulement que l'on peut avoir un rapport nihiliste au monde technique. Car ce qui est nihiliste, c'est de rester orienté par rapport aux critères et aux valeurs du monde qui décline, de ne voir pas plus loin que la disparition de l'ancien et de demeurer rivé à l'expérience de la perte des valeurs les plus hautes, phénomène par lequel Nietzsche définissait justement le nihilisme. L'auteur du *Travailleur* est bien éloigné de cette attitude, puisque pour lui, à cette époque, la question de la valeur n'est pas décisive : les orientations disparaissantes du vieux monde ne l'intéressent pas et, parce qu'il ne doute pas de la nouveauté présente du monde, la question de la création de nouvelles obligations ou de nouvelles valeurs lui semble sans intérêt. Ne déclare-t-il pas en effet : « Il est devenu inutile de s'occuper encore d'une transmutation des valeurs – il suffit de voir le nouveau et d'y participer » [3] ?

N'est-il pas cependant possible, malgré l'auteur lui-même, de considérer *Le Travailleur* comme une description du nihilisme ? Et n'est-ce pas d'ailleurs ce qu'a fait Jünger lui-même, qui a par la suite changé d'avis en ce qui concerne le nihilisme, comme l'atteste son essai de 1934 intitulé *Über den Schmerz*, *De la douleur* Dans ce texte, il en vient en effet à reconnaître que nous nous trouvons dans une dernière, et très remarquable, phase du nihilisme qui se caractérise par le fait que des ordres nouveaux ont

1. *Die totale Mobilmachung*, dont la traduction en français par Henri Plard et Marc de Launay, a paru chez Gallimard en 1990.sous le titre « La mobilisation totale ».

2. *Questions I*, p. 205.

3. *Cf.* E. Jünger, *Der Arbeiter*, *op. cit.*, p. 50 *sq.*

déjà largement envahi le terrain, mais que les valeurs correspondantes ne sont pas encore devenues visibles[1]. Certes Jünger n'abandonne pas l'idée centrale du livre de 1932, à savoir qu'une réalité radicalement nouvelle prend forme avec la révolution technique, mais il découvre qu'elle est accompagnée de peu de normes nouvelles et véritablement appropriées. Il ne suffit donc plus de participer au nouveau, précisément parce que cela n'est possible que selon une manière de pensée et d'agir finalement tout à fait inappropriée, ce que manifeste au yeux de Jünger l'Allemagne nazie de 1934.

Ce qui est décisif, c'est que Jünger conçoit maintenant la réalité technique comme nihiliste. Le monde technique est semblable à un gigantesque champ d'expérimentation pour lequel aucune forme de vie appropriée n'a été trouvée. Et l'on court le risque de s'en tenir à ce sujet à de simples substituts. Jünger mentionne ici la tentation de vouer à l'Etat un culte et d'identifier technique et éthique[2]. Ces fausses mythologies et la technocratie elle-même sont clairement reconnues comme des symptômes nihilistes. Jünger a donc déjà ici atteint la position qui sera la sienne dans son essai de 1950, dans lequel il souligne que « le nihilisme peut concorder avec de vastes systèmes d'ordre » et que « l'ordre non seulement se plie aux exigences du nihilisme, mais est une composante de son style »[3]. L'idée que le nihilisme est compatible avec des systèmes étendus de réglementation et que les conditions de vie nihilistes sont devenues normales est ici simplement davantage développée. Il y a pourtant une idée nouvelle dans *Über die Linie*. Alors que dans *De la douleur*, la participation au processus de la révolution technique apparaissait comme l'unique possibilité pour l'individu[4], il s'agit maintenant « de savoir comment l'homme peut tenir bon en face du néant, dans le maelström nihiliste »[5]. Jünger n'a certes pas abandonné l'espoir d'un possible dépassement du nihilisme dans le cours ultérieur de l'histoire et à cet égard il juge d'ailleurs la situation bien plus favorable qu'en 1934. Car « depuis, une sorte de culmination s'est produite » et « non seulement dans nos idéologies, mais aussi dans le noyau humain sur lequel elles se fondent, nous avons dépassé le zéro »[6], ce qui explique que l'individu n'ait plus la possibilité de résister à un nihilisme devenu normalité. C'est pourtant l'intériorité même de l'individu qui

1. *Cf.* E. Jünger, *Sämtliche Werke*, *op. cit.*, t. 7, p. 190.
2. *Ibid.*
3. *Cf.* E. Jünger, *Passage de la ligne*, Paris, Bourgois, 1997, p. 48 et 52.
4. E. Jünger, *Sämtliche Werke*, *op. cit.*, p. 191.
5. E. Jünger, *Passage de la ligne*, *op. cit.*, p. 58.
6. *Ibid.*, p. 70.

constitue « le vrai tribunal de ce monde » [1] et c'est là que le nihilisme peut et doit être surmonté. La question se pose alors pour Jünger de savoir comme l'individu dans un monde qui le contraint à adopter la forme de vie de la modernité technique peut malgré tout conserver sa liberté [2].

Ce qui le rend possible, c'est le passage de la ligne, comme le dit le titre de l'essai, le fait d'aller au delà, de franchir le « méridien zéro », le point zéro du nihilisme devenu, selon le mot de Nietzsche, l'« état normal » de l'humanité [3]. Le problème de Jünger, c'est le problème du passage de ce méridien qui, comme l'équateur, fait que « les chiffres anciens perdent leur validité, de sorte qu'il faut recommencer de nouveaux calculs » [4]. La tâche de l'époque est pour lui de savoir « si la marche à travers le désert mène à des puits nouveaux » [5] et toute la difficulté de cette tâche vient de ce que faire l'expérience de ce temps suppose l'épreuve du néant et donc l'éventualité de l'échec. Voici ce qu'il écrit à la fin de l'essai [6] : « C'est bien mal connaître son temps que de n'avoir pas éprouvé en soi-même la force immense du néant, et de ne pas avoir succombé à la tentation. [...] Tout homme, quels que soient sa condition et son rang, y mène une lutte solitaire et souveraine, et le monde se transforme de sa victoire. S'il triomphe, le néant refluera. Il laissera sur la plage les trésors qu'avait recouverts sa marée. Ils compenseront les sacrifices ».

Le pas au delà de la ligne conduit au-delà du nihilisme. Mais cela ne veut pas dire que l'on a alors affaire à un nouvel état de choses, mais à une *autre* expérience du même monde. Le pas au-delà de la ligne signifie un renversement dans la compréhension du monde. Ce qui auparavant apparaissait sous la figure de la disparition et de la dissolution, on le rencontre maintenant sous la figure du rassemblement de nouvelles forces, de la formation d'un nouveau sens. Au centre de ces expériences, il y a la douleur : elle est l'expérience immédiate du néant, auquel mènent disparition et dissolution. Mais là où l'on parvient à supporter le néant, son essence se transforme et on passe alors de l'anéantissement à une plénitude encore indéterminée [7]. Au lieu de se sentir lié, dans l'expérience de la disparition et de la perte, à ce qui disparaît et est perdu, on se tient dans la liberté d'une nouvelle *Zuwendung des Seins*, d'une nouvelle « tournure »

1. *Ibid.*, p. 41.
2. *Ibid.*, p. 91.
3. *Ibid.*, p. 44.
4. E. Jünger, *Passage de la ligne*, *op. cit.*, p. 77.
5. *Ibid.*, p. 79.
6. *Ibid.*, p. 101.
7. *Ibid.*, p. 78.

et d'une nouvelle « dispensation » de l'être, où « ce qui est réel commencera alors à luire » [1]. Ce en quoi on voyait un signe de déclin peut alors être aussi compris comme la formation d'un nouveau monde. Mais on ne le peut comprendre que si l'on ne demeure pas prisonnier d'un monde révolu et si l'on parvient à entrer en libre rapport avec ce qui est.

Il ne faut pas s'y tromper : il n'y a là aucun optimisme naïf fondé sur une confiance accordée aux formes du monde technique, mais ce qui s'exprime ici, c'est la conviction que même dans des conditions techniques quelque chose comme un monde en tant qu'espace de la vie humaine demeure possible, c'est la croyance en la plénitude inépuisable de l'être, en la capacité qu'ont l'anéantissement et le déclin de se transmuter en une nouvelle génération et une nouvelle aurore, la croyance que du fond inépuisable de tout le réel surgiront toujours de nouvelles formes. C'est ici que Jünger trahit son appartenance à un mode encore métaphysique de penser, qui voit dans le temporel et le changeant la manifestation d'une vie ou d'un être éternel. Et c'est précisément sur ce point que la critique de Heidegger va s'exercer.

Car si Heidegger relève bien l'idée exprimée par Jünger que, dans le monde technique, vient au jour une nouvelle *Zuwendung* de l'être [2], c'est-à-dire non pas seulement un nouvel « atour » de l'être (c'est là la traduction de Granel), à savoir une nouvelle manière pour l'être de se tourner vers l'homme, mais une nouvelle « dispensation » ou « don » de l'être, comme le terme allemand de *Zuwendung* l'exprime aussi [3], il n'en affirme pas moins de manière tranchante que *Le travailleur* « reste une œuvre dont la métaphysique est la patrie », car chez Jünger, « conformément à celle-ci tout étant – le changeant, le mû, le mobile, le mobilisé – est représenté à partir d'un "être calme", et cela aussi bien là où l'"être" (la réalité du réel), comme chez Hegel et chez Nietzsche, est pensé comme pur devenir et absolue mobilité » [4]. Cela précisément, pourrait-on ajouter, parce que ces derniers, comme Jünger, continuent à utiliser la langue de la métaphysique et à parler par exemple de la « forme » *(Gestalt)* du travailleur. Selon

1. E. Jünger, *Passage de la ligne*, *op. cit.*, p. 81. Julien Hervier traduit ici *Zuxwendung des Seins* par « afflux d'être ».

2. *Questions I*, p. 226.

3. Le verbe *zuwenden* a à la fois le sens de « se tourner vers » et de « se consacrer ou se dévouer à ». Le substantif *Zuwendung* signifie donc aussi à la fois le fait de se tourner vers et la subvention, la dispensation ou la donation.

4. *Ibid.*, p. 212.

Heidegger, la seule façon dont nous puissions réfléchir à la question du nihilisme consiste à s'engager dans un débat qui est aussi une tentative de situation – deux choses réunies dans le terme allemand *Erörterung* –, au sujet du déploiement de l'être *(Wesen des Seins)* à partir duquel seul la question du néant peut être abordée. Or, précise Heidegger, « la question du déploiement de l'être dépérit si elle n'abandonne pas la langue de la métaphysique, parce que la représentation métaphysique interdit de penser la question du déploiement de l'être »[1]. La question de Heidegger à Jünger est en effet la suivante : « Et si la langue, précisément, de la métaphysique, et cette métaphysique elle-même [...] constituait *en tant que* métaphysique cette barrière qui interdit le passage de la ligne, c'est-à-dire le dépassement *(Überwindung)* du nihilisme ? »[2], montrant par là qu'il refuse de la manière la plus nette le programme présenté par Jünger dans son *Passage de la ligne*.

Heidegger caractérise en effet d'entrée de jeu l'écrit de Jünger comme un « bilan de la situation » qui veut relever les signes permettant de reconnaître si et où, par quels chemins, la ligne du nihilisme accompli a été franchie. Il considère la pensée de Jünger comme essentiellement descriptive, mais aussi, et c'est là ce qui en fait la nouveauté et l'intérêt, comme une pensée en avance sur son temps et qui ouvre l'accès à une nouvelle réalité : « Pour une bonne part », lui déclare-t-il, « ce que vos descriptions ont révélé et dont elles ont inventé le langage est aujourd'hui ce que tout le monde voit et ce dont tout le monde parle »[3]. Ce qui les caractérise en effet, cela a déjà été souligné, c'est l'optique dans laquelle elles sont faites, celle de la « mobilisation totale » dans laquelle Jünger voit dès le début des années trente le processus fondamental de la modernité, manifesté par l'engagement de tout un peuple dans la guerre, laquelle consiste en réalité moins en l'affrontement des hommes entre eux, que du matériel et des hommes, ce qui a pour conséquence de faire de la guerre un gigantesque processus de travail, et de transformer le soldat en un travailleur, optique qui, selon Heidegger, est celle que Jünger emprunte à Nietzsche et à sa métaphysique de la volonté de puissance[4]. Heidegger entend par là le processus par lequel l'homme se propose la domination intégrale de la terre, achevant ainsi la tendance déterminante de la modernité de Descartes à Hegel. Ce qui relève

1. *Ibid.*, p. 225. Je traduis ici *Wesen* par « déploiement » et non comme Granel par « demeure ».

2. *Ibid.*, p. 224-225 (Je traduis *Überwindung* par « dépassement » et non, comme Granel, par « assomption », terme qui traduit plutôt *Verwindung*).

3. *Ibid.*, p. 206.

4. *Ibid.*, p. 205.

également de la pensée nietzschéenne dans l'article de Jünger, c'est son « allure *médicale* »[1], la volonté de donner pronostic, diagnostic et thérapie du nihilisme, bien que celui-ci, Jünger le précise bien, ne soit pas assimilable à une maladie de la civilisation et encore moins au chaos et au mal. Il s'agit pourtant toujours pour Jünger du « rétablissement » de l'humanité, et c'est bien en un sens thérapeutique qu'il regarde au-delà de la ligne : ce qu'il se propose, c'est essentiellement de frayer des voies nouvelles, c'est pourquoi il se réclame, à la fin de son essai, du titre heideggérien de *Holzwege*, « chemins qui ne mènent nulle part », entendant par là ces pistes en forêts que l'on peut librement parcourir car il s'agit là d'un terrain vierge, permettant de se tenir à l'écart des sentiers battus et de tenter ainsi de frayer son propre chemin dans le risque et « l'éventualité de l'échec »[2].

Heidegger définit à juste titre l'écrit de Jünger comme une « topographie du nihilisme »[3] : son écrit est topographique au sens où il se veut le relevé du lieu du nihilisme accompli et le dessin des voies par lesquelles on l'atteint ou on le dépasse. Et certes, déclare Heidegger « il faut une topographie du nihilisme, de ses progrès, de son dépassement », mais ajoute-t-il[4], « la topographie doit être précédée d'une topologie » c'est-à-dire « d'un effort de situation de ce site, ou lieu, qui rassemble être et néant dans son déploiement, détermine l'essence du nihilisme et permet ainsi de reconnaître les chemins sur lesquels se dessinent un possible dépassement du nihilisme ». Autrement dit : avant de faire le relevé du lieu, de faire le bilan de la situation, il faut déterminer l'essence du nihilisme lui-même, il faut une « situation », *eine Erörterung*, de son lieu. Ce qui ne constitue d'ailleurs pas un rejet total de la position de Jünger, comme Heidegger l'admet en conclusion lorsqu'il déclare : « Votre topographie *trans lineam* et ma topologie *de linea* renvoient l'une à l'autre »[5]. Heidegger n'abandonne pas en effet le projet de dépassement du nihilisme, mais il le comprend, comme nous le verrons un peu plus loin, moins comme le fait de laisser derrière soi le nihilisme que comme celui de l'assumer, moins comme *Überwindung* que comme *Verwindung*.

On comprend alors en quel sens Heidegger pouvait reprendre le même titre que ce dernier : *« Über » die Linie*, au sens de : sur la ligne, au sujet de, à propos de la ligne. Il ne s'agit donc rien de moins que de déterminer le lieu de déploiement du nihilisme. Or Jünger en est venu à comprendre le

1. *Ibid.*, p. 201.
2. E. Jünger, *Passage de la ligne*, *op. cit.*, p. 100-101.
3. *Questions I*, p. 234.
4. *Ibid.*
5. *Ibid.*, p. 250.

nihilisme comme Nietzsche, au sens du nihilisme moral, axiologique, comme le processus par lequel « les valeurs les plus hautes se dévalorisent »[1]. Sans que Heidegger le dise explicitement, toute sa réponse à Jünger démontre que cette définition du nihilisme est insuffisante, car elle ne pense pas le *nihil* comme tel, c'est-à-dire en fin de compte l'être *lui-même*, mais elle pense l'être et le néant dans la perspective de la valeur, perspective qui demeure pour Heidegger liée à la métaphysique de la subjectivité, le point de vue de l'évaluation renvoyant nécessairement à un regard posé sur l'étant qui le transforme en objet par une visée subjective. Heidegger a, très tôt, fortement critiqué les philosophies de la valeur du début du siècle, en particulier celle de Rickert, son directeur de thèse[2]. Car il s'agit pour lui d'abandonner l'optique de la métaphysique de la subjectivité. Comme il l'explique à Jünger, la relation sujet-objet ne permet pas de penser l'être lui-même, puisque celui-ci est alors immédiatement vu sous la figure de l'objet. C'est la raison pour laquelle tout discours sur l'être, et en particulier celui qui parle d'une *Zuwendung des Seins*, du fait que l'être se tourne vers l'homme et se dispense à lui, reste un expédient, car on attribue par là à l'être une propriété qui s'ajoute à lui, alors qu'il faudrait au contraire, suggère Heidegger, plutôt penser que l'être lui-même réside uniquement dans la manière qu'il a de se tourner vers l'homme et de se dispenser à lui[3].

D'où le second titre que Heidegger donne à son texte, titre fort curieux quand on pense à ce dont il traite, à savoir de l'essence du nihilisme : *Zur Seinsfrage*, « Au sujet de la question de l'être », alors même qu'il y est essentiellement question du néant. C'est là un paradoxe seulement apparent, car toute la méditation de Heidegger montre que le néant n'est pas le contraire de l'être, le *nihil negativum*, le néant pur et simple, mais un nom ou une figure de l'être lui-même, la manière dont l'être est abordé par la voie métaphysique dont l'axe fondamental est la recherche du seul étant. Pour une pensée axée sur l'étant dans sa totalité, l'être ne peut apparaître que sous la figure du *ne ens*, du non étant : c'était là déjà la leçon du cours inaugural prononcé par Heidegger en 1929 sous le titre « Qu'est-ce que la métaphysique ? » comme il le rappelle ici[4]. Ce cours inaugural, souligne-

1. *Ibid.*, p. 199, où Heidegger, citant ce fragment de *La volonté de puissance* daté de 1887, affirme que Jünger comprend le nihilisme de la même manière que Nietzsche. Voir à ce sujet M. Heidegger, *Nietzsche II*, Paris, Gallimard, 1971, p. 42 *sq.*

2. Voir le cours du semestre d'été 1919, *Zur Bestimmung der Philosophie*, (Ga 56/57), Frankfurt am Main, Klostermann, Frankfurt am Main, 1987, p. 169 *sq.*

3. *Questions I*, p. 228.

4. *Ibid.*, p. 243-44.

t-il, n'était nullement un manifeste de nihilisme, une méditation sur la vacuité de l'être, mais au contraire une méditation sur l'inclusion de l'être de l'homme dans le néant[1]. C'est là en effet le sens de la fameuse formule de l'homme comme « lieu-tenant du néant »[2] qui signifie que l'homme tient le lieu libre pour la présence, de sorte qu'« il n'est pas donné lieu séparément à l'être et au néant ». Concevoir le néant, le penser, suppose donc la pensée de l'être. Or du néant et de l'être, il n'y a nul concept déjà disponible et maniable sous forme de propositions prédicatives[3] et il n'est pas à la vérité plus facile de parler de l'un que de parler de l'autre. Ce qui l'atteste bien, c'est que, d'une manière radicale, Heidegger en vienne à critiquer le terme-clé de sa pensée, l'être lui-même, et qu'il finisse par l'écrire ici en le biffant d'une croix. Comme Heidegger l'indique dans l'Avertissement[4] joint en 1956 à la publication en volume séparé de son texte sous le titre de « Contribution à la question de l'être », ce nouveau titre veut indiquer que la méditation sur l'essence du nihilisme a son origine dans un effort pour situer l'être non plus comme le fait la métaphysique, en tant qu'être de l'étant, mais en tant qu'être marqué par le signe de la biffure en croix. Celle-ci, précise bien Heidegger, ne doit pas être comprise comme une rature qui n'aurait qu'un sens négatif, mais comme ce signe qui fait apparaître « les quatre régions du *Geviert*, du Cadran et leur assemblement dans le lieu où se croise cette croix »[5], lieu qui n'est autre que le monde. De ces quatre régions, terre et ciel, divins et mortels, dont Heidegger expliquait dans ses conférences du début des années cinquante que chacune d'elles « reflète à sa manière l'être des autres »[6], ce mortel qu'est l'homme fait inséparablement partie. Car il ne s'agit nullement de faire de l'être un en soi, un être séparé de l'homme conçu lui-même comme séparé de l'être[7], pour les mettre après coup en relation l'un avec l'autre[8]. Il y au contraire *participation* de l'homme à l'être, et donc *participation* de l'homme au néant et au nihilisme, l'homme n'étant pas seulement atteint de l'extérieur par ce dernier, puisqu'il n'y a pas d'extériorité de l'homme par rapport à sa propre

1. *Questions I*, p. 242-43.
2. *Cf.* M. Heidegger, « Qu'est-ce que la métaphysique ? », *Questions I*, p. 66 ; trad. fr. R. Munier dans *Martin Heidegger*, p. 54, auquel nous empruntons la traduction de *Platzhälter* par « lieu-tenant », au lieu de « sentinelle ».
3. *Ibid.*, p. 231.
4. *Ibid.*, p. 197.
5. *Ibid.*, p. 232.
6. M. Heidegger, « La chose » (1951), *Essais et conférences*, Paris, Gallimard, 1958, p. 213
7. *Ibid.*, p. 229.
8. *Ibid.*, p. 232

histoire : « L'homme ne fait pas que se tenir *dans* la *Zone* critique de la Ligne. Il est lui-même, mais non lui en soi, et absolument pas par soi seul, cette Zone et par conséquent la Ligne » [1]. C'est ce qui explique que la ligne, pas davantage que la zone du nihilisme accompli, n'est quelque chose d'objectif, qui se tiendrait *devant* l'homme. Dès lors, souligne Heidegger, « s'effondre également la possibilité d'un *trans lineam* et celle d'une traversée pour y parvenir » [2].

Comment dès lors comprendre le nihilisme et son dépassement ? Il s'agit pour Heidegger de montrer d'abord que le nihilisme a son lieu dans l'essence de la métaphysique elle-même : c'est-à-dire dans cette pensée de la transcendance qui questionne au-delà *(meta)* de l'étant vers son étantité, sans questionner vers l'éclaircie elle-même (l'être au sens de Heidegger), qui seule permet l'apparition de l'étant *(alètheia)*. Il ne s'agit pas par là de rien enlever à la dignité de la métaphysique [3], mais au contraire de la comprendre à partir du lieu de son déploiement : l'oubli de l'être, la *lèthè* de l'*alètheia*. Heidegger notait en effet dès 1935 que « rester dans l'oubliance de l'être, et se borner à avoir affaire à l'étant – c'est cela, le nihilisme. C'est le nihilisme ainsi compris qui est le fondement du nihilisme qu'on connaît, celui que Nietzsche a mis en évidence dans le premier livre de la *Volonté de puissance* ». [4]. Et en 1929, il expliquait que la métaphysique n'est pas une doctrine ou une discipline de la philosophie, mais l'essence de la philosophie elle-même dans la mesure où elle pose la question de l'étant. Là où l'étant est recherché, au niveau de la science, il est déjà compris en tant que tel, mais là où la question de ce qu'est l'étant se pose, au niveau de la philosophie, il faut que l'étant comme tel soit « dépassé ». Ce dépassement n'est rien autre que la métaphysique elle-même et en tant qu'une telle « transcendance » la métaphysique n'est pas une discipline philosophique, mais l'*événement* même de la philosophie. Là où cet événement est oublié, l'être de l'étant apparaît en tant que rien ou néant. C'est là pour Heidegger la situation du nihilisme accompli, telle que Jünger l'a décrite dans *Le Travailleur*, comme le souligne avec pertinence Figal [5]. Là où l'étant est interprété dans la perspective de sa possible évaluation dans le processus du travail ou en tant que source d'énergie, là où les hommes tirent leur compréhension de soi de la question de l'efficacité du processus du travail,

1. *Ibid.*, p. 233.
2. *Ibid.*
3. *Cf. Questions I*, p. 236 *sq.*
4. M. Heidegger, *Introduction à la métaphysique*, Paris, P.U.F., 1958, p. 218.
5. G. Figal, « Der metaphysische Character der Moderne. Ernst Jüngers Schrift *Über die Linie* (1950) und Martin Heideggers *Kritik Über "Die Linie"* (1955) », *op. cit.*, p. 193.

là est la réalité du devenir « histoire » de la métaphysique. Mais cet événement reste caché du fait que le travailleur apparaît lui-même comme l'essentiel, comme celui qui contrôle l'étant, de sorte que ce dernier demeure disponible et utilisable dans le processus du travail. La perte des orientations traditionnelles et l'uniformisation du monde ne sont que des symptômes du nihilisme. Le nihilisme est bien plutôt la « réduction » – pour employer le terme de Jünger [1] –, en progression continue de cette ouverture au sein de laquelle une interprétation de l'étant pouvait avoir lieu.

Le lieu du nihilisme accompli, c'est par conséquent la période de l'achèvement de la métaphysique : zone de la ligne critique dont parle Jünger, qui correspond au plus profond oubli de l'être. C'est pourquoi il ne peut plus s'agir pour Heidegger de franchir cette zone, d'aller au-delà, de surmonter la métaphysique ou de s'en détourner, mais au contraire de l'assumer ou de se l'approprier en pensant son site. Le dépassement du nihilisme *(Überwindung)*, c'est l'appropriation ou l'assomption du nihilisme *(Verwindung)* [2]. Ce qui ne signifie pourtant nulle restauration de la métaphysique : ni restauration, ni démolition de la métaphysique, la pensée de Heidegger en est la *situation*, la *topo-logie*.

Tentons donc pour conclure de répondre à la question de savoir ce qu'il en est en fin de compte du dépassement du nihilisme selon Heidegger.

Heidegger remplace la ligne par la zone [3]. Pas de frontière, de méridien, mais un *lieu*. Pas de franchissement donc d'une étape cruciale, mais réappropriation de l'essence de la métaphysique : que l'oubli de l'être ne soit plus lui-même oublié, mais *commémoré*. Il s'agit donc de la *situation* de la métaphysique elle-même. Ce qui implique non pas de *dépasser* le nihilisme vers une affirmation de l'immanence, comme Nietzsche le propose, mais au contraire de *pénétrer* véritablement en lui : « Au lieu de vouloir dépasser le nihilisme », affirme en effet Heidegger, « nous devons tenter d'entrer enfin avec recueillement dans son essence » [4]. Non abandon de la métaphysique, mais recompréhension de celle-ci sur un nouveau fondement à partir d'un retour à son fondement. *Schritt zurück*, « pas en arrière » qui, seul, « nous permettra de laisser le nihilisme derrière nous » [5]. Retour donc :

1. *Cf.* E. Jünger, *Passage de la ligne*, *op. cit.*, p. 64 : « Dans ces symptômes [du nihilisme], nous sommes frappés dès l'abord par un signe essentiel, que l'on pourrait appeler la réduction. Le monde nihiliste est un monde réduit, et qui continue à se réduire. Le sentiment profond qui règne en lui est celui de la réduction provoquée et subie ».

2. *Questions I*, p. 236.

3. *Ibid.*, p. 246-47.

4. *Ibid.*, p. 247.

5. *Ibid.*

inverse de la démarche de Nietzsche. Nietzsche voulait dégager la liberté de l'homme de la métaphysique pour en quelque sorte l'infinitiser. Heidegger prétend simplement nous ramener *là où nous sommes déjà* pour nous permettre d'y habiter véritablement en y bâtissant [1]. Le bâtir, c'est la pensée de l'être. Heidegger semble affirmer ainsi que le nihilisme n'est pas fatal, qu'il n'est pas cette épreuve sélective dont parle Nietzsche, mais la *provocation* à la pensée. Optimisme et pessimisme s'y côtoient – et ici c'est Hölderlin qu'il faudrait à nouveau invoquer, lui qui nous apprend dans *Patmos* que « là où il y a danger, là aussi croît ce qui sauve » [2]. C'est pourtant la figure de Nietzsche qui est à nouveau évoquée *in fine* : de lui Heidegger dit qu'il a suivi l'appel menant à la pensée planétaire sur le chemin métaphysique qui lui était imparti, et que sur ce chemin il est allé aussi loin que sa pensée le pouvait [3]. C'est ce legs de Nietzsche qu'il s'agit, conclut Heidegger, de reprendre et d'assumer. Pour Heidegger, cela signifie réappropriation de ce qui nous a été transmis, pensée commémorante, peut-être au sens de ce que Nietzsche, de son côté, appelait « vouloir en arrière » [4]...

1. *Ibid.*, p. 248.

2. Voir M. Heidegger, *Essais et conférences*, p. 38 *sq.*

3. *Questions I*, p. 250-51. Il est significatif à cet égard de voir Jünger expliquer dans un de ses derniers interviews qu'à l'époque de *Passage de la ligne* « il ne s'était pas intéressé à fond à Hölderlin » et affirmer que « si Nietzsche voyait dans le XXIe siècle (celui des forces de la volonté de puissance) sa patrie spirituelle, Hölderlin, dont la vision s'étend plus loin encore et prévoit un retour du sacré, avait un siècle d'avance sur lui ». *Cf.* F.de Towarnicki, *Ernst Jünger, Récits d'un passeur de siècle*, *op. cit.*, p. 137. Voir également p. 21.

4. F. Nietzsche, *Ainsi parlait Zarathoustra*, Deuxième partie, « De la rédemption », Paris, Mercure de France, 1958, p. 146 : « Il faut que la volonté, qui est la volonté de puissance, veuille quelque chose de plus haut que la réconciliation – ; mais comment ? Qui lui enseignera à vouloir en arrière ? »

ÊTRE ET JUSTICE : « LA PAROLE D'ANAXIMANDRE »

Dans l'avant-dernier chapitre du *Crépuscule des idoles*, Nietzsche déclare que qu'« il n'y a rien à apprendre des Grecs », qui « ne peuvent être pour nous ce que sont les Romains », parce que « leur génie nous est trop étranger »[1]. Ceux qui parmi les Grecs nous sont le plus étrangers sont sans aucun doute ces philosophes que le jeune Nietzsche nommait non pas « présocratiques », mais « préplatoniciens » parce que, par contraste avec Platon, le premier type « mixte » de philosophe, ils sont des penseurs originaux et les véritables « inventeurs » de la philosophie[2]. Dans le manuscrit rédigé en 1873 sous le titre « La philosophie à l'époque de la tragédie grecque », Nietzsche donne une interprétation des fragments de ces premiers philosophes qui est fortement marquée par l'admiration qu'il portait alors au moralisme pessimiste de Schopenhauer. Vu sous cette lumière, Anaximandre est pour lui le premier Grec à n'avoir « plus traité le problème de l'origine du monde comme un problème purement physique » et à avoir vu dans le devenir « une émancipation coupable à l'égard de l'être éternel, une iniquité qu'il faut payer par la mort »[3]. Par la suite, lorsqu'il en viendra à identifier la métaphysique et la morale et considérera que depuis Platon toute la philosophie est demeurée sous la domination de la morale, il continuera à voir dans Anaximandre et dans Héraclite ceux qui ont fait entrer en jeu de manière décisive des interprétations morales[4]. Mais une telle conception des « préplatoniciens » est-elle autre chose qu'une tentative pour rapprocher de nous ces penseurs grecs qui nous sont si

1. F. Nietzsche, *Crépuscule des idoles*, trad. fr. J.-C. Hemery, Paris, Gallimard, 1974, p. 145.

2. F. Nietzsche, *Les Philosophes préplatoniciens*, texte établi à partir des manuscrits, trad. fr. N. Ferrand, Paris, Éditions de l'Éclat, 1994, p. 84.

3. F. Nietzsche, *La naissance de la philosophie à l'époque de la tragédie grecque*, trad. fr. G. Bianquis, Paris, Gallimard, 1938, p. 42 et 41.

4. F. Nietzsche, *Nachgelassene Fragmente 1885-1887*, Kritische Studien Ausgabe, München, dtv/de Gruyter, 1988, Band 12, p. 259.

étrangers, puisqu'ils apparaissent ainsi sous la dépendance de la représentation morale et juridique du monde que nous avons en réalité héritée des Romains ?

Ce pourrait être là une question posée par Heidegger, lui qui voit dans la *dikè* grecque, qui est le sujet du seul fragment qui nous reste d'Anaximandre, non une représentation morale, mais le nom de l'être de l'étant en totalité [1]. Pour Heidegger, nous ne pourrons entrer véritablement en relation avec les Grecs que si nous parvenons à nous libérer de la manière rétrospective de penser qui tend à expliquer ce qui a été à la lumière d'un cadre de pensée qui ne s'est formé que par après. Il nous faut reconnaître l'étrangeté des Grecs afin de trouver un accès à leur pensée, car c'est seulement en devenant conscient de leur différence par rapport à nous qu'une véritable proximité avec eux pourra être établie. Dans son cours du semestre d'été 1941 dont la seconde partie traite de la parole d'Anaximandre considérée comme le « dire initial de l'être », Heidegger met l'accent sur le fait qu'il nous faut « repousser cette parole loin de nous dans l'étrange », et que nous devons même « nous éprouver comme les exclus de cette parole, comme ceux qui sont éloignés et même infiniment loin de ce qu'elle dit », ce qui ne signifie pourtant pas que nous soyons « sans aucun rapport » avec elle, car « il est un lointain qui rapproche davantage que toute la familiarité irrespectueuse qui caractérise la science historique » [2]. Au lieu donc de ne voir dans l'histoire que du passé et de le considérer comme une simple étape préliminaire par rapport au présent, nous devons nous ouvrir à l'être même de l'histoire, dans laquelle il n'y a pas à proprement parler de « passé », mais seulement de l'être qui a été.

HISTOIRE ET TRADUCTION

Ce qui est ici en question, c'est la relation de Heidegger aux Grecs. Il ne s'agit pas là d'une simple question historique, celle de l'importance que Heidegger accorde aux premiers philosophes, mais d'une question qui détermine de l'intérieur sa manière de penser. Plus encore que Nietzsche, c'est Hölderlin qui montre ici le chemin, car, comme l'affirme Heidegger en 1935, « Nietzsche a compris le grand commencement de tout le *Dasein* grec d'une façon qui n'est dépassée que par Hölderlin » [3]. Or pour

1. M. Heidegger, *Introduction à la métaphysique*, trad. fr. G. Kahn, Paris, P.U.F., 1958, p. 179.
2. M. Heidegger, *Concepts fondamentaux*, trad. fr. P. David, Paris, Gallimard, 1985, p. 127.
3. M. Heidegger, *Introduction à la métaphysique*, p. 139.

Hölderlin, la Grèce n'a pas d'unité interne, elle est au contraire profondément divisée entre sa nature, à savoir le principe oriental du « feu du ciel » et sa culture, à savoir la clarté de la présentation et la sobriété junonienne de l'Occident[1]. La Grèce est donc au moins double et plus probablement même multiple en son essence. Il y a la Grèce philosophique, celle, classique, de Platon et d'Aristote, qui est la cible de la « destruction » ou déconstruction de l'histoire de l'ontologie que Heidegger s'assigne comme projet dans les années 1920. Mais il y a aussi la Grèce des « plus grands penseurs » qui n'étaient pas encore des « philosophes »[2] et la pensée plus originaire de ceux qu'on nomme présocratiques à laquelle Heidegger revient dans les années 1930. Il y a en outre la Grèce hellénistique dont Heidegger ne parle guère, et enfin la Grèce archaïque de l'*epos* et du *muthos*, celle de Homère et d'Hésiode, à laquelle Heidegger se réfère parfois afin d'élucider le sens des paroles de la Grèce non classique des présocratiques.

« Grec », cela veut dire en 1927 pour Heidegger l'ontologie grecque, une ontologie qui est tournée vers le « monde » ou la « nature » et qui tire du temps sa compréhension de l'être sans avoir cependant aucune connaissance explicite de ce fil conducteur ontologique qu'est le temps, comme le montre le traité sur le temps d'Aristote, dans le livre 4 de sa *Physique*, où le temps est considéré comme un étant parmi d'autres. « Grec », cela signifie donc dans cette première période l'orientation ontologique fondamentale qui gouverne la tradition philosophique tout entière depuis Parménide – auquel apparemment le jeune docteur qu'était Heidegger en 1915 consacra son premier cours[3] et dont il est dit dans *Être et temps* qu'il « a omis le phénomène du monde »[4] – jusqu'à Bergson inclus. Mais en fait les présocratiques ne sont réellement venus au centre de la pensée de Heidegger que dans les années 1930. Heidegger consacre en effet son cours du semestre d'été 1932 au commencement de la philosophie occidentale, à Anaximandre et Parménide, et dans l'*Introduction à la métaphysique*, son cours de 1935, il analyse certains des fragments de Parménide et

1. Voir la seconde lettre du 4 décembre 1801 de Hölderlin à son ami Böhlendorff, *Œuvres*, « Bibliographie de la Pléiade », Paris, Gallimard, 1967, p. 1003.

2. M. Heidegger, *Qu'est-ce que la philosophie ?*, trad. fr. K Axelos et J. Beaufret, Paris, Gallimard, 1957, p. 27.

3. Ce cours (semestre d'hiver 1915-1916), intitulé « Histoire de la philosophie antique et médiévale » semble, selon le témoignage de W. Richardson, avoir notamment porté sur Parménide (voir la liste des cours de Heidegger donnée par W.J. Richardson, dans *Heidegger. Through Phenomenology to Thought*, Phaenomenologica 13, The Hague, Nijhoff, 1963, Appendix (Verzeichnis der Vorlesungen und Übungen von Martin Heidegger, p. 663).

4. M. Heidegger, *Sein und Zeit*, Tübingen, Niemeyer, 1963, § 21, p. 100.

d'Héraclite; et à côté du cours déjà mentionné de 1941, qui porte en partie sur Anaximandre, il y a les deux grands cours sur Parménide et Héraclite faits au cours du semestre d'hiver 1942-43 pour le premier et au cours du semestre d'été 1944 pour le second[1].

La question qui se pose donc maintenant consiste à se demander ce qu'entend Heidegger par « grec » dans cette période où le problème de l'histoire est devenue le centre de sa pensée. Il est possible de trouver une réponse à cette question dans « La parole d'Anaximandre », un essai rédigé au cours de l'année 1946, période de la dénazification pendant laquelle Heidegger est contraint de prendre sa retraite. Ce texte constitue en réalité un ensemble avec ceux intitulés *Logos*, *Moira*, et *Alètheia* consacrés à Parménide et à Héraclite et qui seront publiés en 1954 dans les *Essais et conférences*. Il s'agit, dit Heidegger, de penser la pensée grecque de manière grecque, non pas pour retrouver un passé révolu, mais afin de nous comprendre nous-mêmes : « Si nous nous acharnons tellement à penser la pensée grecque comme les Grecs ont pu la penser, ce n'est pas pour donner du monde grec, en tant qu'humanité passée, une image historique en quelques points plus exacte. Nous ne cherchons l'élément proprement grec ni pour l'amour des Grecs, ni pour l'amélioration de la science; nous ne le cherchons pas même afin de clarifier les conditions du dialogue, mais uniquement en vue de ce qui, dans un tel dialogue, aimerait venir à la parole, pour le cas où il y vienne lui-même. Cela, c'est ce Même qui en des guises diverses concerne les Grecs et nous concerne historialement »[2]. Mais quel est donc ce Même qui nous concerne tout autant que les Grecs? C'est, dans les termes de Hölderlin, *das Geschick*, le destin[3], que nous partageons avec eux, à savoir ce processus historial du passage de l'Orient à l'Occident, qui est celui du déclin du matin grec menant à ce pays du soir qu'est l'*Abend-land*, l'Occident.

Heidegger met ainsi l'accent sur le fait que ce qu'il cherche chez les Grecs, c'est l'aube de notre histoire : « C'est conformément à ce destin que les Grecs deviennent seulement les Grecs, au sens historial »[4]. L'intérêt qu'il porte à la Grèce n'est donc pas une curiosité pour quelque chose d'exotique, qui pourrait constituer un exemple tout différent d'humanité. Il

1. *Cf.* M. Heidegger, *Parmenides*, Gesamtausgabe Band 54, Frankfurt am Main, Klostermann, 1982 et *Heraklit*, Gesamtausgabe Band 55, Frankfurt am Main, Klostermann 1979.

2. M. Heidegger, *Chemins qui ne mènent nulle part*, trad. fr. W. Brokmeier, Paris, Gallimard, 1980, p. 405.

3. Hölderlin, *Œuvres*, *op. cit.*, p. 1004.

4. M. Heidegger, *Chemins qui ne mènent nulle part*, p. 405.

voit au contraire dans la Grèce le matin d'un destin qui unit l'être et l'homme dans la même histoire. Heidegger précise bien en effet que « Grec, cela ne signifie pas, dans notre façon de parler, une propriété ethnique *(völkisch)*, nationale, culturelle ou anthropologique »[1], mais que c'est le nom d'une époque de l'être qui peut être opposée à d'autres époques, au christianisme et à la modernité, car l'histoire est pour lui, tout comme pour Hölderlin, un processus époqual. L'histoire est certes toujours comprise, comme c'était déjà le cas dans *Être et temps*, comme le règne de l'oubli de l'être, mais celui-ci a maintenant un nouveau sens : il n'est plus un défaut inhérent à la pensée humaine, mais un trait de l'être lui-même, qui se retire afin de laisser être les étants. Le terme *epokhè* signifie en grec suspension ou rétention, et pour Heidegger une époque historique doit être comprise comme la suspension ou la rétention de la vérité, l'être retenant sa vérité de différentes manières au cours de l'histoire afin à chaque fois de laisser être un monde. L'oubli de l'être est par conséquent un multiple oubli de soi de l'être et non pas un processus continu de déclin.

L'histoire n'est cependant pas pure discontinuité, car, comme Heidegger le souligne, il y a une grande époque de l'être, dont les Grecs sont le commencement, et qui est à l'origine du déploiement époqual de l'histoire[2]. La parole d'Anaximandre, étant le plus ancien fragment qui a été conservé de l'histoire occidentale, constitue pour nous l'autre extrémité *(eskhaton)* de l'histoire. C'est là l'unique raison pour laquelle Heidegger parle à ce sujet d'une « eschatologie de l'être », terme dont il prend soin de préciser qu'il ne l'entend pas « comme titre d'une discipline théologique ou philosophique »[3]. Du point de vue d'une telle eschatologie de l'être, le processus historique ne peut plus être pensé comme un progrès ou au contraire comme un déclin, mais, de manière plus complexe et non linéaire, comme un processus dans lequel le futur seul peut livrer la vérité du passé, le commencement n'étant entièrement donné que dans l'ultime figure de son achèvement. De ce point de vue « eschatologique », il n'est possible de comprendre les Grecs ni comme « éloignés de nous », par une longue distance historique, comme c'est le cas pour Anaximandre, ni au contraire comme « proches de nous », plus proches par exemple que les Chinois et les Japonais, qui ont connu d'autres commencements que nous[4]. Comme le

1. M. Heidegger, *Chemins qui ne mènent nulle part*, p. 405.

2. *Ibid.*, p. 406.

3. *Ibid.*, p. 394..

4. Voir à ce sujet M. Heidegger, « Terre et ciel de Hölderlin » (1951), *Approche de Hölderlin*, Paris, Gallimard, 1973, p. 232, où il est elliptiquement question des « rares autres grands commencements » à côté du grand commencement grec.

souligne Heidegger, « lorsque nous sommes de manière historiale, nous ne sommes ni à une grande distance, ni à une petite distance du grec. Par rapport à lui nous sommes dans l'errance »[1]. L'errance constitue pour Heidegger le règne même de l'histoire, au sens où l'apparition des étants et l'ouverture d'un monde sont en même temps l'occultation de l'être, de sorte que la vérité est toujours mêlée à la non vérité. Il n'y a par conséquent aucune continuité entre les Grecs et nous, ni au sens d'un progrès, ni au sens d'un déclin, il y a seulement une relation d'errance, qui ne nous permet plus de demeurer dans le cadre de la tâche ontologique, entreprise dans *Être et temps*, d'une généalogie des différents sens de l'être[2].

Il nous faut donc en quelque sorte nous projeter par un « saut » dans une autre époque de l'histoire, ce qui veut dire que nous avons à nous traduire nous-mêmes dans ce qui est dit en grec afin de le penser de manière grecque[3]. Traduire, *übersetzen*, est entendu ici à partir du verbe *übersetzen*, qui comporte une particule séparable et signifie « sauter par-dessus », en l'occurrence par-dessus le fossé qui nous sépare des Grecs. Mais ce fossé n'est pas seulement la distance historique et chronologique de deux mille cinq cents ans. Il est « plus large et plus profond », dit Heidegger[4], parce qu'il sépare deux époques différentes de l'être, et parce qu'étant tout près de son bord, nous ne parvenons pas à prendre assez d'élan pour bondir au-dessus de lui. Franchir ce fossé n'est possible que si nous continuons à partager avec les Grecs une destinée commune, que si nous sommes capables de nous ouvrir à l'appel du destin qui commence à retentir dans la parole d'Anaximandre. Mais pour cela, il nous faut nous projeter par un saut vers ce qui est dit dans cette parole avant de tenter de comprendre cette parole elle-même[5]. *Übersetzen*, traduire, au sens habituel du mot, c'est-à-dire transférer une signification d'une langue à une autre, présuppose la compréhension de cette signification elle-même, ce qui implique que nous nous transférions nous-mêmes dans un mode de pensée qui nous est étranger et qui doit être celui de la compréhension quotidienne de la langue en question, en l'occurrence l'idiome grec. De sorte que nous

1. M. Heidegger, *Chemins qui ne mènent nulle part*, p. 406 (trad. modifiée).

2. Voir SZ, § 3, p. 11, où il est question de la « tâche ontologique d'une généalogie des divers modes possibles de l'être ».

3. M. Heidegger, *Chemins qui ne mènent nulle part*, p. 396. Voir également M. Heidegger, *Qu'appelle-t-on penser*, Paris, P.U.F., 1959, p. 213. Dans ce cours de 1951-52, Heidegger revient en effet sur la question de la traduction, en insistant sur la nécessité pour nous de traduire les mots grecs en grec, et non pas en latin ou en allemand.

4. *Ibid.*

5. *Ibid.*, p. 408.

avons à trouver un accès à la parole d'Anaximandre en dehors de cette parole elle-même, dans l'expérience dont cette parole est l'expression.

ÊTRE ET PRÉSENCE

Mais qu'est-ce qui est dit dans cette parole ? De quoi parle-t-elle ? Selon la traduction littérale qu'on peut en donner, il est question dans la première phrase du naître et du périr des choses, plus précisément des étants *(ta onta)*, de la nécessité de ce processus universel du naître et du périr, de la justice, de l'injustice et du châtiment en rapport avec les étants, et il est habituellement considéré comme normal qu'une manière primitive de pensée fasse usage de concepts moraux et juridiques pour parler de ce qui relève du domaine de la nature, des *phusei onta.* Heidegger souligne que cette manière de comprendre la parole d'Anaximandre présuppose que la sphère de l'éthique et du droit ait déjà été différenciée de celle de la nature, ce qui n'est pas encore le cas pour ceux que Heidegger nommera par la suite des penseurs plutôt que des philosophes, précisément parce pour eux, il n'y a pas encore de philosophie au sens strict[1], ni de tripartition de la philosophie en physique, éthique et logique[2], de sorte que nous ne pouvons pas considérer que leur manière de parler relève d'un anthropomorphisme ayant la forme d'un transfert de conceptions morales et juridiques au domaine de la nature. Cela implique que *ta onta* ne veut pas dire *ta phusei onta* en un sens étroit, au sens moderne de l'opposition entre choses naturelles et faits de culture, et que *einai* et *on* ne sont pas les noms d'une sphère délimitée par rapport à d'autres, mais des noms de cette « dimension de toutes les dimensions » à partir de laquelle les autres termes tels que *dikè*, *logos*, *phusis*, *tekhnè*, etc. peuvent seulement être compris. Nous avons l'habitude de considérer l'être comme la dimension générale au sein de laquelle toutes les autres sphères trouvent leur délimitation, mais il s'agit là d'un mode de pensée logique qui ne s'est développé qu'à partir de la philosophie aristotélicienne et qui ne peut pas rendre compte de la signification que les Grecs de la période antérieure donnait à l'être. Penser *ta onta* de manière grecque signifie ici les penser de manière non logique, non conceptuelle. Et il s'agit de faire de même pour les mots *genesis* et *phthora*, qui ne sont pas seulement des termes issus de la philosophie d'Aristote, c'est-à-dire des concepts philosophiques, mais aussi des mots que l'on

1. *Cf.* M. Heidegger, *Qu'est-ce que la philosophie ?*, p. 27.

2. *Cf.* M. Heidegger, *Lettre sur l'humanisme*, trad. fr. R. Munier, Paris, Aubier Montaigne, 1964, p. 143.

trouve déjà chez Homère. Ils doivent être compris à partir de la *phusis*, qui est le nom du processus général de la venue à l'apparaître et du disparaître dans l'occultation. Ce processus de venue à la présence et de sortie de la présence des étants n'est pas opposé, en tant que domaine du devenir, à celui de l'être, car une telle opposition impliquerait la nature statique de l'être, mais il doit au contraire être compris comme l'être lui-même en un sens verbal. Dans son cours de 1941, Heidegger met l'accent sur le fait que « cette opposition creuse de l'être et du devenir », telle qu'on la trouve chez Nietzsche, est précisément ce qui rend impossible la saisie de la pensée grecque[1].

Mais quel est donc le sens de l'être pour les Grecs si l'être n'est pas pour eux ce qui s'oppose au devenir, mais au contraire ce qui lui donne son « essence » ? Il nous faut ici « sauter » dans un autre sens de l'être que celui qui est habituellement le nôtre. Pour cela, nous avons besoin d'un fil conducteur qui n'appartient pas au domaine philosophique, ce qui veut dire que nous devons revenir à l'époque qui précède celle où le mot *einai* devient le terme directeur de la pensée et où les termes *on* et *onta* apparaissent comme les formes émoussées des mots originels *eon* et *eonta*. Nous pouvons comprendre, dit Heidegger, ce que les premiers Grecs entendaient par *eon* en nous référant à un passage de l'Iliade (I, 68-72), où ce mot apparaît. Dans ce passage, Homère déclare que Calchas était le plus sage des voyants parce qu'il connaissait ce qui est, ce qui sera et ce qui fut. *Ta eonta* désigne ici ce qui est présent *(das Gegenwärtige)*. Mais présent, cela signifie pour nous ce qui est maintenant *(das Jetzige)*, alors que cela voulait dire pour les Grecs ce qui vient en présence *(das Anwesende)* et non pas seulement ce qui se tient en face *(gegen)* du sujet au sens de l'objet *(Gegenstand). Gegen* dans *gegenwärtig* est le nom du domaine ou de la contrée *(Gegend)* de la non-occultation. Il nous faut donc comprendre le présent *(Gegenwart)* à partir des *eonta* et non à l'inverse, les *eonta* à partir du présent, parce que *eon* « nomme pour les Grecs le présent *(das Anwesende)* en tant qu'il est arrivé à séjourner au sein de la contrée de la non occultation »[2]. Le passé et l'avenir sont aussi présents, sont aussi des *eonta*, mais ils sont en dehors du domaine de la non-occultation, ils n'y sont pas encore parvenus ou ils en sont déjà sortis, mais en tout cas ils demeurent essentiellement en relation avec ce domaine.

Ce que l'on peut tirer de cette analyse, c'est que *eonta* désigne d'une part le présent au sens strict, ce qui vient présentement en présence *(das*

1. M. Heidegger, *Concepts fondamentaux*, p. 137.
2. M. Heidegger, *Chemins qui ne mènent nulle part*, p. 417.

gegenwärtige Anwesende), et d'autre part le présent au sens large, ce qui vient non présentement en présence aussi bien que ce qui vient présentement en présence, mais c'est le présent au sens strict qui régit la manière d'être du présent au sens large, et non le contraire. Calchas le voyant voit toutes choses comme venant en présence, ce qui veut dire que sa vue ne se réduit pas à ce qui vient présentement en présence, car il est « sorti hors de lui-même », il est transporté par un mouvement extatique qui lui permet de voir l'absence comme un mode de la venue en présence et la présence comme un mode de la sortie hors de l'absence. Mais cette vision ne provient pas du voyant lui-même. Le voyant voit parce qu'il se tient dans la lumière de l'être. C'est ce qui fait de lui un *mantis*, un voyant, capable de *mantosunè*, de frénésie, délire, de folie, et cette folie doit être vue comme une capacité de connaissance, qui de son côté doit être comprise comme un avoir vu, au sens d'une rétention de la vision, d'une mémoire de la venue en présence. La connaissance est ainsi la mémoire de l'être, c'est-à-dire ce qui permet de voir l'absence *comme* présence. C'est là ce qui détermine la position de l'être humain dans sa relation à l'être : il ne s'en tient pas au « maintenant », au sensible en tant que tel, il est le « berger » de l'être [1], celui qui préserve la vérité de l'être, en demeurant le « lieu-tenant » du néant [2], celui qui ouvre l'espace de l'absence au sein de la présence elle-même et qui en tant que *Da-sein* est « résolument » ouvert à l'être [3]. Mais cela ne veut pas dire que la venue en présence dépend de lui en tant que « sujet », comme si elle était son « objet », c'est-à-dire ce qu'il s'oppose à lui-même en tant que représentation, cela veut seulement dire qu'il « appartient » de manière spéciale à l'avènement de la vérité, de sorte que la non-occultation n'a lieu que dans la mesure où le voyant voit, que dans la mesure où il y a pensée.

Il est maintenant possible de comprendre que *eonta* n'est pas le nom seulement des *phusei onta*, de ce processus qu'est la nature, mais le nom de ce qui vient en présence au sens large et qui, en tant que tel, inclut nécessairement l'homme lui-même. Il n'est plus possible en effet de penser de manière représentative et de distinguer la sphère objective de la nature de la sphère subjective de l'humain. On peut donc conclure de tout cela que la réponse à la question de savoir ce qui était dit dans la parole d'Anaximandre, c'est *ta eonta*, en tant que nom de ce qui est à penser.

1. *Cf.* M. Heidegger, *Lettre sur l'humanisme*, p. 109.

2. *Cf.* M. Heidegger, « Qu'est-ce que la métaphysique ? », *Questions I*, p. 66 (Henry Corbin traduit ici *Platzhalter* par « sentinelle », alors qu'il signifie plus précisément « tenant-lieu »).

3. M. Heidegger, *Chemins qui ne mènent nulle part*, p. 420.

JUSTICE ET INJUSTICE

La seconde partie de la parole d'Anaximandre, qui est en fait, selon Heidegger, qui suit ici Burnet, celle qui peut lui être réellement attribuée [1], est constituée à nouveau de deux phrases : la première, *kata to khreôn*, parle de la nécessité, la seconde, selon la traduction courante, de la justice et de l'expiation que les choses se paient les unes aux autres pour leur injustice. Le mot *adikia*, injustice, est le nom du trait fondamental des *eonta*. C'est un mot négatif, et si l'on laisse de côté toutes les représentations juridiques et morales qui lui sont attachées, on peut se borner à constater qu'il nomme la privation de *dikè*, laquelle, vue à la lumière de l'être compris comme présence, a le sens d'ajointement et d'accord[2]. Ce qui vient en présence *(das Anwesende)* doit par conséquent être compris comme étant hors de l'ajointement *(aus der Fuge)*[3]. Mais la venue en présence est un processus qui prend place dans l'intervalle séparant deux absences, de sorte que ce qui vient en présence est *das je Weilige*, ce qui séjourne à chaque fois pour un temps. Cet intervalle est ce qui nous permet de comprendre l'arrangement dynamique de la venue en présence, la *dikè* des étants, mais non leur *adikia*. Pourtant la parole dit bien que l'*adikia* est le trait fondamental des *eonta*. En quel sens y a-t-il ici *adikia*? Il semble que l'*adikia* ne peut être le trait fondamental des *eonta* que s'il y a une tendance à la rigidité, à la persistance dans le processus dynamique de l'apparaître et du disparaître des étants, comme si ce qui séjourne à chaque fois pour un temps était enclin à persister dans la présence, à instiguer une insurrection contre le passage du temps, de sorte qu'« il s'étale dans l'obstination de l'insistance » et « ne se tourne plus vers les autres présents »[4]. Une telle conception du devenir, qui voit en lui une fondamentale « injustice » ne peut qu'être jugée pessimiste, voire nihiliste. C'est effectivement la manière dont Schopenhauer et le jeune Nietzsche ont compris l'expérience grecque de l'être. Mais est-ce bien là ce que la parole d'Anaximandre veut dire? Y est-il réellement question d'injustice et de châtiment? En réalité il ne s'agit pas pour les choses d'« expier », comme il est dit dans la traduction de Nietzsche, ni de « payer

1. M. Heidegger, *Chemins qui ne mènent nulle part*, p. 410-411.

2. *Ibid.*, p. 430. Heidegger utilise ici les mots *Fug* (joint) et *Fuge* (accord) qui n'ont pas la même origine étymologique. *Fuge* vient de l'italien *fuga*, fuite (voir le grec *phugè*), alors que le verbe allemand *fügen* se rattache à la racine indo-européenne **pak* (relier) et veut dire « joindre ». Quant au mot *dikè*, il se rattache à la racine indo-européenne **deik* qui veut dire montrer et dire. *Cf.* E. Benveniste, *Le vocabulaire des institutions indo-européennes*, Paris, Minuit, 1969, t. II, p. 108.

3. *Ibid.*, p. 427.

4. *Ibid.*, p. 428.

châtiment », comme traduit Diels, mais de *didonai dikè*, de « donner ajointement ». Une telle conception morale du devenir demeure sous la domination de l'esprit de vengeance qui exige l'expiation du passé et ne voit pas le don de la présence, un don qui ne consiste pas simplement à se dessaisir de quelque chose, mais, plus originellement, à accorder à l'autre ce qui lui renvient en propre. Un tel don est le don de l'être, il relève d'un agir ontologique et non pas moral, au sens où, comme Heidegger le souligne au début de la *Lettre sur l'humanisme*, texte écrit au cours de la même année 1946, « accomplir [en tant qu'essence de l'agir] signifie déployer une chose dans la plénitude de son essence », de sorte que « ne peut être accompli que ce qui est déjà », à savoir « l'être » [1]. Ce don plus originel consiste par conséquent à *laisser* les étants appartenir à l'être, il est un *Gehörenlassen*[2], car ce qui appartient en propre à ce qui séjourne à chaque fois pour un temps, ce n'est précisément pas l'obstination à perdurer, mais au contraire l'« obéissance »[3] au caractère transitoire de son séjour. Ce qui vient à la présence n'est en effet présent que dans la mesure où il se laisse lui-même appartenir au non présent et « assume » *(verwindet)* la disjointure au sens où il cède constamment le passage à la non présence. Il y a ici assomption *(Verwindung)* et non pas dépassement *(Überwindung)* de la disjointure et du désaccord précisément parce qu'ils ne sont pas simplement laissés en arrière, mais assimilés en tant qu'ils constituent la structure de *réciprocité* des présents entre eux. Heidegger nomme tragique et non pas pessimiste ou nihiliste une telle expérience de l'être, et, tout en remarquant que l'emploi d'un tel terme est prétentieux, il souligne cependant que le tragique doit être conçu non pas seulement de manière esthétique ou psychologique, mais dans sa dimension ontologique essentielle, ce qui veut probablement dire que le tragique provient de l'*hubris*, de la démesure qui est à l'origine de l'insubordination des étants et qui s'oppose au nécessaire accord de leur ensemble.

Car le processus de la venue à la présence concerne une pluralité d'étants qui doivent venir à la présence dans leur ensemble. Chaque étant ne doit donc pas seulement « assumer » sa propre tendance à perdurer dans la présence, mais il doit aussi retenir sa place propre dans l'accord général et maintenir la relation qui le lie aux êtres étants et à leur ensemble. C'est là, selon Heidegger, le sens du mot *tisis*, qui n'a pas ici la signification morale ou juridique de paiement ou d'expiation, mais celle, plus originelle,

1. Heidegger, *Lettre sur l'humanisme*, p. 27.

2. M. Heidegger, *Chemins qui ne mènent nulle part*, p. 430.

3. Rappelons qu'en allemand les verbes *gehören*, appartenir, et *gehorchen*, obéir, sont issus de la même racine, *hören*, entendre.

d'estimation, dont le résultat est soit le bienfait, soit le châtiment. Cela signifie la prise en compte des autres présents, le respect et la considération de ceux-ci, lesquels définissent la manière selon laquelle les étants séjournent à chaque fois dans la présence, de sorte que le processus dynamique de la venue en présence implique la compatibilité de tous les étants à l'intérieur du domaine de la non occultation. Cela veut dire, pour le souligner encore une fois clairement, que les étants ont à assumer leur tendance au déni de leur propre momentanéité, laquelle est en fait la condition même de leur venue en présence. Pour exprimer le sens ontologique et non pas seulement moral, c'est-à-dire anthropologique du mot *tisis*, Heidegger suggère de le traduire par *Ruch*, mot qui vient du moyen haut allemand *ruoche*, qui signifie le soin, le souci, la sollicitude, au sens de l'attention portée aux autres et des égards qui leur sont dus[1]. Avoir des égards les uns pour les autres, *didonai tisis allelois*, c'est là la manière selon laquelle les étants peuvent en général séjourner et être présent, à savoir en laissant avoir lieu l'accord, *didonai dikè*[2]. L'assomption de la disjointure n'est par conséquent rien d'autre que le fait de laisser être la réciprocité du soin et du souci. Mais il nous faut nous-mêmes être attentifs à la manière dont nous comprenons ici les mots soin et souci : non pas seulement au sens du respect éthique qui est dû à l'altérité de l'autre, mais au sens des égards que requiert l'*être* même de l'autre, qui comprend en lui-même une relation à l'être en tant que tel.

La seconde phrase de la parole d'Anaximandre dit le mode de la venue en présence. La première phrase nomme la venue en présence en tant que telle. Le mot principal est ici *to khreôn*, que l'on traduit habituellement par « nécessité », mais Heidegger voit en lui « le nom le plus ancien » pour l'être[3], et le *kata* qui le précède désigne un mouvement qui va du haut vers le bas, de l'être vers les étants. *To khreôn* est par conséquent le nom de ce qui dispose l'accord de la venue à la présence. L'oubli de l'être est en réalité l'oubli de la différence de l'être et de l'étant, c'est-à-dire de la relation *génétique* de l'étant à l'être, il consiste à voir dans l'être un simple étant ou au mieux un étant suprême. Mais cet oubli de l'être, comme cela a déjà été souligné, n'est pas le fait des penseurs, mais de l'être lui-même, qui en laissant apparaître les étants, s'occulte nécessairement lui-même. L'oubli de l'être n'est donc rien d'autre que l'avènement *(Ereignis)* de la métaphysique, il n'a rien de négatif en lui-même, il est au contraire

1. M. Heidegger, *Chemins qui ne mènent nulle part*, p. 434.

2. *Ibid.*, p. 435. Rappelons à ce propos que *dikè* a aussi le sens courant de « manière d'être ou d'agir », de « coutume ».

3. *Ibid.*, p. 438.

« l'événement le plus riche et le plus ample », celui qui ouvre l'espace de l'histoire occidentale[1]. Mais le fait qu'il peut y avoir une expérience de l'oubli de l'être montre que la différence entre l'être et l'étant a probablement laissé une trace dans cette première parole sur l'être dans laquelle elle n'a cependant pas été nommée en tant que telle. *To khreôn* est cette trace, car il est un nom pour la relation de l'être à l'étant, mais non pour la différence de l'être et de l'étant en tant que telle.

Mais quelle est la signification de ce mot ? Pour Heidegger, il faut, pour répondre à cette question, revenir de sa signification dérivée à son sens étymologique. *To khreôn* vient du verbe *khraômai*, rattaché lui-même au substantif *kheir*, qui veut dire main, dont le sens premier est « manier », « donner la main » à quelqu'un ou quelque chose, et par extension « délivrer », « remettre », tout en maintenant ce qui est ainsi remis « en main propre ». En donnant à l'être le nom « *to khreôn* », Anaximandre veut dire, selon Heidegger, que l'être donne sa présence au présent, la lui remet, maintenant ainsi le présent dans la présence. Heidegger propose alors de traduire *to khreôn* par *der Brauch*, qui signifie habituellement « l'usage » ou « le besoin », mais qui doit là aussi être pris dans son sens premier, celui de « jouissance », le verbe moyen haut allemand *brüchen* étant apparenté au *frui* latin, qui doit lui-même être mis en rapport avec le verbe allemand *fruchten*, fructifier, produire. La jouissance dont il est question ici renvoie à quelque chose de plus que le simple « besoin », car elle n'implique pas l'expérience du manque, mais plutôt d'une profusion originaire qui est l'origine même de la genèse des étants, du « don » de l'être, du « *Es gibt Sein* ». Jouir en ce sens, c'est jouir de la présence de quelque chose, et ainsi l'avoir en usage, et donc en main, de sorte que le latin *frui* tout comme l'allemand *brüchen* signifient « délivrer quelque chose à son déploiement propre et le maintenir en tant qu'ainsi présent en ce maintien sauvegardant »[2].

L'être, pensé à la lumière de *to khreôn*, compris comme *Brauch* et *frui*, comme jouissance, est donc ce qui délivre le présent à sa présence et l'y maintient, lui accordant de séjourner pour un temps dans la présence et lui conférant ainsi sa limite *(peiras)*, de sorte qu'il demeure dans l'ajointement qui dispose tout présent de manière transitoire entre la double absence qui est celle de sa provenance et de son déclin. L'être, *to khreôn*, qui confère aux étants leurs limites, est lui-même le sans limite, *to apeiron*. C'est là, selon Simplicius, ce qu'Anaximandre est censé avoir dit. Mais il ne peut y

1. *Ibid.*, p. 440.
2. *Ibid.*, p. 443.

avoir d'être sans qu'il y ait aussi de l'étant : il y entre eux une relation génétique. Parce que l'être ne peut pas demeurer « seul », il « jouit » (plutôt qu'il n'a besoin) des étants, et cette jouissance constitue sa finitude intrinsèque. La tendance des étants à persister dans le séjour et à se durcir dans l'insistance peut être maintenant comprise comme provenant de l'être lui-même dans son incapacité à demeurer « seul », de sorte que, comme Heidegger le souligne, « le *Brauch*, le jouir et le maintien de l'être, demeure du même coup en lui-même ce qui livre la présence au discord. Le *Brauch* ajointe le dis- »[1]. En d'autres terme, le même « don de l'être » qui rend possible la venue à la présence des étants est aussi ce qui rend possible leur tendance à persister dans la présence et leur octroie leur permanence, le même « jouir » et maintien de l'être est à l'origine à la fois de l'ajointement et de la disjointure, de l'accord et du discord. Comme Heidegger le fait remarquer, to *khreôn*, tel qu'il est pensé dans la parole d'Anaximandre, est « la première et la plus haute explicitation pensante de ce dont les Grecs ont fait l'expérience sous le nom de *Moira*, en tant que partition du partage »[2].

La disjointure est par conséquent inscrite au cœur de l'être lui-même, qui ne peut être pensé comme accord ou *dikè* sans l'être en même temps comme discord ou *adikia*. Mais Heidegger refuse de parler ici de justice et d'injustice, parce que, explique-t-il, demeurant à cet égard dans une grande proximité de Nietzsche et de son identification de la morale et de la métaphysique, trop souvent d'un point de vue moral « le vengé *(das Gerächte)* est le juste *(das Gerechte)* »[3]. Est-il en effet possible de penser le domaine de ce qui est nommé « droit » ou « justice » sans aucune référence à l'idée de vengeance, d'expiation et de châtiment ? La question mérite d'être posée. Mais qu'est alors la vengeance, si elle peut être à l'origine même de l'éthique ? Nietzsche nous donner la réponse dans son *Zarathoustra* : c'est « le ressentiment de la volonté envers le temps et son "il y avait" », le ressentiment envers tout ce qui est transitoire[4], ce qui signifie, du point de vue heideggérien de la non différence entre le devenir et l'être, un manque de *tisis*, d'estimation et de soin pour l'être lui-même, pour la *finitude* de l'être qui ne peut se révéler que dans la transcendance du *Dasein*[5]. Il ne peut en vérité y avoir un domaine séparé de l'éthique et des représentations morales et juridiques indépendantes que sur la base d'un tel esprit de

1. M. Heidegger, *Chemins qui ne mènent nulle part*, p. 444 (traduction modifiée).
2. *Ibid.*, p. 445 (traduction modifiée).
3. *Ibid.*, p. 429.
4. *Cf.* M. Heidegger, « Qui est le Zarathoustra de Nietzsche ? », *Essais et conférences*, Paris, Gallimard, 1958, p. 133.
5. M. Heidegger, « Qu'est-ce que la métaphysique ? », *Questions I*, p. 69.

vengeance contre l'être et le temps, un « esprit » qui ne veut pas laisser l'être être en même temps accord et discord, qui ne veut pas laisser l'être être *fini*. Car une telle finitude signifie en même temps l'appartenance de l'homme à l'être et la possibilité pour lui de se tourner contre lui. Ce qui doit donc être respecté en l'homme, ce n'est pas seulement son irréductible singularité ou altérité, c'est-à-dire sa « part » de temps, mais la liberté qui lui permet ou de ne lui permet pas d'affirmer l'être et de dire oui au temps, car qu'est-ce qui peut être l'objet d'un oui et d'une affirmation si ce n'est *ce qui est déjà en tant que ce qui sera*, à savoir l'être dans sa non différence avec le devenir ? C'est la raison pour laquelle, en opposition à ceux qui veulent donner à l'éthique, et non à l'ontologie, la première place, Heidegger déclare dans la *Lettre sur l'humanisme* que « la pensée qui pense la vérité de l'être comme élément originel de l'homme en tant qu'eksistant est déjà en elle-même l'éthique originelle » [1].

1. M. Heidegger, *Lettre sur l'humanisme*, p. 151.

QUATRIÈME PARTIE

D'UNE PENSÉE QUI NE SERAIT PLUS PHILOSOPHIE

HISTOIRE, HISTORIALITÉ ET *EREIGNIS*

Qu'en est-il de la conception que Heidegger se fait de l'histoire, y a-t-il chez lui une «philosophie de l'histoire» et si c'est le cas, en quoi se distingue-t-elle de la philosophie hégélienne de l'histoire avec laquelle, malgré la critique féroce qu'en fait Heidegger, elle paraît avoir bien des points communs ? Ne trouve-t-on pas en effet dans les deux cas un schème de pensée commun qui conduit, chez Hegel, à concevoir l'histoire comme le progrès de la conscience vers l'esprit ou comme le mouvement de retour à soi de l'esprit aliéné, et inversement, chez Heidegger, à l'idée d'une histoire de l'être apparaissant comme une histoire de l'oubli croissant de l'être ? N'y a-t-il pas, pour reprendre le titre d'un article de Michel Haar publié en 1980[1], des « structures hégéliennes » dans la pensée de Heidegger ou un «modèle hégélien» de l'histoire de l'être heideggérienne qui conduirait à l'idée d'une « fin de l'histoire » dans ce que Heidegger nomme, à partir des années 1930, *Ereignis* ? Il est nécessaire de rouvrir cette question aujourd'hui, puisque les textes rédigés par Heidegger au cours des années 1930 ont maintenant été publiés et apportent d'autres éléments de réponse. C'est en particulier le cas du manuscrit écrit entre 1936 et 1938, mais publié seulement en 1989, qui s'intitule *Beiträge zur Philosophie*, les « Contributions » ou « Compléments à la philosophie » et dont le sous-titre est précisément *« Vom Ereignis »*.

L'*EREIGNIS* ET LA QUESTION DE LA FIN DE L'HISTOIRE

On peut prendre comme point de départ un passage d'un texte qui n'est pas de Heidegger lui-même, mais auquel Heidegger, qui l'a soigneusement

1. M. Haar, « Structures hégéliennes dans la pensée heideggérienne de l'Histoire », *Revue de Métaphysique et de Morale*, n° 1, 1980, texte repris dans *Le chant de la terre*, Paris, L'Herne, 1985.

relu et complété, a donné en quelque sorte son *imprimatur*: il s'agit du protocole, rédigé par Alfredo Guzzoni, du séminaire qui s'est tenu en septembre 1962 à Todtnauberg et qui portait sur la conférence « Temps et Être » que Heidegger avait prononcé quelques mois plus tôt, en janvier 1962 :

> Si l'*Ereignis* n'est pas une nouvelle empreinte de l'être appartenant à l'histoire de l'être, mais si au contraire l'être appartient à l'*Ereignis* et se voit repris en lui (de quelque manière que ce soit), alors pour la pensée *dans* l'*Ereignis*, c'est-à-dire pour la pensée qui entre dans l'*Ereignis*, dans la mesure où l'être qui repose dans la dispensation ou le destin *(Geschick)* n'est plus ce qui est proprement à penser, l'histoire de l'être prend fin. La pensée se tient alors dans et devant Ce qui a destiné ou dispensé les différentes figures de l'être époqual. Mais ceci, ce qui dispense ou destine en tant qu'*Ereignis*, est lui-même non historial *(ungeschichtlich)*, mieux : sans dispensation ou destin [1].

Ce texte dit donc clairement de l'*Ereignis* qu'il est le nom du non-historial, de ce qui ne fait pas époque, et de ce qui est sans destin, c'est-à-dire ne s'adresse pas à l'homme ou au *Dasein*, ce qui rend d'autant plus énigmatique la phrase qui dit que « la pensée se tient dans et devant Ce qui a destiné », et d'ailleurs à ce « *Jenem* », à ce « Ce », Heidegger met une majuscule, qui a en allemand le sens d'une nominalisation. Comment la pensée peut-elle se tenir devant ou dans Ce qui est à l'origine de toute destination et de tout envoi, mais n'est pas lui-même un envoi ou une destination ? Ne faut-il pas au contraire, pour qu'il y ait pensée, que quelque chose lui soit destiné, donné à penser, qu'il y ait un envoi, une dispensation et une époque, un suspens de ce qui s'envoie ainsi en se retenant ? En un mot tout pensée n'est-elle pas nécessairement pensée ou de l'étant, de ce qui est envoyé, ou de l'être, de l'envoi lui-même ? Et comment y aurait-il une pensée de ce qui est à l'origine même de la pensée, en tant que celle-ci répond à un envoi qui lui est adressé ? Il est vrai que le texte dit « dans et devant », et que, dans la phrase précédente, la pensée qui est ici requise est dite être une pensée *im Ereignis*, une pensée qui se tient dans l'*Ereignis*, et le *im*, le « dans », est souligné, et son sens est précisé par une apposition : « c'est-à-dire pour une pensée qui *in das Ereignis einkehrt*, qui entre dans l'*Ereignis* ». Le rapport de la pensée à l'*Ereignis* ne peut donc être « intentionnel », au sens où celui-ci serait l'objet visé par la pensée, son thème, mais c'est un rapport d'une autre sorte, sur lequel Heidegger a déjà insisté dans les *Beiträge zur Philosophie*, rapport particulier qu'il faudra préciser.

1. M. Heidegger, *Questions IV*, Paris, Gallimard, 1976, p. 74 (traduction modifiée).

Pour l'instant, il faut se borner à prendre acte de la difficulté, voir de l'impossibilité qu'il y a à penser le non-historial, dans la mesure même où celui-ci ne se présente pas comme ce qui est à penser, ce qui était pourtant le cas de l'être, donc Heidegger a toujours dit qu'il était le *Zu-denkende*, ce qui est à penser, mais dont maintenant il affirme qu'« il n'est plus ce qui est proprement à penser ».

Après ce début de lecture de ce passage du protocole de *Temps et être*, sur lequel on reviendra par la suite, on peut reposer plus clairement la question qui s'impose ici : l'*Ereignis* est-il ce qui met fin à l'histoire, est-il la « fin de l'histoire » ? Mais en ce cas comment comprendre cet autre énoncé de Heidegger dans les *Beiträge* : *« Das Ereignis ist die ursprüngliche Geschichte selbst »*, « L'*Ereignis* est l'histoire originaire elle-même »[1] ? S'agit-il donc d'un changement abrupt de la pensée de Heidegger entre 1936 et 1962 ou le rapport de l'*Ereignis* à l'histoire est-il moins simple qu'il n'y paraît et ne se laisse-t-il pas enfermer dans le cadre d'une opposition radicale ? Un passage du protocole irait dans ce sens qui dit : « L'absence de dispensation ou de destin de l'*Ereignis* ne veut donc pas dire que toute "mobilité" lui fait défaut. Elle veut bien plutôt dire que c'est le mode de mobilité le plus propre à l'*Ereignis*, qui est de se détourner dans le retrait, qui se montre avant tout à la pensée. Mais il est dit par là que, pour la pensée entrant dans l'*Ereignis*, l'histoire de l'être en tant que ce qui est à penser prend fin, sans préjuger du fait que la métaphysique peut demeurer en vigueur, ce sur quoi nous ne pouvons pas agir »[2].

Ce passage indique donc bien que si pour la pensée entrant dans l'*Ereignis*, l'histoire de l'être prend fin, cela ne veut pas dire que l'on déboucherait sur une fin de l'histoire qui se caractériserait, comme Kojève le suggérait dans une célèbre note de ses Leçons sur Hegel[3], par le retour de l'homme à l'animalité et la disparition du « travail du négatif » dans une post-histoire qui verrait triompher le formalisme ou encore, comme il y a quelque temps un certain Francis Fukuyama l'annonçait, dans un livre paru à New York en 1992[4], par l'accession de l'humanité entière à la démocratie libérale ; cela veut plutôt dire que ce à quoi la pensée aurait alors affaire, ce

1. M. Heidegger, *Beiträge zur Philosophie*, Frankfurt am Main, Klostermann, 1989, § 12, p. 32.

2. *Questions IV*, p. 75 (traduction modifiée).

3. *Cf.* A. Kojève, *Introduction à la lecture de Hegel*, Paris, Gallimard, 1947, Note de la page 434-35 à laquelle s'ajoute une longue note de la seconde édition de 1971, p. 436-37.

4. F. Fukuyama, *The End of History and the Last Man*, New York, The Free Press, 1992. La traduction française é été publiée la même année par Flammarion, Paris, sous le titre *La Fin de l'histoire et le Dernier Homme*.

serait non pas à une dispensation ou à un envoi, c'est-à-dire à ce que Heidegger nomme « être », mais à un retrait. Peut-être peut-on risquer ici cette formulation : dans l'*Ereignis*, l'être se montre comme retrait, il se montre comme envoi à partir d'un retrait plus fondamental encore. En réalité toutes ces formulations et ces commentaires sont prématurés, puisqu'on ne sait pas encore ce que Heidegger met sous les termes de « *Ereignis* » et « *Geschichte* », et c'est la raison pour laquelle, après cette introduction sans doute trop abrupte, il faut maintenant revenir en arrière.

HISTORIALITÉ ET HISTOIRE

Pour cela, il est nécessaire de prendre à nouveau appui sur une citation de Heidegger, tiré des *Beiträge*, texte dans lequel apparaît pour la première fois le terme d'*Ereignis*, avec le sens particulier que lui donne Heidegger, différent de celui que ce terme revêt dans l'allemand courant aujourd'hui pour lequel il signifie événement et même incident. Heidegger écrit, sous l'intitulé « *Ereignis und Geschichte* » qui est celui du § 12 des *Beiträge* :

> Histoire ici non conçue comme un domaine de l'étant parmi d'autres, mais uniquement en regard du déploiement de l'Être lui-même *(Wesung des Seyns selbst)*. Déjà dans *Sein und Zeit* l'historialité du *Da-sein* est à comprendre seulement à partir du projet de l'ontologie fondamentale et non pas comme une contribution à une philosophie de l'histoire existante [1].

Comprendre ce que veut dire *Geschichte* pour Heidegger, et en particulier *Seinsgeschichte*, histoire de l'être, exige donc de revenir à ce stade précédent où il n'était question que d'historialité du *Dasein*. L'opposition dominante à cette époque, celle d'*Historie* et de *Geschichte*, est encore, si c'est possible, plus fortement marquée en 1936-1938. En voici pour preuve un passage des *Beiträge* qui dit : « Ce n'est que dans le franchissement immédiat de l' *"Historischen"* que la *Geschichte devient* » [2] et le *devient* est souligné, car la *Geschichte* ne peut pas « être », elle ne peut que « *geschehen* », se produire ou advenir. Le § 273 intitulé *Geschichte* définit l'*Historie*, en tant qu'explication constative du passé à partir de l'horizon des affaires et des calculs du présent, comme une suite de la métaphysique, et un autre passage, plus éclairant encore, du § 278 dit des Grecs qu'ils sont *unhistorisch* mais qu'« ils étaient *geschichtlich*, de manière si originaire que la *Geschichte* elle-même leur demeura cachée,

1. M. Heidegger, *Beiträge zur Philosophie*, § 12, p. 32.
2. *Ibid.*, § 4, p. 10.

c'est-à-dire ne devint pas le fondement d'être de la configuration de leur *"Dasein"* »[1]. Cette dernière indication, en particulier, appelle à commentaire, puisqu'on a l'habitude de considérer les Grecs et la pensée grecque comme demeurant attachés à l'idée « naturelle » de devenir cyclique et par conséquent comme anhistoriques en comparaison d'autres traditions qui ont développé l'idée d'un devenir linéaire et orienté vers une fin. En quoi donc les Grecs sont-ils « *geschichtlich* », s'ils sont par contre « *unhistorisch* » ? Cette question renvoie à ce que *Sein und Zeit* nomme « historialité ».

La radicalisation que la pensée de Heidegger fait subir à la problématique historique se manifeste en effet par l'émergence du terme de *"Geschichtlichkeit"* que l'on a coutume de traduire par « historialité » en s'appuyant sur la traduction que le premier traducteur de Heidegger, Henry Corbin, proposait pour le mot *Geschehen* dans la traduction qu'il a donnée en 1938 du chapitre 5 de la deuxième section de *Sein und Zeit* dans un volume intitulé *Qu'est-ce que la métaphysique ?*, volume qui rassemblait aussi d'autres textes de Heidegger. Henry Corbin s'en expliquait dans son Avant-Propos : « Il ne nous fallait pas seulement distinguer entre Histoire comme réalité-historique *(Geschichte)* et l'histoire comme science historique *(Historie)*, mais il nous fallait à tout prix rendre sensible en français la racine commune des deux termes *Geschehen* et *Geschichte*. [...] Pour rendre sensible cette relation, nous avons eu recours au mot vieux-français *historial*; cet adjectif équivalait anciennement à historique, mais comme il est tombé en désuétude, il nous sera permis de lui donne vie nouvelle en l'incorporant comme "nom verbal" (cf. mémorial) à notre lexique »[2]. Le recours à cet ancien terme pour traduire *Geschichlichkeit*[3] a le mérite de permettre en français de distinguer clairement ce qui relève de l'histoire en tant que réalité *(Geschichte)* de l'histoire en tant que discours *(Historie)*, mais on peut pourtant se demander si cette traduction ne risque pas de conduire à hypostasier l'« historial » comme une *autre* dimension par rapport à l'histoire empirique, alors que cette dernière est au contraire prélevée sur l'historicité foncière de l'exister. Il n'en demeure pas moins que, par commodité, c'est celle qui a été adoptée dans cet exposé.

Un passage du paragraphe 72 de ce même chapitre 5 exprime clairement le sens de cette radicalisation : « L'analyse de l'historialité du

1. *Ibid.*, § 278, p. 508.

2. M. Heidegger, *Qu'est-ce que la métaphysique ?*, Paris, Gallimard, 1938, p. 16.

3. Que Corbin traduisait lui par « historicité » alors que les traducteurs suivant sont choisi d'autres traductions pour « Geschehen » : « accomplissement » (Boehm et Waehlens), « provenir » (Martineau), « aventure » (Vezin).

Dasein tente de montrer que cet étant n'est pas "temporel" parce qu'il "est dans l'histoire", mais qu'au contraire il n'existe et ne peut exister que sur le mode historique parce qu'il est dans le fond de son être temporel »[1]. Il ne s'agit plus pour Heidegger de tirer la temporalité de la vie humaine de la facticité historique de l'être humain et de considérer l'histoire de manière encore extrinsèque comme le domaine de la réalisation de soi de l'homme, l'espace d'inscription de son devenir-homme ou le lieu de sa rencontre avec lui-même, mais plus radicalement de découvrir au fond de sa facticité historique, de son « être-dans-l'histoire » l'historicité intrinsèque de l'être humain. Le temps historique n'est donc pas un *milieu* pour l'homme, mais l'étoffe même de son être, ce en dehors de quoi il n'aurait nulle existence. Car ce qui fonde pour Heidegger l'historicité de l'homme, c'est son être foncièrement temporel, sa temporalité originaire, et c'est la raison pour laquelle toute interprétation de la science historique, de l'*Historie*, et toute épistémologie des *Geisteswissenschaften*, des sciences dites de l'esprit ou sciences de l'homme, doit se fonder sur l'analyse existentiale de l'historicité humaine, c'est-à-dire sur ce travail de mise au jour qui s'effectue dans *Sein und Zeit* et qui consiste à découvrir dans la temporalité le sens ultime de l'existence humaine. Ce n'est donc pas l'histoire-*Historie* qui peut nous apprendre quelque chose sur l'homme ou même ce qu'est l'homme en tant qu'être historique, mais c'est au contraire l'herméneutique du *Dasein* dans sa temporalité qui seule peut fonder la science historique.

Or cette radicalisation du problème de l'histoire et cette émergence du concept-clé de « *Geschichtlichkeit* » ne sont pas le fait du seul Heidegger, et il est d'ailleurs le premier à se reconnaître à cet égard des prédécesseurs. Le terme de « *Geschichtlichkeit* » apparaît, pratiquement pour la première fois dans la langue allemande, dans la correspondance échangée entre Dilthey et Yorck von Wartenburg, auquel est dédiée l'*Einleitung in die Geisteswissenschaften* de 1883[2]. Cette correspondance étalée sur plus de vingt ans – de 1877 à 1897, année de la mort de Yorck von Wartenburg – a été publiée en 1923, avec les premiers volumes des *Diltheys Gesammelte Schriften.* Le § 77 du chapitre 5 de *Sein und Zeit* porte entièrement sur les recherches de Dilthey et les idées de Yorck et sur le rapport qu'elles entretiennent avec l'exposition qui vient d'être faite du problème de l'historicité. Le § 76 se terminait sur cette phrase : « Mais parce que les concepts fondamentaux des sciences historiques (qu'ils

1. M. Heidegger, *Sein und Zeit*, Tübingen, Niemeyer, 1963, § 72, p. 376.

2. Ce texte constitue le tome I des *Diltheys Gesammelte Schriften*, Teubner, Leipzig & Berlin, 1922; il a été traduit dès 1942 par L. Sauzin sous le titre *Introduction à l'étude des sciences humaines* aux Presses Universitaires de France.

concernent leurs objets ou la manière dont elles en traitent) sont des concepts d'existence *(Existenzbegriffe)*, la théorie des sciences de l'esprit a comme présupposé une interprétation existentiale thématique de l'*historialité* du *Dasein*. Celle-ci est le but constant dont cherche à s'approcher le travail de recherche de W. Dilthey et qui se trouve éclairé de manière plus pénétrante par les idées du comte Yorck von Wartenburg »[1]. Le paragraphe 77 conclut à son tour sur cette affirmation : « On comprend en quel sens l'analytique temporelle-existentiale préliminaire du *Dasein* est résolue à cultiver l'esprit du comte Yorck pour servir l'œuvre de Ditlhey »[2]. Une dernière citation, tirée du paragraphe 72, va dans le même sens : « L'analyse suivante se contente d'indiquer le lieu ontologique du problème de l'historicité. Il s'agit au fond uniquement dans l'analyse qui va suivre de frayer la voie aux recherches de Dilthey pour favoriser leur assimilation encore à venir par la génération actuelle »[3]. De ces trois textes, il ressort non seulement que Heidegger semble voir en Dilthey son prédécesseur dans la voie de l'analyse existentiale, mais qu'il va même jusqu'à considérer ce chapitre sur l'historialité comme entièrement redevable à Dilthey et à celui qui l'a à cet égard inspiré, à savoir Yorck[4].

C'est en effet Yorck qui met l'accent sur l'intérêt qui est commun aux deux penseurs « de comprendre l'historialité ». On peut en effet supposer que c'est Yorck qui a forgé le néologisme « *Geschichtlichkeit* » et l'a imposé à Dilthey. On le trouve bien déjà en deux occurrences des *Leçons sur l'histoire de la philosophie* de Hegel, une fois rapporté au moment grec et une autre fois rapporté au Christ[5], mais sans que ce terme ne devienne un mot-clé de la pensée de Hegel, ce dont on peut d'ailleurs s'étonner, étant donné le nombre de néologismes de même type dont la langue allemande lui est redevable. Il faut ensuite pratiquement attendre la correspondance de Dilthey et de Yorck pour le rencontrer à nouveau[6] et il est remarquable de

1. SZ, § 77, p. 397.
2. *Ibid.*, p. 403-404.
3. *Ibid.*, § 72, p. 377.
4. Voir à ce sujet et pour ce qui suit F. Dastur, « Heidegger : Histoire et Historicité. Le débat avec Dilthey et l'influence de York von Wartenburg », *Heidegger en dialogue 1912-1930, Rencontres, affinités, confrontations*, S. Jollivet et C. Romano (éd.), Paris, Vrin, 2009, p. 11-32.
5. *Cf* L. von Renthe-Finke, *Geschichtlichkeit, Ihr terminologischer und begrifflicher Ursprung bei Hegel, Haym, Dilthey und Yorck*, Göttingen, Vandenhoeck & Ruprecht, 1964, p. 20 *sq.*
6. On trouve cependant déjà dans l'*Einleitung* de 1883 l'expression : « *innere Lebendigkeit und gleichsam Geschichtlichkeit Gottes* », alors que le terme de *Geschichtlichkeit* n'apparaît dans la correspondance Dilthey-Yorck qu'à partir de 1886. *Cf.* L. von Renthe-

voir qu'après la mort de Yorck en 1897, ce terme disparaîtra du vocabulaire de Dilthey. Il désigne chez les deux penseurs le mode d'être historique de l'esprit humain par opposition à tout point de vue de la métaphysique dogmatique pris sur celui-ci. Il s'agit donc d'un mot d'ordre de ralliement dans le combat qu'ils mènent tous deux contre la philosophie de leur temps, qu'ils nomment « *totes* » ou « *altes Denken* », pensée morte ou ancienne, à savoir le positivisme, l'utilitarisme, le mécanisme surtout que Yorck qualifie de « science de la nature en guise de pensée ». Car cette pensée est aveugle à la réalité effective, à la *Wirklichkeit* que Yorck veut représenter dans sa *Lebendigkeit*, dans son caractère vivant. Dilthey veut rompre avec les catégories utilisées jusqu'ici pour penser l'histoire et Yorck, de son côté, exige que les formes historiques deviennent fluides. Pour tous deux *Leben und Geschichte*, vie et histoire, s'interpénètrent et c'est ce caractère vivant, cette *Lebendigkeit*, cette capacité de vivre par soi-même et de former sa vie qu'ont perdu les hommes « sans histoire » *(geschichtlos)* de leur époque dans la mesure où leur vie est dominée par le mécanisme. Car le propre du mécanisme, c'est d'expliquer toute vie, y compris la vie psychique, en partant d'éléments isolés et non pas de la cohésion du sens et du vécu *(Sinn-Erlebnis-Zusammenhang)* chère à Dilthey.

Mais ce qui constitue pour Yorck le comportement vital primordial, c'est la projection et l'abstraction, et à cet égard, le rôle de la philosophie consiste à comprendre les résultats de la pensée à partir de leur provenance, c'est-à-dire comme des projections de la vie et de son déchirement originel. Ce en quoi Yorck domine ici Dilthey, c'est qu'il pense l'objectivation à partir du rapport métaphysique de la vie et de la conscience de soi tel que Hegel l'a posé : il ne s'agit pas pour lui de revenir à la vie dans une perspective seulement épistémologique, mais de penser « l'identité » de la vie et de ses objectivations[1]. Ce que Dilthey n'avait compris que comme une tendance naturelle à la stabilité qui serait à la racine de l'objectivation, Yorck le comprend comme *processus* interne de la vie qui fait passer de la situation d'immersion dans la réalité historique *(Geschichte)* vers la saisie objective de celle-ci par la science historique *(Historie)*. C'est ce qui

Finke, *Geschichtlichkeit, Ihr terminologischer und begrifflicher Ursprung bei Hegel, Haym, Dilthey und Yorck*, *op. cit.*, p. 73 *sq*.

1. Il y a là en effet un écho des paroles fameuses de Hegel dans la *Préface* à la *Phénoménologie de l'esprit* : « Ce n'est pas la vie qui recule d'horreur devant la mort et se préserve pure de la destruction, mais la vie qui supporte la mort et se maintient en elle qui est la vie de l'esprit. L'esprit conquiert sa vérité seulement quand il se retrouve soi-même dans le déchirement absolu » (Paris, Aubier bilingue, 1966, p. 79). Voir à ce propos, H. G. Gadamer, *Vérité et méthode*, Paris, Seuil, 1996, p. 262 *sq*.

explique qu'il requiert de Dilthey d'accentuer davantage « la différence générique entre l'ontique et l'historique », entre l'*Ontische* et l'*Historische.* Yorck utilise apparemment le premier de ces termes au sens de ce qui tombe sous le coup des sciences de la nature et qu'il nomme également, par opposition à *Leben und Geschichte*, *Sein*, être. Yorck précise : « L'être est un dérivé de la vie *(Leben)*, une manifestation particulière de la vie ».

Tout le souci de Yorck consiste donc à distinguer l'ontique et l'historique, et c'est précisément cette problématique qui semble requérir pour Heidegger une « radicalisation de principe » [1]. Il s'agit en effet pour Heidegger de poser la question du sens de l'être en tant qu'il comprend l'ontique et l'historique. Cela revient à dire qu'il ne suffit pas d'opposer la nature et l'esprit, mais qu'il s'agit plutôt de les « dériver » d'une même historicité fondamentale. Il n'est donc plus question, comme chez Dilthey, de faire ressortir l'historique par rapport à la nature, mais au contraire de montrer en quoi l'explication, c'est-à-dire le mode de connaissance des sciences de la nature, est une espèce dérivée de la compréhension. Car la compréhension avec Heidegger devient le mode d'être originel du *Dasein* en tant que pouvoir-être, être sur le mode de la possibilité. Le concept de *Verstehen* connaît donc une extension en dehors du domaine proprement traditionnel de l'herméneutique, et là il ne signifie pas seulement comprendre, mais aussi pouvoir. Ce que Heidegger reconnaissait, dans une perspective qui n'est plus celle de l'*Erkenntnistheorie* et qui ne vise pas seulement à fonder la possibilité des sciences historiques, c'est ce que soulignait déjà Yorck lorsqu'il substituait à l'idée diltheyenne d'une identité de nature *(Gleichartigkeit)* du connaissant au connu celle d'une appartenance *(Zugehörigkeit)* de l'être humain à la réalité historique. Car ce qui est à l'origine du projet heideggérien d'une « herméneutique de la facticité » qui refuse de disjoindre le « tout structuré » *(Strukturganze)* que forme l'existentialité et la facticité, la *Geworfenheit* et l'*Entwurf*, c'est la reconnaissance d'une foncière et constitutive historicité du *Dasein* qui, parce qu'il a avec la tradition un rapport d'appartenance, trouve dans l'histoire les possibilités qu'il se transmet à lui-même.

Il va sans dire que la position de Yorck, qui représente l'achèvement de la *Lebensphilosophie*, n'est pas celle de Heidegger, mais cet achèvement est d'une certaine façon présupposé par l'*Existenzphilosophie.* Ce qui demeure insatisfaisant pour Heidegger, c'est l'équivalence posée par Yorck entre être et susbsistance, dont il remarque qu'elle provient de la domination de l'ontologie traditionnelle : « L'ontique n'est qu'*un* secteur

1. SZ, § 77, p. 403.

de l'étant. L'idée d'être embrasse l'ontique *et* l'historique. C'est *elle* qui doit se laisser "différencier génériquement" ». Il n'est certes pas question pour Heidegger de comprendre l'historicité par référence au concept de vie, qu'il juge inadéquat pour rendre compte de l'être de l'homme. Car pour lui ce n'est pas « le mouvement de la vie », mais le caractère ekstatique de l'existence qu'il s'agit de penser. Il n'en reste pas moins que *Sein und Zeit* a pour tâche essentielle de montrer, par un geste analogue à celui du comte Yorck, le caractère dérivé de la *Vorhandenheit* par rapport à la *Geschichtlichkeit* du *Dasein.* C'est à cet égard que l'analytique du *Dasein* « est résolue à cultiver l'esprit du comte Yorck pour servir l'œuvre de Dilthey », en révélant l'origine existentiale de la *Lebensphilosophie.*

Comprendre l'historialité du Dasein à partir du projet de l'ontologie fondamentale et non pas comme une contribution à une philosophie de l'histoire existante *(vorhandenen)*, c'est-à-dire fondée sur le primat donné à la *Vorhandenheit* et au présent, cela implique donc que soient nettement distingués l'histoire comme science ou récit *(Historie)* et le processus historique lui-même, le *Geschehen* dont l'ensemble est nommé *Geschichte*, laquelle peut devenir l'objet d'une thématisation scientifique. Mais ce qui relève de la *Geschichte* et est proprement « historial », c'est primordialement le *Dasein* dont l'historialité est la constitution essentielle. Avec l'historialité, l'analyse existentiale devient « constructive » : car si avec la temporalité, on a atteint, par la démarche réductive, le sens même de l'être du *Dasein*, il s'agit, par l'élaboration plus concrète [1] qu'en est l'historialité, de montrer comment, selon quels modes, authentique et inauthentique, le *Dasein est* temporel, et de dévoiler, par l'analyse de l'historialité authentique, la finitude de la temporalité comme « le fondement caché de l'historialité du *Dasein* » [2]. Mais comment passe-t-on de l'idée d'une historialité du *Dasein* à l'idée d'une histoire conçue uniquement dans la perspective du déploiement de l'être lui-même, à l'idée d'une « Histoire de l'être », d'une « *Seinsgeschichte* » ?

L'ÊTRE ET L'HISTOIRE

Ce passage, Heidegger le désigne lui-même, dès les années 1936-38, comme *Kehre des Ereignisses* ou *Kehre im Ereignis*, tournant de l'*Ereignis* ou tournant dans l'*Ereignis* [3]. Pour tenter d'expliquer succinctement en

1. SZ, § 74, p. 382.
2. *Ibid.*, p. 386.
3. *Cf.* M. Heidegger, *Beiträge zur Philosophie*, titre du § 255, p. 407.

quoi constitue ce passage, il faut une fois encore prendre appui sur un énoncé des *Beiträge* dans lequel il est précisé que le « pressentiment informulé de l'*Ereignis* » se présente comme « *Temporalität* » [1]. C'est donc de la question de la Temporalité de l'être telle qu'elle est exposée en 1927, plus à vrai dire dans les *Problèmes fondamentaux de la phénoménologie* que dans *Sein und Zeit*, que Heidegger saute « dans » l'*Ereignis*, car ce passage est en réalité un *Sprung*, un saut, lequel est longuement analysé dans les *Beiträge*. En 1927, la *Temporalität* nomme la temporalité du *Dasein*, mais plus spécialement à l'égard de l'unité des schèmes horizontaux que celle-ci déploie, laquelle constitue l'horizon de compréhensibilité à partir duquel l'étant est appréhendé. L'horizon est non pas un champ de vision théorique, ce qu'il est de Leibniz à Husserl, mais le domaine du projet, c'est-à-dire de l'existentialité du *Dasein*. On peut déjà noter que l'horizon en tant que tel ne peut pas devenir thématique, puisque c'est à partir de lui que toute thématisation est possible. L'horizon constitue donc déjà en ce sens la « fin » de la temporalité du *Dasein*, qui est aussi le véritable commencement de tout projet en tant que tel, l'*architelos* inanalysable en lui-même à partir de quoi elle se déploie. Mais cet *architelos* est pensé, de manière transcendantale, comme unité de l'horizon et de l'extase du *Dasein*, ce qui implique la dépendance de la Temporalité de l'être par rapport à la temporalité-historialité du *Dasein*. C'est avec cette dépendance « transcendantale » que rompt la « problématique » d'une « histoire de l'être », puisque celle-ci transfère en quelque sorte l'historialité à l'être lui-même. L'être – en 1936-38, Heidegger l'écrit *Seyn*, comme Schelling et Hölderlin, afin de distinguer rigoureusement ce nouveau « statut » de l'être de celui qu'il a reçu dans l'ontologie traditionnelle –, ce n'est plus ce qui constitue le fondement de l'étant, mais ce qui devient au contraire en soi-même digne de question, *frag-würdig*, car il ne peut plus être atteint par un dépassement de l'étant, c'est-à-dire toujours à partir de celui-ci, mais seulement par un « saut » dans ce que Heidegger nomme alors « vérité » de l'être lui-même *(Wahrheit des Seyns selbst)* et qu'il comprend comme ouverture pour le déploiement de l'être *(Offenheit für Wesung als solche)* [2].

Ce que Heidegger nomme alors *Ereignis*, sans d'ailleurs donner aucune explication sur le choix de ce terme (les explications viendront plus tard, en 1959 dans *Acheminement vers la parole* et en 1962 dans « Temps et être »), mais en l'écrivant cependant *Er-eignis*, pour faire apparaître sa (fausse) étymologie à partir de *eignen*, approprier, c'est *die Wesung ou das Wesen*

1. *Ibid.*, § 34, p. 73-74.
2. *Ibid.*, p. 76.

des Seyns[1], le déploiement de l'être dont on peut seulement qu'il *west*, qu'il se déploie, et non pas qu'il est. C'est le rapport de transpropriation *(Übereignung)* dans l'*Ereignis*, c'est-à-dire de la transformation de l'homme comme *animal rationale* en *Da-sein* qui constitue la *Sache* – ce qui est en *question*, et non pas l'objet ou le thème – des *Beiträge* considérées selon non pas leur en-tête officiel qui les classe dans la rubrique philosophie, mais selon leur titre essentiel: *Vom Ereignis*[2]. Ce *Vom* n'est pas un « constatif » et il n'a pas non plus le sens de l'extériorité d'un *Über*, mais le sens « participatif » d'un « à partir de » : « Il ne s'agit plus de discuter "sur" *(über)* quelque chose et de le représenter comme quelque chose d'objectif qui se tiendrait en vis-à-vis, mais de se transproprier dans l'*Er-eignis*, dans l'avènement de la propriation, ce qui équivaut à une transformation essentielle de l'homme de l'"animal rationnel" *(animal rationale)* en *Da-sein* »[3]. Car, de 1927 à 1936, ce qui est apparu avec force à Heidegger, c'est ce qu'il nomme dans le cours du semestre d'été 1930[4] le caractère offensif de la question de l'être *(Angriffscharakter)* qui, loin d'être une question générale, porte au contraire directement atteinte à la racine de l'être singulier. C'est pourquoi la « rubrique » n'est plus maintenant « ontologie », même définie comme ontologie fondamentale, temporale et transcendantale, ni « métaphysique », même comprise comme métaphysique « authentique » du *Dasein*, mais simplement « philosophie », dans la mesure où sous ce terme s'accomplit « *die Verrückung in das Da-sein selbst* », le déplacement dans le *Da-sein* même, ce qui implique que le rapport à l'être ne peut jamais être compris comme la représentation immédiate de quelque chose de subsistant[5].

C'est ici qu'apparaît clairement la dimension foncièrement « performative » de la philosophie qui la distingue radicalement de la science. Car la démonstration de propositions ne relève absolument pas de la philosophie, précisément parce que toute démonstration suppose que le « sujet » qui l'effectue demeure inchangé pendant toute la durée du processus. Il y a là en effet une extériorité du sujet par rapport à ses représentations – cette extériorité n'étant elle-même que la dimension générale de la *Vor-stellung* –, tandis que dans la connaissance philosophique, rien ne reste inchangé, ni le *Dasein*, ni la vérité dans laquelle il se tient, mais au

1. *Cf.* M. Heidegger, *Beiträge zur Philosophie*, § 2, p. 8.
2. *Ibid.*, p. 3 et § 39, p. 80.
3. *Ibid.*, p. 3.
4. *Cf.* M. Heidegger, *Vom Wesen der menschlichen Freiheit*, Gesamtausgabe Band 31, Frankfurt am Main, Klosterman, 1982, p. 131.
5. M. Heidegger, *Beiträge zur Philosophie*, § 5, p. 14.

contraire tout se déplace et se transforme *en même temps*. C'est cette réciproque « altération » que Heidegger nomme « *Verrückung* », déplacement ou dérangement, c'est-à-dire mise en mouvement (*rücken* veut dire faire bouger) de l'entièreté du rapport de l'homme à la vérité, lequel ne peut plus être compris que comme un rapport d'accomplissement et non plus comme une simple re-présentation « démonstrative ». Il s'agit alors de penser de manière plus originelle le caractère de chemin *(Wegcharakter)* de la pensée, c'est-à-dire ce que Heidegger nommera plus tard, dans la *Lettre sur l'humanisme*, sa *Vorläufigkeit*, son caractère à la fois précurseur et provisoire[1]. Car la pensée méthodique, parce qu'elle part de l'étant, est intrinsèquement menacée par « l'oubli de l'être », la *Seinsvergessenheit*[2]. La pensée initiale, c'est-à-dire le mode de pensée que veut promouvoir Heidegger, est au contraire accomplissement *(Vollzug)* et projet *(Entwurf)*, elle est *Er-denken*, pensée productrice[3]. On pourrait dire que son mode n'est pas « constatif » mais « performatif », puisque la pensée ainsi comprise n'est pas extérieure à l'*Ereignis*, mais participe de celui-ci dans son jaillissement.

Cette lecture de quelques passages des *Beiträge* a permis de comprendre en quel sens la pensée peut se « rapporter » au non-historial, à l'*Ereignis*, ou plutôt en provenir. Il s'agit maintenant de tenter d'éclairer plus décisivement le rapport de l'*Ereignis* à l'histoire en tant qu'histoire de l'être.

EREIGNIS ET HISTOIRE DE L'ÊTRE

On ne peut le faire que succinctement en reposant la question de la non-historialité de l'*Ereignis* et en revenant au protocole de « Temps et être ». L'anhistorialité de l'*Ereignis* ne le prive pas de toute mobilité, disait ce protocole, mais le mode le plus propre de la mobilité de l'*Ereignis* est le fait de se détourner dans le retrait, et c'est ce retrait qui se montre à la pensée, de sorte que l'*Ereignis* apparaît alors ainsi sous l'aspect de l'anhistorialité, c'est-à-dire de l'absence de dispensation. Cette anhistorialité est donc fort singulière, puisqu'elle ne signifie pas le repos, l'absence de mouvement, l'arrêt pur et simple, mais au contraire une échappée constante, à partir de laquelle seule peut avoir lieu quelque chose comme l'envoi, la dispensation, et la réponse de l'homme à celle-ci.

1. M. Heidegger, *Lettre sur l'humanisme*, trad.fr. R. Munier, Paris, Aubier Montaigne, 1964, p. 173.
2. M. Heidegger, *Beiträge zur Philosophie*, § 43, p. 88.
3. *Ibid.*, § 21, p. 56.

Le terme d'*Ereignis*, qui a d'abord été pensé par Heidegger à partir de l'*eignen*, de l'approprier, par opposition à son sens courant d'événement, qui le rapproche du terme de *Geschehnis*, et donc de celui de *Geschichte*, doit pourtant être compris à partir de son étymologie véritable qui le rapporte à l'œil, *Auge*, et au voir : *Er-eignen*, c'est *Er-äugen*, qui veut dire saisir du regard, appeler à soi du regard, ap-proprier[1]. C'est donc l'*Ereignis* qui regarde l'homme et l'amène à son propre en le rendant propre à l'être qui est de son côté dédié à l'homme. *Ereignis* est alors le nom de cette propriation *(eignen)* par laquelle l'homme et l'être sont appropriés l'un à l'autre selon des « empreintes » multiples. Dans l'histoire de l'être, qui ne se dispense jamais lui-même que sous une empreinte à chaque fois déterminée (il n'y a pas un être qui, par après, endosserait telle ou telle empreinte), *Ce* qui approprie l'homme à l'être ne peut lui-même se « donner », se dispenser. C'est pourquoi, comme Heidegger le souligne toujours dans la même page du protocole, « la métaphysique est l'histoire des empreintes de l'être, c'est-à-dire du point de vue de l'*Ereignis*, l'histoire du se-retirer de ce qui dispense au profit des dispensations, données dans ce dispenser, d'un laisser chaque fois advenir à la présence le présent »[2]. Du point de vue de l'*Ereignis*, la métaphysique est l'histoire du retrait de ce qui dispense et non pas histoire des dispensations elles-mêmes qui n'adviennent que grâce au retrait. C'est dans cette « grâce », ce « *es gibt* », ce « Ce qui donne » qu'il s'agit d'entrer par la pensée – une pensée pour laquelle l'être, à savoir la dispensation comme telle n'est plus ce qui est proprement à penser. Pour une telle pensée, la métaphysique se révèle comme « oubli de l'être », c'est-à-dire maintenant comme histoire de l'occultation et du retrait de ce qui donne l'être, à savoir histoire de l'occultation et du retrait de l'*Ereignis*. Ce qui implique que l'entrée de la pensée dans l'*Ereignis* a le sens d'une fin de l'histoire de ce retrait. Heidegger utilise ici un terme hégélien pour expliciter cette équivalence de sens entre entrée dans l'*Ereignis* et fin de l'histoire du retrait : « L'oubli de l'être *hebt sich auf* avec l'éveil dans l'*Ereignis* »[3] – c'est-à-dire au sens hégélien de ce mot se nie, se conserve, s'élève, mais ne se « supprime » pas, car cet oubli est le « fait » de l'être, et non de l'homme. Par opposition à la volonté de l'absolu hégélien d'être auprès de nous, selon la phrase célèbre de l'introduction à la *Phénoménologie de l'esprit*, on trouve donc chez Heidegger l'idée d'un refus de l'être à se donner lui-même, en dehors de son empreinte à chaque fois différente,

1. *Cf.* M. Heidegger, « Identité et différence », *Questions I*, Paris, Gallimard, 1968, p. 270.

2. *Questions IV*, p. 74 (traduction modifiée).

3. *Ibid.*, p. 74 (traduction modifiée).

refus que Heidegger, à la fin du protocole, comprend comme constituant la finitude de l'être lui-même.

« Avec l'entrée de la pensée dans l'*Ereignis* advient donc alors seulement le mode d'occultation propre à l'*Ereignis* », poursuit le protocole[1]. Ce mode propre d'occultation est le mode propre de mobilité de l'*Ereignis*, ce qui en fait autre chose qu'une fin au sens d'un arrêt, car entrer dans l'*Ereignis*, c'est en fait entrer dans l'échappée, dans le retrait, dans l'*Enteignis*, la dépropriation, dont le protocole nous dit ici que ce mot correspond, au sens de l'*Ereignis*, lequel ne fut pas pensé par les Grecs, à ce que les Présocratiques indiquaient sous le nom de *lèthè*, occultation[2].

CONCLUSION : L'HISTOIRE SELON HEGEL ET HEIDEGGER

En ce qui concerne la conception que Heidegger et Hegel se font de l'histoire, point sur lequel la proximité des deux penseurs a été jugée la plus étroite, il faut assurément partir de ce qui les unit, à savoir la conception d'une histoire *époquale*, que celle-ci soit celle de l'esprit ou de l'être. Car chez Hegel aussi on trouve l'idée d'un suspens – c'est là le sens propre du substantif *epokhè* – de l'esprit dans chacune de ses « figures », qui ne sont nullement des « parties » de celui-ci, mais plutôt ses « moments », avec le sens spécifique que Hegel reconnaît à ce terme[3]. Il faut donc prendre acte de l'ambiguïté qui persiste dans la conception que Hegel se fait de l'histoire, dans la mesure où Hegel, s'il voit en elle un processus obéissant à une logique de l'accroissement calquée sur le modèle d'une évolution biologique, est pourtant conscient des limites de ce modèle et de la différence qui sépare le développement organique d'un développement spirituel. C'est pourquoi lorsque Heidegger insiste sur le fait qu'il s'agit pour lui de penser la succession des philosophies comme une « libre suite » et non pas comme sortant « les unes les autres au sens de la nécessité d'un processus

1. *Ibid.*, p. 75 (traduction modifiée).

2. *Ibid.*, p. 75.

3. *Cf.* G.W. F. Hegel, *Science de la logique*, t. I, *L'être*, trad. fr. P.-J. Labarrière et G. Jarczyk, Paris, Aubier Montaigne, 1972, p. p. 79 et 81-82. Le terme latin de moment – dont il faut rappeler qu'il vient de *movere* et de *movimentum*, ce qui explique que Hegel définisse l'être et le néant non comme « étants » *(Seiende)*, mais comme moments du devenir –, désigne un terme non détachable d'une relation qui ne le pose lui-même que dans sa différence avec d'autres « moments ». Hegel note que la langue philosophique en tant que langue artificielle utilise des expressions latines pour exprimer le réfléchi, c'est-à-dire ce qui a accédé à l'unité avec son opposé, au sens où dans le jeu de miroir de la spéculation l'autre est saisi comme le même. On est loin ici, à ce sommet de la pensée spéculative qu'est l'*Aufhebung* hégélienne, d'un quelconque « modèle biologique ».

dialectique »[1], on peut légitimement se demander si ce n'est pas plutôt de l'hégélianisme « vulgaire » que de la pensée propre de Hegel dont il se démarque ainsi. Car ce que Heidegger dit du rapport qu'entretiennent entre elles les époques, de cette tradition qui les réunit non pas transversalement, comme un fil passant de l'une à l'autre, mais comme procédant à chaque fois d'une même origine, « de même que d'une source unique proviennent différents ruisseaux qui vont nourrir un fleuve, lequel est partout et nulle part »[2], Hegel pourrait le faire sien, à condition toutefois de voir dans cette « source unique », moins le « secret du destin »[3], de ce *Geschick des Seins* dont Heidegger souligne qu'« il se dispense à nous en nous dérobant le déploiement de son être »[4], que l'unicité de ce sujet qu'est l'esprit. Car l'unicité rassemblante dont se réclame encore Heidegger, ce n'est pas celle d'une substance devenue sujet et intégrant ainsi en elle la négativité[5], sur un modèle en réalité moins biologique que *théologique*[6] d'un absolu se faisant finitude et temporalité, mais celle du secret abyssal d'un don pur, parce sans auteur, et dont la « négativité » – *Nichtigkeit* plutôt que *Negativität*[7] – originaire ne renvoie à rien d'autre qu'au déploiement de l'espace-temps[8].

1. M. Heidegger, *Qu'est-ce que la philosophie ?* Paris, Gallimard, 1957, p. 32.

2. *Cf.* M. Heidegger, *Le principe de raison*, Paris, Gallimard, 1962, p. 201.

3. *Ibid.*

4. *Ibid.*, p. 149 (traduction modifiée). Cf. *Der Satz vom Grund*, Pfullingen, Neske, 1957, p. 108 : « *Seinsgeschichte ist das Geschick des Seins, das sich uns zuschickt, indem es sein Wesen entzieht* ».

5. Cf. *Préface* à la *Phénoménologie de l'esprit*, *op. cit.*, p. 47.

6. Ce que Heidegger a parfaitement reconnu : « La renaissance de Hegel aujourd'hui – il est difficile d'extirper la pensée dominante du moulin de la dialectique. Ce n'est plus qu'un moulin qui tourne à vide, parce que l'attitude fondamentale de Hegel, sa métaphysique théologico-chrétienne, est abandonnée; car la dialectique de Hegel trouve en elle seule son élément et sa tenue » (in *Zeichen*, texte paru dans la *Neue Zürcher Zeitung* le 21 septembre 1969, et repris dans *Denkerfahrungen*, Frankfurt am Main, Klostermann, 1983, p. 152).

7. Heidegger avait tenu à employer le terme de *Nichtigkeit* dans *Sein und Zeit* en un sens précisément non dialectique et en opposition à la *Negativität* hégélienne (*op. cit.* p. 285-86). Cette dernière en effet, comme nous l'avons déjà vu, ne suppose-t-elle pas comme son fondement un absolu capable de se nier lui-même dans son autre ? Ce que Heidegger nomme au contraire *Nichts* ou *Nichtigkeit* ne prend sens que par rapport à la finitude d'un être qu'« il n'y a » que pour autant qu'est le *Dasein.* Il y a là, comme le souligne Heidegger dans le Protocole du séminaire sur la conférence « Temps et être », une « insurmontable différence » entre Hegel et lui, « car pour Hegel, l'homme est le lieu de l'advenir à soi-même de l'Absolu : cela conduit au dépassement *(Aufhebung)* de la finitude de l'homme. Chez Heidegger, au contraire, c'est la finitude – non seulement celle de l'homme, mais aussi celle de l'*Ereignis* lui-même – qui se trouve précisément révélée » (*Questions IV*, p. 86).

8. M. Heidegger, *Questions IV*, p. 32.

C'est à partir de là que l'on parvient à apercevoir pourquoi, contrairement à ce qui se passe dans le processus historique en tant qu'il est compris dialectiquement par Hegel, il n'y ait pour Heidegger nulle identité de la liberté et de la nécessité dans l'histoire. Car c'est cette identité du nécessaire et du contingent, du réel et de la pensée, en tant qu'elle est posée chez Hegel dans la *Gedanke*, qui constitue l'essence de l'esprit en tant que substance-sujet. Heidegger ne peut déceler, quant à lui, dans le libre déploiement de l'histoire, que des nécessités toujours *rétrospectives*: ce n'est qu'à partir de la facticité historique et dans les limites de celle-ci que « la pensée peut aussi conclure à quelque chose qui est comme une loi et une logique »[1]. Ainsi peut-on dire que l'histoire de l'être est l'histoire de l'oubli croissant de l'être, non pas selon une téléologie « inversée » qui constituerait comme une logique négative de l'histoire, mais selon une rétrospection qui a déjà « assumé » la facticité de l'histoire, une facticité qui ne demeure plus extérieure au regard pris sur elle, mais dans laquelle celui-ci est déjà impliqué. Car l'histoire de l'être n'est rien d'autre que l'histoire de la *liberté* d'un *Dasein* auquel ne peut jamais être destiné que le retrait, le *krupthestai* d'un être qui libère ainsi l'espace de leur commun avènement.

Il demeure certes difficile de comprendre en quel sens l'*Ereignis*, en tant qu'il est ce qui destine, est lui-même sans histoire et sans destin[2]. Ne s'agit-il pas là, avec l'*Ereignis*, d'une fin de l'histoire analogue à celle qui a lieu, avec la parousie de l'esprit, dans le savoir absolu? Cette impression se trouve encore confortée lorsque Heidegger va jusqu'à déclarer, comme on l'a déjà vu, qu'avec l'éveil dans l'*Ereignis* l'oubli de l'être est « surmonté »[3]. Une telle *Aufhebung*, si tant est qu'elle puisse être accomplie, ne nous fait cependant pas sortir de l'oubli *lui-même* en tant qu'il appartient à l'être, mais nous permet au contraire de le commémorer – c'est là le sens de ce que Heidegger nomme *Andenken*, pensée fidèle[4]. Car la profondeur abyssale de cet oubli, retrait, réserve ou refus de l'être, c'est aussi ce qui constitue le « dépropriement », l'*Enteignis* de l'*Ereignis*[5], ce qui en fait précisément tout autre chose que le « sujet », lui-même « hors histoire », de l'histoire. Il faut donc comprendre l'anhistoricité de l'*Ereignis* en un autre sens que celle de l'absolu hégélien, dont il n'est peut-être pourtant que le

1. *Ibid.*, p. 90.
2. *Ibid.*, p. 74. Cf. *Zur Sache des Denkens*, Tübingen, Niemeyer, 1969, p. 44: « *Das Schickende als das Ereignis ist selbst ungeschichtlich, besser geschicklos* ».
3. *Ibid.* « *Die Seinsvergessenheit "hebt" sich "auf" mit dem Entwachen in das Ereignis* ».
4. Voir en particulier *Qu'appelle-t-on penser ?* Paris, P.U.F., 1959, p. 153 *sq.*
5. *Questions IV*, p. 44 *sq.*

négatif, au sens photographique de ce terme [1] – anhistoricité non pas de la figure des figures, celle d'un esprit qui a "besoin" de l'histoire pour advenir à la conscience de sa propre absoluité, mais de ce qui rend possible toute figuration et tout destination – toute *Gestalt* et tout *Geschick* : la *Lichtung*, la clairière elle-même, qui en tant que l'Ouvert pour la présence et pour l'absence, n'appartient à aucune « époque » tout en étant pourtant ce qu'il y a de plus intrinsèquement historique dans l'histoire. C'est d'elle, sous son nom grec d'*alètheia*, dont Heidegger dit qu'elle « n'est rien de mortel, aussi peu que la mort elle-même » [2], ce « maître absolu » [3] dont Hegel ne pouvait pas vraiment ignorer qu'il n'est finalement pas de « relève » possible.

1. C'est ce que Heidegger lui-même, dans le Séminaire du Thor de 1969, dit du *Gestell*, qu'il est lui-même pour ainsi dire le négatif photographique de l'*Ereignis* (Cf. *Questions IV*, p. 302). En suivant la remarque que fait à ce propos Jacques Taminiaux (dans « L'essence vraie de la technique », *Heidegger*, Paris, L'Herne, 1983, p. 290) : « Il arrive qu'un négatif soit la seule trace que nous ayons d'un visage », ne peut-on pas penser que l'*Ereignis* laisse transparaître le visage absent d'un absolu, qui dans sa « néantité », demeure pourtant une instance de rassemblement et fasse encore de l'histoire un destin ?

2. *Questions IV*, p. 132.

3. Cf. *Phénoménologie de l'esprit*, trad. fr. J. Hyppolite, t. I, Paris, Aubier Montaigne, 1939, p. 164. C'est dans l'angoisse, rappelons-le, que se révèle, pour Hegel aussi, la mortalité.

LA FIN DE LA PHILOSOPHIE ET L'AUTRE COMMENCEMENT DE LA PENSÉE

C'est bien avant la conférence de 1964 qui porte le titre explicite de « La fin de la philosophie et la tâche de la pensée »[1] que s'annonce dans les textes publiés par Heidegger lui-même le thème de la fin de la philosophie. Une des notes rédigées entre 1936 et 1946 et rassemblés sous l'intitulé « Dépassement de la métaphysique » dit en effet : « Avec la métaphysique de Nietzsche, la philosophie est achevée. Cela veut dire qu'elle a fait le tour des possibilités qui lui étaient assignées. La métaphysique achevée, qui est la base d'un mode de pensée "planétaire", fournit la charpente d'un ordre terrestre vraisemblablement appelé à une longue durée. Cet ordre n'a plus besoin de la philosophie parce qu'il la possède déjà à sa base. Mais la fin de la philosophie n'est pas la fin de la pensée, laquelle est en train de passer à un autre commencement »[2]. Le passage de la pensée à un autre commencement à partir du commencement grec, voilà ce qui constitue la préoccupation essentielle de Heidegger au milieu des années trente, à une époque où apparaît dans ses manuscrits et en particulier dans les *Beiträge zur Philosophie*, les « Contributions à la philosophie », rédigées entre 1936 et 1938, le terme d'*Ereignis*. Jusque là, il s'était plutôt agi, non de commencer autrement, mais de recommencer, c'est-à-dire de « répéter » *(wiederholen)* la question de l'être en tant qu'elle est la question directrice de la philosophie. Cette répétition ne consistait certes nullement à s'inscrire purement et simplement dans la voie tracée depuis plus de deux millénaires, mais s'avèrait au contraire inséparable de la « destruction » de l'histoire de l'ontologie, destruction menée en vue de dégager les « expériences originelles »[3] qui sont au fondement du concept d'être tel que nous le

1. *Cf.* M. Heidegger, *Questions IV*, Paris, Gallimard, 1976, p. 109 *sq.*

2. M. Heidegger, *Essais et conférences*, Paris, Gallimard, 1958, p. 95-96 (traduction modifiée).

3. M. Heidegger, *Sein und Zeit*, Tübingen, Niemeyer, 1963, p. 22.

comprenons aujourd'hui encore. Il n'en demeurait pas moins que c'est bien avec le commencement grec qu'il s'agissait alors de renouer et que c'est en lui qu'il fallait à nouveau aller puiser – c'est là le sens littéral de *wiederholen* –, ce qui permettra de rendre vie à une tradition sclérosée. Le but visé, c'était donc de maintenir en vie la philosophie en la réenracinant dans son commencement véritable.

Mais en 1927, le commencement grec était vu plutôt à partir de ce que Heidegger nommera plus tard sa « fin initiale » [1], c'est-à-dire à partir de la *gigantomachia peri tès ousias*, du « combat de géants au sujet de l'être », en tant que c'est là ce qui détermine la recherche de Platon et d'Aristote. C'est en effet la reprise de la découverte aristotélicienne du caractère non générique de l'être [2] qui va conduire Heidegger à l'idée de la « différence ontologique », exposée pour la première fois il est vrai seulement dans le cours de 1927 consacrée aux *Problèmes fondamentaux de la phénoménologie*, mais qui forme cependant déjà l'horizon implicite de toute la problématique de *Sein und Zeit*, où nous trouvons l'affirmation de la transcendance pure et simple de l'être [3]. La détermination de l'ontologie comme « science transcendantale » [4] va permettre à Heidegger, dans son cours inaugural de 1929, *Qu'est-ce que la métaphysique ?*, d'identifier, comme l'avait déjà fait Kant, métaphysique et nature de l'homme [5]. C'est encore, en effet, dans l'horizon de la transcendance que se détermine alors pour Heidegger le concept de métaphysique qui, selon le sens couramment reconnu à *meta ta phusica*, signifie que « l'interrogation qui se porte au-delà de l'étant, afin de reprendre celui-ci, comme tel et dans son ensemble, dans la saisie conceptuelle » [6]. En tant que question générale sur l'être et l'étant, la métaphysique ne pense cependant pas la différence ontologique – tant, du moins, qu'elle n'a pas fait de l'être et du néant *en tant que tels* son thème, ce qui est le cas de la métaphysique traditionnelle. C'est en effet seulement avec la question du néant que « s'éveille le questionnement métaphysique *proprement dit* sur l'être de l'étant », affirme Heidegger [7], parce que l'être de l'étant n'est véritablement questionné que lorsqu'il est pensé dans sa

1. M. Heidegger, *Introduction à la métaphysique*, Paris, P.U.F., 1958, p. 193.
2. SZ, § 1, p. 3.
3. *Ibid.*, p. 38
4. *Cf.* M. Heidegger, *Les problèmes fondamentaux de la phénoménologie*, Paris, Gallimard, 1985, p. 388.
5. *Cf.* M. Heidegger, « Qu'est-ce que la métaphysique ? », *Questions I*, Paris, Gallimard, 1968, p. 53.
6. *Ibid.*, p. 54.
7. *Ibid.*, p. 55 (je souligne).

différence avec l'étant, c'est-à-dire comme non étant ou encore comme néant.

Nous avons donc affaire ici à deux concepts de métaphysique qui s'opposent entre eux comme l'ontologie traditionnelle et ce que *Sein und Zeit* nomme « ontologie fondamentale », dont on sait qu'elle se confond avec l'ontologie du *Dasein*. Et il est vrai que la métaphysique proprement dite – ou la métaphysique « authentique », puisque c'est bien là aussi le sens du mot *eigentlich* – en tant que questionnement explicite trouve ses conditions de possibilité dans l'existence même de l'homme, lequel n'entretient de rapport avec l'étant que sur la base d'une ouverture préalable au néant, c'est-à-dire à l'être de cet étant. Si la métaphysique est ainsi le *Dasein* lui-même, au sens où exister ne signifie rien autre qu'accomplir la différence ontologique[1], la philosophie n'est plus alors que « la mise en marche de la métaphysique », c'est-à-dire une métaphysique devenue explicite qui ne peut s'accomplir que par un saut *(Einsprung)*, par lequel le *Dasein* sort de ce que Heidegger nomme *Verfallenheit*, c'est-à-dire d'une existence retenue captive des tâches mondaines dans lesquelles elle s'absorbe, pour s'ouvrir à ce qui est le propre du *Dasein*, à savoir l'être-dans-le-monde comme tel.

Il faut rappeler ici que Heidegger a bien souligné que le *Verfallen* ne doit pas être compris comme une chute *(Fall)* à partir d'un état originel plus pur et plus haut[2], de sorte que plutôt que d'y voir une « déchéance », il faudrait être attentif au fait qu'il s'agit toujours d'un *verfallen sein an die Welt* qui a le sens d'un être absorbé par le monde[3]. C'est en effet cet être absorbé par le monde qui caractérise l'être auprès du monde du *Dasein* quotidien[4]. On pourrait ainsi, comme le fait Eugen Fink, définir la *Verfallenheit* comme « *ein Unterlassen, eine Stillegung der "Transzendenz" des menschlichens Daseins* », comme une omission, une suspension de la transcendance du *Dasein*[5]. Ainsi comprise, la *Verfallenheit* semble comparable, au plan existential, à ce que Hegel nomme « conscience naturelle » dans la *Phénoménologie de l'esprit* et à ce que Husserl nomme « attitude naturelle » et qui caractérise la conscience non soumise à la

1. M. Heidegger, *Les problèmes fondamentaux de la phénoménologie*, p. 275 *sq.*

2. SZ, p. 176.

3. De même, quand on dit en allemand de quelqu'un qu'il est « *einer Leidenschaft verfallen* », on veut signifier par là qu'il est devenu esclave d'une passion (voir aussi l'expression française « tomber amoureux »).

4. *Cf.* SZ, p. 54 et 175 où l'on trouve l'expression « *Aufgehen in der Welt* ».

5. *Cf.* E. Fink, « Philosophie als Überwindung der Naïvität », *Nähe und Distanz*, Freiburg, Alber, 1976, p. 98-99.

réduction. Si tel est bien le cas, on comprend alors pourquoi sortir de la *Verfallenheit* et de l'*Uneigentlichkeit*, c'est-à-dire de l'« inauthenticité » est la condition nécessaire du philosopher. Mais, du même coup, la connotation morale attachée aux termes d'*Eigentlichkeit* et d'*Uneigentlichkeit*, encore renforcée par la traduction française par « authenticité » et « inauthenticité », disparaît, et avec elle l'idée d'une hiérarchisation entre deux modes d'existence, une qui serait « authentique » et une qui ne le serait pas. Car si le *Dasein* peut, dans l'*Uneigentlichkeit*, se rendre aveugle à l'égard de la transcendance qu'il a, ou plus précisément qu'il est « en propre » *(eigentlich)*, de sorte qu'il ne l'« effectue » plus expressément, il ne saurait pourtant cesser de transcender sans se nier lui-même comme *Dasein*.

Sortir de la *Verfallenheit*, cela ne peut cependant advenir, comme *Sein und Zeit* nous l'a déjà appris, et comme le cours inaugural de 1929 le redit, que par l'expérience de ce « rien » d'étant qu'est le monde que nous faisons dans l'angoisse. La philosophie apparaît donc comme l'expression du *Dasein* « authentique » ou en propre, d'un Dasein qui existe effectivement sur le mode de l'*epekeina*[1], et c'est bien cette essence « transcendantale » de la philosophie qu'il s'agit alors de reconduire et d'accomplir, loin que soit remise en question l'origine platonicienne d'un tel projet. Heidegger affirme en effet, dans *Les problèmes fondamentaux de la phénoménologie*, que « la philosophie, dans sa question cardinale, n'a point progressé d'un pas par rapport à Platon », et qu'en interrogeant ce qui rend possible en l'homme la compréhension de l'être, « nous ne cherchons nous aussi qu' à sortir de la caverne et à accéder à la lumière »[2]. Or cette « métaphysique du *Dasein* » sur laquelle se fonde la philosophie comme métaphysique explicite, c'est bien ce que Heidegger a développé sous le nom d'ontologie fondamentale. Il n'y a dès lors rien d'étonnant à ce que Heidegger puisse se donner, dans *Kant et le problème de la métaphysique*, le projet d'une répétition de la fondation *(Grundlegung)* de la métaphysique.

Kant est en effet pour Heidegger le premier penseur après Aristote à avoir tenté de donner à la métaphysique traditionnelle, à cette *metaphysica generalis* qui n'est rien autre que la *protè philosophia* d'Aristote, le fondement dont elle manque et qui cependant seul la rend possible, à savoir la différence ontologique en tant qu'elle est le mode d'existence de l'homme ce que Heidegger nomme la transcendance du *Dasein*. Kant a, de fait, bien vu la connexion nécessaire entre la question de l'être et la

1. M. Heidegger, *Les problèmes fondamentaux de la phénoménologie*, p. 360.
2. *Ibid.*, p. 339 et 343.

constitution ontologique finie de l'homme. Mais parce qu'il demeure encore prisonnier de la tradition, et en particulier de la détermination moderne de l'homme comme sujet, il s'agit pour Heidegger de répéter de façon plus originaire la fondation kantienne de la métaphysique.

L'interprétation que Heidegger donne de Kant est à cet égard diamétralement opposée à celle que propose le néo-kantisme. Cette opposition s'est particulièrement bien exprimée à Davos, dans la rencontre qui eut lieu en 1929 entre Heidegger et Cassirer, rencontre au sujet de laquelle courent encore beaucoup de rumeurs, qui voudraient nous faire croire que ce ne fut pas avant tout celle de deux philosophes et de deux interprètes de Kant. La « violence » de l'interprétation de Kant par Heidegger[1] repose, quant à elle, sur un principe interprétatif qu'il a bien formulé dans *Qu'appelle-t-on penser?*: « Si nous voulons aller à la rencontre d'un penseur, il nous faut rendre encore plus grand ce qu'il y a de grand en lui »[2]. C'est là en effet le principe de toute *Auseinandersetzung*, de toute explication avec les grandes philosophies dont Heidegger dit dans les *Beiträge* qu'elles sont « des montagnes surplombantes, non escaladées et non escaladables » qui ne sont ce qu'elles sont, « non pas quand nous prétendons les avoir gravies et conquises », mais « seulement lorsqu'elles *demeurent* vraiment pour nous et pour le pays »[3].

C'est un tel principe qui commande la « destruction » heideggérienne de l'histoire de l'ontologie. Il y a cependant un tout autre principe de lecture possible: « Si nous voulons aller seulement contre la pensée d'un penseur », poursuit Heidegger, « il faut que par cette volonté nous ayons déjà rapetissé ce qu'il y a de grand en elle. Alors nous ne faisons que transposer sa pensée dans la supériorité évidente de notre savoir »[4]. Une telle volonté de rapetissement, nous la trouvons à l'œuvre chez maints détracteurs de Heidegger lui-même et chez tous ceux qui refusent de reconnaître qu'il y a quelque chose de grand dans sa pensée[5]. Dans sa

1. *Cf.* M. Heidegger, *Kant et le problème de la métaphysique*, Paris, Gallimard, 1953, p. 256, où Heidegger, s'appuyant sur Kant lui-même, reconnaît qu'une interprétation « doit fatalement user de violence », laquelle ne se confond cependant pas avec « un arbitraire fantaisiste ».

2. M. Heidegger, *Qu'appelle-t-on penser?*, Paris, P.U.F., 1959, p. 119 (traduction modifiée).

3. M. Heidegger, *Beiträge zur Philosophie*, Frankfurt am Main, Klostermann, 1989, § 93, p. 187.

4. M. Heidegger, *Qu'appelle-t-on penser ?*, p. 119.

5. C'est en particulier le cas de l'auteur du *Jargon de l'inauthenticité* : Adorno aurait en effet déclaré, quelque temps après son retour en Allemagne, comme le rapporte Hermann Mörchen (*Adorno und Heidegger*, Stuttgart, Klett-Cotta, 1981, p. 13) qu'il avait « remis

conférence de 1964 sur « La fin de la philosophie et la tâche de la pensée », Heidegger cite ce passage du livre Gamma de la *Métaphysique* d'Aristote qui dit : « C'est en effet absence d'éducation *(apaideusia)* que de ne pas distinguer ce qui a besoin d'une démonstration de ce qui n'en a pas besoin »[1]. C'est, semble-t-il, uniquement ce qu'il faudrait répondre à ceux qui exigent qu'on leur démontre que la pensée de Heidegger est une grande pensée. Mais à une telle *apaideusia*, à une telle cécité à l'endroit de la philosophie, laquelle est, conformément à son essence platonicienne, la vraie *paideia*, il semble qu'il n'y ait malheureusement aucun remède.

Répéter la fondation kantienne en ce qu'elle a de grand, et donner ainsi un fondement à la métaphysique, cela ne signifie donc pas pour Heidegger ajouter à l'édifice déjà existant de la métaphysique ce soubassement dont elle manque, mais cela implique au contraire rien moins que la projection du plan de l'édifice futur de la métaphysique[2]. Déterminer concrètement l'essence de la métaphysique future : c'est là en effet le sens plein de l'ontologie fondamentale qui a dès lors pour but l'élaboration d'une nouvelle métaphysique.

Il semble donc qu'avec le projet de la *Wiederholung*, de la répétition, qui oriente la démarche de Heidegger jusqu'en 1929, nous soyons à mille lieues de la problématique de la fin de la philosophie. Celle-ci n'est cependant pas totalement absente de l'horizon des années vingt, dans la mesure où, de manière très appuyée, Heidegger situe sa propre entreprise par rapport à la *Vollendung*, à l'achèvement hégélien. Voici ce qu'il déclare en effet dans son cours de 1927 : « Avec Hegel, la philosophie – entendez la philosophie antique – a été d'une certaine façon pensée jusqu'à son terme. Hegel avait tout à fait raison quand il exprimait cette conscience d'un achèvement »[3]. Mais si même après Hegel un recommencement est possible, voire nécessaire, c'est peut-être parce qu'il n'a pas épuisé toutes les possibilités que recelait le commencement grec[4]. C'est cette idée que

Heidegger à sa (petite) place » *(den Heidegger kleingemacht)*. La manière la plus expéditive de rapetisser Heidegger, c'est de déclarer, comme le fait Adorno, que « la philosophie de Heidegger est fasciste jusque dans ses composantes les plus intimes » (*Diskus*, Frankfurter Studentenzeitung, 1963, n° 1, cité par Lotte Köhler et Hans Sanner dans *Hannah Arendt-Karl Jaspers Briefwechsel 1926-1969*, München, Piper, 1985, p. 830). Une telle phrase ne peut qu'invalider par avance tout ce qu'Adorno a pu écrire sur Heidegger.

1. Aristote, *Métaphysique*, Gamma 4, 1006 a.

2. M. Heidegger, *Kant et le problème de la métaphysique*, p. 58.

3. M. Heidegger, *Les problèmes fondamentaux de la phénoménologie*, p. 339.

4. *Ibid.*

développe le cours de 1935, *Introduction à la métaphysique,* quand il distingue dans le commencement grec lui-même un commencement et une fin : « Pour bien maîtriser la philosophie grecque en tant que commencement de la philosophie occidentale, il faut d'abord que, ce commencement, nous le saisissions en même temps dans sa fin initiale (*anfängliches Ende*) ; car c'est seulement celle-ci qui devint, dans les époques suivantes, le "commencement", un commencement qui en même temps masqua le commencement initial (*anfänglicher Anfang*) » [1]. Hegel n'a en effet mené à son terme que la fin initiale du grand commencement, à savoir la philosophie de Platon et d'Aristote, la détermination de la *phusis* comme *idea* [2], et non la pensée de l'être comme *phusis* de ceux que l'on nomme présocratiques. Ainsi a été sauvegardée la possibilité d'une répétition plus originaire du commencement qui est notre seule chance de « dépasser » Hegel et d'assurer par là un avenir à la philosophie. C'est ce que déclarait déjà Heidegger dans son cours de 1927 : « Le dépassement de Hegel est ce qu'il y a intrinsèquement de plus nécessaire dans le développement de la philosophie occidentale. Ce pas doit être franchi si seulement cette philosophie est destinée à demeurer encore en vie » [3].

Mais recommencer plus originairement le commencement, et non pas se reporter à lui comme à quelque chose de passé qu'il suffirait d'imiter, cela signifie déjà le transformer en un autre commencement [4]. On ne peut en effet se borner à répéter un commencement, car le commencement, et cela tient à son essence et nullement à l'incapacité de ceux qui veillent sur lui, ne peut que décliner et s'écrouler, sans jamais garder par lui-même l'immédiateté par laquelle il commence. Il ne peut être « conservé » que s'il est répété dans son originarité de manière encore plus originaire [5]. Cette réflexion sur le commencement, qui n'est pas étrangère à ses égarements politiques dans la même période, Heidegger la poursuit la même année dans la première version de sa conférence sur « L'origine de l'œuvre d'art ». On peut même à bon droit se demander si ce qui caractérise le commencement grec ne se révèle pas pour Heidegger plus essentiellement dans l'art, dans la tragédie et dans le temple grecs, que dans la pensée d'Héraclite et de Parménide qui est, elle aussi, explicitement interrogée en cette période. Non pas que les Présocratiques aient jamais été absents de l'horizon des années vingt : il n'est pas insignifiant à cet égard de remarquer

1. M. Heidegger, *Introduction à la métaphysique*, p. 193.
2. *Ibid.*, p. 203.
3. M. Heidegger, *Les problèmes fondamentaux de la phénoménologie*, p. 218.
4. M. Heidegger, *Introduction à la métaphysique*, p. 48.
5. *Ibid.*, p. 205.

que, si le tout premier cours fait à Fribourg, au lendemain de son habilitation, par le jeune Heidegger portait déjà sur les Présocratiques et notamment sur Parménide[1], c'est aussi sur une méditation sur l'*eon emmenai*, sur la tautologie parménidienne, que se conclut son dernier séminaire, celui qu'il tint à Zähringen en 1973. Mais si les Présocratiques sont appelés à partir de cette période à occuper le premier plan et si c'est à partir de leur pensée qu'il s'agit maintenant de situer le platonisme, c'est peut-être parce que ce qui est conservé dans l'aphorisme d'Héraclite qui dit que «*phusis kruptesthai philei*», que la *phusis* aime à se cacher, et dans l'affirmation parménidienne selon laquelle l'*alètheia*, la vérité, est *thea*, déesse, se révèle d'abord et de manière privilégiée dans l'œuvre d'art qu'est la tragédie ou le temple. Nul doute à cet égard que ce soit d'abord de Hölderlin, auquel il consacre justement en 1934-35 son premier grand cours[2], que Heidegger ait appris que la tragédie est un advenir de la vérité et du sacré. Car ce dont témoigne en effet l'œuvre d'art, c'est de ce qu'est véritablement le commencement: un advenir de la vérité[3] qui, parce qu'il repose sur l'antagonisme de la terre et du monde, de ce qui s'ouvre et de ce qui se renferme en soi, ne subsiste qu'en tant que conflit soutenu dans l'œuvre. Il est vrai que l'œuvre d'art, en tant que mise en œuvre de la vérité, est seulement *une* des manières qu'a la vérité d'advenir: une autre manière, dit Heidegger, est aussi le questionner et le dire du penseur[4]. On peut cependant se demander si l'œuvre de parole qu'est la pensée a autant de force initiante que l'œuvre de parole qu'est la poésie[5], en ce qui concerne en particulier sa capacité à fonder l'histoire[6].

Le commencement, à cause de sa soudaineté, ne peut être maintenu que s'il est répété, recommencé. Et recommencer, c'est toujours commencer autrement: c'est ce qui garantit que la répétition, pas plus qu'elle ne consistait en 1927 à redevenir aristotélicien, ne signifie dix ans plus tard, comme le souligne Heidegger lui-même, à «ne philosopher qu'en

1. Ce cours (semestre d'hiver 1915-1916), intitulé «Histoire de la philosophie antique et médiévale» semble, selon le témoignage de W. Richardson, avoir notamment porté sur Parménide (voir la liste des cours de Heidegger donnée par W.J. Richardson, dans *Heidegger. Through Phenomenology to Thought*, Phaenomenologica 13, The Hague, Nijhoff, 1963, Appendix (Verzeichnis der Vorlesungen und Übungen von Martin Heidegger), p. 663).

2. *Cf.* M. Heidegger, *Les Hymnes de Hölderlin: « La Germanie » et « Le Rhin »* (cours du semestre d'hiver 1934-35), trad. fr. F. Fédier et J. Lervier, Paris, Gallimard, 1988.

3. *Cf.* M. Heidegger, *De l'origine de l'œuvre d'art*, première version inédite [1935], trad. fr. E. Martineau, édition bilingue, Paris, Authentica, 1987, p. 39.

4. *Ibid.*, p. 45.

5. *Cf.* M. Heidegger, *Introduction à la métaphysique*, p. 205.

6. M. Heidegger, *De l'origine de l'œuvre d'art*, p. 37.

présocratique et à dénoncer tout le reste comme malentendu et décadence »[1]. Il s'agit plutôt de « maîtriser » le commencement de la philosophie occidentale, c'est-à-dire de comprendre comment en lui commencement initial et fin initiale se conjuguent. Il s'agit donc ni plus ni moins que de situer Platon par rapport aux penseurs de la *phusis*. C'est à cette exigence que répond la notion de mutation de l'essence de la vérité *(Wandel des Wesens der Wahrheit)* que Heidegger développe en particulier dans *La doctrine platonicienne de la vérité* et dont on trouve aussi des traces dans l'*Introduction à la métaphysique*. Car si le mot *phusis*, selon une étymologie que Heidegger invoque à plusieurs reprises[2], est de même racine que *phôs*, la lumière, et signifie ce qui se lève à partir de soi et entre ainsi dans la lumière, la détermination platonicienne de l'être comme *idea*, comme ce qui est pris en vue, comme aspect *(Aussehen)*, devient alors compréhensible. Comme Heidegger le souligne, l'*idea* « résulte bien, avec une inéluctable nécessité, d'une expérience de l'être comme *phusis* »[3], cependant elle n'est pas l'apparaître en lui-même, mais seulement l'apparaître en tant qu'il est référé à un voir et qui, comme tel, peut alors se donner comme présence constante en tant qu'*ousia*. De la prééminence conférée à l'*idea* et à l'*idein*, au voir, sur la *phusis*, résulte la fameuse mutation de l'essence de la vérité que Heidegger impute alors à Platon et qui consiste à soumettre l'être à la pensée, à la perception et au *noein*. La métaphysique qui voit dans l'*idea* l'*ontôs on*, l'étant véritablement étant, situé au-delà de la *phusis*, elle-même rabaissée au niveau du *mè on*, du non étant, est alors, en tant que platonisme, essentiellement un dire de l'*idea*, une idéo-logie et non plus une physio-logie, car comme l'affirme Heidegger dans *La doctrine platonicienne de la vérité* : « Depuis que la pensée a été interprétée comme *idea*, la pensée tournée vers l'être de l'étant est métaphysique »[4].

C'est à partir de cette nouvelle définition de la métaphysique que s'annonce le thème du « dépassement » de la métaphysique, directement repris de Nietzsche et de son projet de « renversement du platonisme » que Heidegger analyse dans le premier cours qu'il lui consacre pendant le semestre d'hiver 1936-37[5]. Car ce que la pensée de l'*idea* ignore, c'est qu'elle doit la clarté de l'idée à la lumière de l'être. Non pas certes que la métaphysique, que l'on a pu si justement nommer *Lichtmetaphysik*,

1. M. Heidegger, *Qu'appelle-t-on penser ?*, p. 175.

2. *Cf.* M. Heidegger, *Introduction à la métaphysique*, p. 83 et *De l'origine de l'œuvre d'art*, p. 27.

3. M. Heidegger, *Introduction à la métaphysique*, p. 195.

4. *Cf.* M. Heidegger, *Questions II*, Paris, Gallimard, 1968, p. 160.

5. *Cf.* M. Heidegger, *Nietzsche*, t. I, Paris, Gallimard, 1971, p. 181 *sq.*

métaphysique de la lumière, précisément parce que la « métaphore » de la lumière est au centre de la compréhension qu'elle a d'elle-même, ne sache rien de celle-ci. Mais elle ne fait l'expérience de la lumière que comme clarté, comme l'éclairement dans lequel se tient l'étant en tant qu'éclairé, et si alors elle questionne, ce n'est jamais qu'en direction de la source étante ou de l'auteur de cette clarté. Ce qu'elle pense donc uniquement, c'est l'*état* de clarté, et non le devenir-lumière lui-même en tant qu'événement. C'est pourquoi Heidegger peut écrire dans l'Introduction de 1949 à *Qu'est-ce que la métaphysique ?* : « Partout où la métaphysique représente l'étant, l'être s'est éclairci »[1]. Ce que la métaphysique pense, c'est seulement l'être-éclairé de l'étant, et non pas l'éclaircie de l'être d'où vient la clarté qui éclaire l'étant : « L'être n'est pas pensé dans son essence décelante *(in seinem entbergenden Wesen)*, c'est-à-dire dans sa vérité »[2]. La métaphysique ne pense donc que la vérité de l'étant et non pas la vérité de l'être. Ce que Heidegger entend alors par l'expression « vérité de l'être » ne doit pas être mal compris. Il ne s'agit ni de la vérité comme propriété de l'être, ni de l'être en tant que vrai, mais de l'être comme vérité, l'*alètheia* elle-même. Dans ce texte de 1949, contrairement à celui de 1942, *La doctrine platonicienne de la vérité*, Heidegger étend l'époque de la métaphysique aux Présocratiques eux-mêmes et déclare que « la vérité de l'être demeure celée à la métaphysique au cours de son histoire d'Anaximandre à Nietzsche »[3]. Cela ne peut avoir pour effet que de disqualifier définitivement toute tentative de renaissance de la pensée présocratique, ce que Heidegger laissait d'ailleurs déjà entendre dans *Sein und Zeit*, lorsqu'il affirmait que « la tradition ontologique a, explicitement avec Parménide, manqué le problème du monde »[4].

Ce qu'il nous faut alors comprendre, c'est pourquoi les Présocratiques ne pensent eux aussi que l'étantité de l'étant et non la vérité de l'être, l'*alètheia*, pourtant nommée par eux. Mais faire l'expérience de l'*alètheia* et se tenir sous son emprise n'équivaut pas à la maîtriser par la pensée, de sorte que l'*alètheia* demeure pour les Présocratiques *das Fraglose*, ce qui est hors question. Cela relève aussi de l'essence du commencement qu'il soit non maîtrisable par la pensée et qu'il ouvre ainsi l'espace de sa reprise future. C'est ce qu'expliquait Heidegger en 1933 dans son Discours de rectorat, que l'on aurait tort à cet égard de considérer comme un simple discours de circonstance : « Le commencement *est* encore. Il ne gît pas

1. M. Heidegger, *Questions I*, p. 24.
2. *Ibid.*
3. *Ibid.*, p. 28.
4. SZ, § 21, p. 100.

derrière nous comme ce qui a eu lieu, il y a bien longtemps, mais il se dresse *devant* nous. Le commencement est, en tant que ce qui est le plus grand, d'avance passé par dessus tout ce qui arrive et par conséquent par dessus nous-mêmes. Le commencement est allé tomber dans l'avenir, c'est là qu'il se tient encore comme ce qui de loin nous enjoint d'égaler à nouveau sa grandeur »[1].

Égaler la grandeur du commencement, cela ne peut se faire que par le passage à un autre commencement. Et celui-ci advient dès lors qu'est pensée la vérité de l'être. C'est ce que disent clairement les *Beiträge zur Philosophie*, les « Contributions à la philosophie » qui, entre 1936 et 1938, sont entièrement consacrées à la pensée de ce passage. Ce qui y apparaît d'abord, c'est le statut ambigu de la différence ontologique en tant qu'elle est issue d'une question portant sur l'étant et l'étantité, puisqu'elle n'advient que par le dépassement de l'étant vers son être. C'est pourquoi, écrit Heidegger, « il ne s'agit pas de dépasser *(übersteigen)* l'étant (transcendance), mais de sauter par-dessus *(überspringen)* cette différence et de questionner initialement à partir de l'être *(Seyn)* et de la vérité »[2] – et Heidegger écrit maintenant *Seyn*, pour signifier par cette graphie ancienne l'être comme vérité et non pas l'être de l'étant. La différence ontologique s'avère en effet à la fois nécessaire et funeste : nécessaire en tant que première élucidation du problème de l'être et comme tremplin pour le saut dans l'*Ereignis*, mais funeste car elle ne parvient à nous faire sortir de l'étantité (c'est là la vertu de l'idée aristotélicienne du concept non générique de l'être) que pour nous y faire immédiatement retomber, puisque l'être n'y est pensé qu'en rapport et à partir de l'étant. Comme telle, elle constitue, explique Heidegger en 1949, la structure du domaine de la métaphysique occidentale, laquelle « de son commencement à sa consommation se meut d'étrange façon dans une confusion permanente d'étant et d'être »[3].

Mais par ce passage à l'autre commencement qu'est la vérité de l'être, ne sommes-nous pas déjà sortis de la philosophie ? Là aussi les choses restent ambiguës, comme l'indique d'ailleurs le titre même de ce manuscrit gardé inédit pendant de longues années et qui, traitant du passage du premier commencement à l'autre commencement, se nomme pourtant

1. M. Heidegger, *L'auto-affirmation de l'Université allemande*, trad. fr. G. Granel, édition bilingue, Mauvezin, T.E.R., 1982, p. 11 (traduction modifiée)

2. M. Heidegger, *Beiträge zur Philosophie*, § 132, p. 251.

3. « Introduction à *Qu'est-ce que la métaphysique ?* », *Questions I*, p. 29.

encore « Contributions » ou « Compléments à la philosophie ». Car, en tant qu'elle est régie par la question de l'être, la philosophie est double : elle contient à la fois la philosophie antérieure en tant que question de l'étantité de l'étant et la philosophie à venir en tant que question de la vérité de l'être. Cette dualité de l'essence de la philosophie renvoie à la dualité de deux questions : tout d'abord la question « être et pensée », qui caractérise la philosophie antérieure où le fil conducteur du problème de l'être, c'est *noein* et *legein*, ce qui implique l'inéluctable domination de la logique sur l'ontologie et son triomphe final dans la *Science de la logique* de Hegel ; ensuite la question « être et temps », où le temps est la première indication de la vérité de l'être [1], et avec cette deuxième question, on a un bel exemple de cette vue rétrospective propre à l'auto-interprétation que Heidegger n'a cessé de pratiquer afin de présenter sa pensée comme un chemin, puisque cela permet de caractériser déjà *Sein und Zeit* comme l'autre commencement ou du moins comme l'indication de celui-ci. Il semble même que, dans les *Beiträge*, Heidegger ne recule pas devant le paradoxe de considérer l'autre commencement comme l'autre commencement *de* la philosophie. Pourtant l'autre commencement en tant que pensée de la vérité de l'être n'a non seulement plus rien de philosophique, mais même plus rien de grec. C'est ce dont Heidegger s'avise plus tardivement lorsque, dans *Acheminement vers la parole*, après avoir affirmé que l'*Ereignis* est l'impensé de la pensée grecque, il déclare : « S'engager dans la pensée de cet impensé, cela veut dire : poursuivre plus originairement ce qui a été pensé de façon grecque, le prendre en vue dans sa provenance. Ce regard, à sa façon, est grec, et pourtant à l'égard de ce qu'il prend en vue, il n'est plus grec, plus jamais grec » [2]. Plus catégoriquement encore qu'en 1959, Heidegger dira dix ans après dans son dernier séminaire du Thor : « Avec l'*Ereignis*, ce n'est plus grec du tout » [3].

Sans doute est-il nécessaire, pour le que le motif de la fin de la philosophie apparaisse au premier plan, que la métaphysique soit pensée elle-même comme histoire de l'être et que donc toute tentative en vue de la surmonter apparaisse comme vouée à l'échec, que ce dépassement soit accompli de l'intérieur, au sens du projet kantien d'une « métaphysique de la métaphysique », projet repris par Heidegger lui-même en 1929, ou qu'il prenne la forme d'un renversement du platonisme avec Nietzsche, ce qui ne

1. M. Heidegger, *Beiträge zur Philosophie*, § 34, p. 74.

2. M. Heidegger, *Acheminement vers la parole*, trad. fr. F. Fédier, Paris, Gallimard, 1976, p. 125 (traduction modifiée)

3. M. Heidegger, *Questions IV*, p. 302.

constitue pour Heidegger que la manière dont s'achève la métaphysique[1]. Déjà, dans les notes rassemblées sous l'intitulé « Dépassement de la métaphysique », Heidegger avertissait d'emblée que l'expression « *Überwindung der Metaphysik* » n'était utilisée que comme un expédient par la pensée de l'histoire de l'être, car elle ne permet pas l'accès au fondement de cette histoire, c'est-à-dire à l'*Ereignis*[2]. Si la métaphysique ne pense pas la vérité de l'être, ce n'est pas là une omission accidentelle ou une erreur, et l'oubli de l'être qui la caractérise n'est en soi rien de négatif, cet oubli est au contraire une dispensation de l'être lui-même, qui, en tant que source non étante de l'étant, se tient en retrait au profit même du décèlement de l'étant[3]. Il ne saurait donc s'agir, par le dépassement de la métaphysique, de refouler une discipline hors de l'horizon de la culture, ou de s'en défaire comme on se défait d'une opinion[4], et c'est la raison pour laquelle le dépassement *(Überwindung)* doit plutôt être pensé comme une assomption *(Verwindung)* de la métaphysique. Il s'agit, en un mot, de « s'en remettre », ce qui est le sens strict de *verwinden*, plutôt que de la dépasser en s'y opposant. Car la *Verwindung* ne dépend pas d'une décision, d'un décret, mais, tout comme l'oubli de l'être, elle est une dispensation, un destin, par lequel l'oubli est expérimenté comme oubli. Une telle expérience ne peut être que celle de l'« identité » de l'éclaircie et du cèlement (Heidegger dit plus exactement que la *Lichtung* est en même temps en soi *Verbergung*[5]), dont il est dit dans « L'origine de l'œuvre d'art » qu'il faut la penser comme un advenir et non pas comme un état permanent. Dans l'expérience de l'oubli comme oubli, la vérité de l'être apparaît comme ce qui a été jusqu'ici celé, de sorte que l'être peut alors se montrer lui-même dans son essence décelante, et comme le dit Heidegger dans « Le dépassement de la métaphysique », « être assumé *(verwunden)* dans l'*Ereignis*)[6].

Ce que la pensée post-métaphysique pense alors, ce n'est plus seulement la différence de l'être et de l'étant, mais leur duplicité *(Zwiefalt)*[7], le double pli qui à la fois les tient ensemble et les sépare. La différence ontologique, en tant qu'elle constitue la transcendance du

1. *Cf.* M. Heidegger, *Essais et conférences*, p. 91.
2. *Ibid.*, p. 80.
3. M. Heidegger, *Questions I*, p. 29.
4. M. Heidegger, *Essais et conférences*, p. 80.
5. *Cf.* M. Heidegger, *Chemins qui ne mènent nulle part*, Paris, Gallimard, 1980, p. 58, où il est dit que l'éclaircie *(Lichtung)* est « en même temps » occultation *(Verbergung)*.
6. M. Heidegger, *Essais et conférences*, p. 80.
7. *Ibid.* Voir à ce sujet F. Dastur, « Ontologie et différence chez Heidegger et Merleau-Ponty. Le pli et le creux », *Différence et identité, les enjeux phénoménologiques du pli*, G. Cormann, S. Laoureux, J. Piéron (éd.), Hildesheim, Olms, 2005, p. 105-123.

Dasein, a été définie comme un pouvoir-différencier propre à ce dernier, alors qu'à présent, c'est l'être lui-même qui préserve en lui la duplicité de l'être et de l'étant, de sorte que c'est l'être et non plus l'homme qui fait advenir leur différence. C'est là ce que Heidegger nomme dans les *Beiträge* le tournant de *l'Ereignis, die Kehre des Ereignisses.* On voit qu'il a pour conséquence, en ce qui concerne la différence, d'en inverser la direction : à l'époque de *Sein und Zeit*, l'homme est d'abord celui en qui s'accomplit la différence (et non pas celui qui l'accomplit, ce qui pourrait laisser croire que cet accomplissement est laissé à sa discrétion et qu'il peut donc encore être considéré comme l'œuvre d'un sujet transcendantal), mais lorsque la facticité du différencier est rapportée à l'être lui-même, lorsqu'il devient clair que ce qui jette dans le projeter, c'est l'être lui-même et non l'homme, comme Heidegger l'affirme en réponse à Sartre dans la *Lettre sur l'humanisme*[1], le *Dasein* se trouve alors « employé » *(gebraucht)* par l'avènement de la vérité et explicitement mis à son service. Mais pour que la pensée de la duplicité soit possible, pour que le double pli de l'être et de l'étant apparaisse comme tel, il faut que la différence advienne en propre : il faut « l'événement » de la différence. C'est ce qui a lieu en effet dans le stade de la métaphysique achevée où l'oubli de l'être atteint son point extrême, mais où aussi le déclin de la vérité de l'étant a simultanément lieu, la manifestation du seul étant perdant alors l'exclusivité.

Comment comprendre en effet la « fin » de la philosophie ? Ecartons d'emblée les représentations négatives de la fin comme cessation ou décadence. Il faut plutôt la comprendre comme un achèvement, comme l'accomplissement d'une assignation à laquelle la philosophie obéit depuis le début de son histoire : celle de penser le fondement de l'étant, c'est-à-dire la présence de ce qui est présent. La pensée métaphysique ou philosophique (Heidegger, comme nous l'avons vu, les identifie) est une pensée de la fondation qui prend son point de départ dans l'étant présent pour, dit Heidegger dans sa conférence de 1964, « le représenter dans sa présence et le présenter à partir de son fondement »[2]. Le fait que les termes de représenter *(vorstellen)* et présenter *(darstellen)* soient utilisés ici ne doit pas égarer et laisser penser qu'il ne s'agit que de la métaphysique moderne de la subjectivité. Le placer-devant *(vor-stellen)* et le placer-là (*dar-stellen*) dont il est question ne relèvent pas de l'activité d'un sujet, mais son l'effet de la pensée lorsque celle-ci est prise comme fil conducteur de

1. M. Heidegger, *Lettre sur l'humanisme*, trad. fr. R. Munier, Paris, Aubier Montaigne, 1964, p. 95.

2. M. Heidegger, *Questions IV*, p. 113.

l'interprétation de l'étant. Or c'est précisément ce qui a lieu avec Platon, lorsque le primat est donné à *l'idein* et au *noein*, et c'est la raison pour laquelle, à l'époque de son achèvement, la philosophie est amenée à se définir elle-même comme « science » chez Fichte et Hegel, l'ontologie s'étant, avec ce dernier, entièrement dissoute dans la logique. Mais si la pensée de Platon demeure déterminante tout au long de l'histoire de la philosophie, si la métaphysique, c'est le platonisme, celui-ci prend diverses formes qui correspondent à autant de manières différentes d'expérimenter et d'interpréter la présence de ce qui est présent. L'histoire de la philosophie n'est rien autre que l'histoire de ces mutations de la présence, dont il faut penser la « libre suite », sans pourtant les imputer à l'arbitraire des vues propres à chaque philosophe, lequel ne fait jamais en tant que philosophe que répondre à l'injonction que lui adresse à chaque fois une forme nouvelle de la présence[1].

Mais si les philosophies ne procèdent plus les unes des autres, si aucune nécessité ne lie leur déroulement, en quel sens peut-on encore parler d'achèvement et assigner un terme à ce libre processus? Et pour quelle raison faudrait-il voir, après la détermination de la présence comme *idea* et *ousia* en Grèce et comme objectivité dans les temps modernes, dans sa détermination comme *Bestellbarkeit*, comme « commissibilité » et calculabilité, la phase ultime de l'histoire de la philosophie? Ne peut-on donc pas envisager de futures mutations de la présence après celle qui nous est échue et qui détermine la présence de ce qui est présent à partir non plus du vis-à-vis du sujet et de l'objet, mais comme simple réserve et fonds *(Bestand)* commissible et calculable pour ce qui n'est plus un sujet, à savoir la société industrielle dans son ensemble, puisqu'elle est elle aussi soumise à la puissance provocante de ce que Heidegger nomme *das Gestell*, le Dispositif, qui pousse l'homme à « commettre » comme fonds le décelé[2]? Qu'est-ce qui, en d'autres termes, garantit que ce devenir monde de la philosophie qu'est pour Heidegger la technique moderne constitue effectivement la figure ultime de la philosophie? Qu'y a-t-il dans cette époque qui excède les limites d'une pensée de la présence et de la fondation? A cette question légitime, Heidegger répond qu'il suffit d'un « regard sur ce qui est » *(Einblick in was das ist)* pour s'apercevoir que la pensée de la fondation ne gouverne plus la pensée scientifique moderne qui, en tant que pensée opératoire, ne fait qu'un usage purement instrumental des anciennes catégories de cause et de fondement. Et c'est parce que le règne

1. « Qu'est-ce que la philosophie ? », *Questions II*, p. 26.
2. « La question de la technique », *Essais et conférences*, p. 26.

de la pensée opératoire s'étend sur tout le domaine de l'étant et concerne donc aussi l'homme lui-même, qui se trouve ainsi « employé » par le Dispositif, que s'annonce alors un rapport de l'homme à la présence qui fait de la présence *en tant que telle* quelque chose de problématique. Or la pensée philosophique ne pose pas la question de la présence elle-même, mais seulement celle du présent par rapport à la présence, en tant que celle-ci en est le fondement. Aussi la fin de la philosophie est-elle, comme le *Gestell* lui-même, à double face : elle signifie d'une part l'achèvement d'une pensée, celle de la fondation de la présence, sous la forme de la pensée de la *Bestellbarkeit*, et d'autre part l'injonction de questionner en direction de la présence en tant que telle à partir de cette pensée de la commissibilité : « Entre les figures de l'être et la métamorphose dans l'*Ereignis* se tient le *Gestell*. Celui-ci offre pour ainsi dire une situation intermédiaire, il offre un double aspect : c'est, si l'on peut dire, une tête de Janus. Il peut être en quelque sorte compris encore comme une continuation de la volonté de volonté et du même coup comme la dernière empreinte de l'être. Mais il est en même temps aussi une préfiguration de *l'Ereignis* » [1].

Ne trouve-t-on pas cependant une telle question sur la présence en tant que telle chez les Grecs ? Platon lui-même, lorsqu'il détermine la présence du présent comme *idea* en tant qu'elle permet ainsi d'être prise en vue, ne la rapporte-t-il pas en même temps à la lumière qui seule autorise un voir ? N'est-ce pas le propre de la pensée grecque que de penser la présence en rapport à la lumière et de voir dans l'étant un *phainomenon*, en tant qu'il apparaît dans la lumière et brille par soi-même ? Ce n'est en effet qu'avec Rome que l'accent sera mis unilatéralement sur le voir, sur l'évidence, et non plus sur l'apparaître en tant que tel, de sorte que sera ainsi ouverte la voie vers la transposition moderne de *l'idea* en *perceptio*. Platon pourtant ne pense la lumière que comme lien, comme « joug » *(zugon)* entre la vue et le visible [2], sans penser son avènement même, qui a lieu comme coïncidence de l'éclaircie et du cèlement. La « métaphore » de la lumière, parce qu'elle oppose comme son complément l'ombre à la clarté, ne peut rendre compte de cette coïncidence, c'est-à-dire de la structure même de l'*alètheia*. Car il s'agit de voir dans la *lèthè* son « cœur » même et non pas seulement son contraire. Et il ne suffit pas de dire leur désaccord, ni de penser leur contradiction *(Widerspruch)*, il faut parvenir à voir leur conflit

1. « Protocole d'un séminaire sur la conférence "Temps et être" » (1962), *Questions IV*, p. 91.

2. Platon, *République*, 508 a.

(Widerstreit)[1], qui révèle que l'éclaircie n'est pas seulement éclaircie de la présence, mais éclaircie du cèlement de la présence *(Lichtung der sich verbergenden Anwesenheit)*[2]. C'est la raison pour laquelle Heidegger insiste maintenant sur la nécessité de comprendre la *Lichtung*, l'éclaircie, moins à partir de l'idée de clarté qu'à partir de celle d'allègement, telle qu'on la trouve dans le verbe *lichten*, construit à partir de l'adjectif *leicht*, léger. *Lichten* en effet, c'est bien éclaircir, non au sens d'éclairer, mais au sens d'ouvrir et de libérer, et c'est seulement dans cette dimension d'ouverture et de libération que peut briller la lumière et qu'elle peut entrer en opposition avec les ténèbres. Mais cet Ouvert, que Heidegger nomme aussi *Gegend*, contrée, ne doit pas être confondu avec l'espace, pas plus d'ailleurs que *l'Ereignis* ne doit être compris à partir de son sens habituel d'événement. Ce vers quoi Heidegger fait signe, et qu'il a nommé, déjà dans les *Beiträge*, espace-temps, *Zeit-raum*[3], c'est vers une plus originaire co-appartenance de l'espace et du temps que leur simple accouplement métaphysique. Car l'Ouvert de l'espace-temps, l'éclaircie, ce n'est rien autre, comme le disait déjà la *Lettre sur l'humanisme*[4], que le monde qui, loin d'être compris à partir de l'espace, est au contraire ce qui donne l'espace, ce qui est *einraümend*. Ainsi, avec la pensée de la *Lichtung*-clairière, et non pas seulement de la *Lichtung*-lumière, nous ne nous situons plus à l'intérieur de la philosophie, car comme le dit la conférence de 1964 : « De la clairière, la philosophie ne sait rien. La philosophie parle bien de la lumière de la raison, mais elle ne prend pas garde à la clairière de l'être »[5]

Cette rédéfinition de la *Lichtung* permet de mesurer le chemin parcouru depuis *Sein und Zeit*. Car contrairement à la pensée de l'*Ereignis*, qui n'apparaît dans les textes de Heidegger que vers le milieu des années trente, celle de la *Lichtung* est déjà présente en 1927. On lit en effet dans le § 28 de *Sein und Zeit* que « le *Dasein* est lui-même la *Lichtung* »[6], au sens où il ne reçoit que de lui-même la lumière qui l'éclaire, ce que signifie bien l'image ontique de *lumen naturale*. C'est donc encore par rapport à la lumière de la raison qu'est définie l'ouverture du *Dasein*. Pour passer de l'éclaircie du *Dasein* à la clairière de l'être, il faudra ce saut dans *l'Ereignis* dont parlent

1. Voir à ce sujet J. van der Meulen, *Heidegger und Hegel oder Widerspruch und Widerstreit*, Meisenheim am Glan, Anton Hain, 1953.

2. *Cf.* « La fin de la philosophie et la tâche de la pensée », *Questions IV*, p. 137.

3. M. Heidegger, *Beiträge zur Philosophie*, § 238, p. 371. Voir également « Temps et être », *Questions IV*, p. 32 *sq.*

4. M. Heidegger, *Lettre sur l'humanisme*, p. 64 et 131.

5. M. Heidegger, *Questions IV*, p. 129.

6. SZ, § 28, p. 133.

les *Beiträge* [1], saut qui conduit à un abandon plus décisif de la pensée de la subjectivité en direction d'une pensée du monde qui ne réduit plus ce dernier au seul *Umwelt* humain. C'est ce que reconnaît Heidegger dans l'une de ses dernières conférences où, donnant ainsi à son auto-interprétation un ton nouveau, il laisse entendre que son chemin de pensée ne fut rien autre que le passage de l'affaire de la philosophie à l'affaire propre de la pensée : « L'analytique du *Dasein* » déclare-t-il, « ne parvient pas encore à ce qu'est en propre la *Lichtung* et absolument pas au domaine qui appartient de son côté à la *Lichtung* » [2].

Il semble en effet que l'auto-interprétation prenne dans les derniers textes de Heidegger plus décisivement la forme d'une rétractation au sens littéral de ce terme, c'est-à-dire d'un retraitement des « jalons » antérieurs plutôt que de leur simple réinterprétation, comme ce fut le cas dans ces textes fondamentaux de la *Selbstinterpretation* que sont la *Lettre sur l'humanisme* de 1946 et l'Introduction de 1949 à « Qu'est-ce que la métaphysique ? ». Cela concerne en particulier la mutation de l'essence de la vérité dont, dit Heidegger dans la conférence de 1964, « l'énoncé n'est pas soutenable », car *l'alètheia* « dès le départ se manifeste sous l'aspect de *l'homoiôsis* et de *l'adequatio* [3], et que déjà chez Homère la vérité est rapportée aux *verba dicendi*, aux paroles et non pas à l'apparaître comme tel. Ce qui par là se trouve mis en question, c'est donc la notion même de « vérité de l'être » qui commande, comme nous l'avons vu, l'idée même d'« autre commencement ». « Questionner en direction de *l'alètheia* », dit maintenant Heidegger, « n'est pas se poser la question de la vérité » [4]. Il faut donc reconnaître que « c'était faire fausse route que de nommer “vérité” *l'alètheia* au sens de *Lichtung* » [5]. Et dans le séminaire du Thor de 1969, Heidegger précise : « Pour éviter tout contresens sur vérité, pour éviter qu'elle ne soit comprise comme justesse, “vérité de l'être” est commentée par *Ortschaft des Seins* – vérité comme localité de l'être (…) d'où l'expression de *Topologie de l'être* » [6]. On voit par là que la *Selbstinterpretation* consiste en fait en la *Selbstüberwindung*, en l'auto-dépassement de la pensée en tant qu'elle devient pensée de *l'Ereignis*. Car ce qu'il s'agit de

1. M. Heidegger, *Beiträge zur Philosophie*, § 115, p. 227.

2. M. Heidegger, *Zur Frage nach der Bestimmung der Sache des Denkens*, St Gallen, Erker, 1984, p. 19. Il s'agit du texte remanié d'une conférence prononcée en l'honneur de Ludwig Binswanger le 30 octobre 1965 à Amristwil.

3. M. Heidegger, *Questions IV*, p. 136.

4. *Ibid.*, p. 134.

5. *Ibid.*

6. M. Heidegger, *Questions IV*, p. 269.

surmonter, rappelle Heidegger à la fin de « Temps et être », ce n'est pas la métaphysique, qu'il faut plutôt laisser à elle-même, mais les obstacles que rencontre la pensée de *l'Ereignis*. Cette autointerprétation est-elle elle-même un obstacle ou un auxiliaire pour la compréhension de la pensée de Heidegger ? Et devrions-nous proposer, comme Heidegger lui-même à l'égard des Grecs, de le comprendre mieux qu'il ne le fait lui-même, en obéissant en cela au principe même de l'herméneutique ? Laissons sur ce point la parole à Heidegger : « Toute grande pensée se comprend elle-même le mieux dans les limites qui lui sont imparties », déclare-t-il dans *Acheminement vers la parole*[1]. Dans la mesure où, en dépit de l'immense littérature critique qui lui a été consacrée, les limites de la pensée de Heidegger ne sont, semble-t-il, pas encore clairement apparues, il convient peut-être que la *Selbstinterpretation* continue de servir de clé de lecture, en attendant la nécessaire *Verwindung* de *cette* pensée, seule susceptible sans doute de commander l'avenir de *la* pensée.

La philosophie est donc une affaire de lumière et de vision, comme l'atteste plus manifestement encore dans sa fin la détermination de la pensée philosophique comme pensée spéculative avec Hegel et comme pensée de l'intuition donatrice avec Husserl. Y a-t-il un autre mode de pensée possible qui ne soit ni vision immédiate ni médiation réfléchissante ? Une pensée qui, dépassant l'expérience grecque, allant « *über das Griechische hinaus* »[2], serait pensée de l'inapparent ? Mais de l'inapparent que peut-on dire en fin de compte ? Heidegger posait déjà la question dans les *Beiträge*, lorsqu'il remarquait : « Nous ne pouvons jamais dire l'Être lui-même de manière immédiate, précisément lorsqu'il est atteint par le saut. Car tout dire vient de l'Être et parle à partir de sa vérité. Toute parole et ainsi toute logique se tient sous le pouvoir de l'Être »[3]. C'est pourquoi, pour ceux qui ont besoin de dénominations, il proposait une logique du silence, une sigétique[4], qui n'exclut pas, mais au contraire inclut la logique de l'étantité qui est toujours aussi une logique de la fondation et de la prédication. Car il ne s'agit pas de se taire, mais bien de faire venir le silence à la parole. De la pensée qui n'est plus métaphysique, Heidegger dit à plusieurs reprises qu'elle est bien moindre que la philosophie, bien plus pauvre

1. M. Heidegger, *Acheminement vers la parole*, p. 125.
2. M. Heidegger, *Zur Sache des Denkens*, Tübingen, Niemeyer, 1969, p. 79; trad. fr. *Questions IV*, p. 137.
3. M. Heidegger, *Beiträge zur Philosophie*, § 37, p. 79
4. *Ibid.*, § 37, p. 78. Voir également *Nietzsche*, t. I, p. 365.

qu'elle, parce qu'elle ne se hausse pas au niveau d'une pensée de la fondation. Au rêve philosophique d'une pensée sans reste, de la *noesis noeseos*, qui s'accomplit dans la *Science de la logique* de Hegel, Heidegger oppose la finitude d'une pensée qui n'est pas à elle-même sa propre affaire, sa propre *Sache*, et dont l'essence seulement provisoire consiste uniquement à « se laisser montrer ce devant quoi elle est conduite » [1]. Et c'est parce que la phénoménologie chez Husserl se définit comme une méthode, un chemin qui conduit à la *Sache selbst*, que Heidegger définit encore en 1973 sa pensée comme une phénoménologie de l'inapparent [2]. Mais il ne faut pas mal comprendre le caractère fondamentalement préparatoire, précurseur, de la pensée qui n'est plus philosophie : pas plus qu'il n'y a chez Heidegger de nostalgie, il n'y a d'espérance. Nostalgie et espérance découlent en effet strictement de l'essence platonicienne de la philosophie et constituent les modalités fondamentales du mode philosophique de pensée dont Heidegger ne se veut plus complice. La seule tonalité fondamentale qui soit de mise pour la pensée qui vient, c'est, dit Heidegger à la fois dans les *Beiträge* et dans le cours de 1937-38 [3], la *Verhaltenheit*, qu'il faut comprendre tout ensemble comme retenue et comme tenue *(Verhalten)*, au sens de la tenue du rapport lui-même *(Verhältnis)* qu'est la pensée en regard de l'être. La *Vorläufigkeit*, le caractère à la fois précurseur et provisoire de la pensée, la *Lettre sur l'humanisme* le dit clairement [4], est l'essence de la pensée, ce qui la constitue comme pensée, et c'est cette essence que la philosophie ignore et dont pourtant elle ne cesse à son insu de témoigner, puisqu'elle est, en tant qu'elle laisse échapper l'être, qu'elle l'« oublie » [5], fidèle à sa manière à l'être qui ne se donne et qui ne la donne elle-même qu'en se retirant.

1. M. Heidegger, *Questions IV*, p. 339.

2. *Ibid.*

3. M. Heidegger, *Beiträge zur Philosophie*, § 13, p. 33 et *Grundfragen der Philosophie*, Gesamtausgabe Band 45, Frankfurt am Main, 1984, § 1, p. 2

4. M. Heidegger, *Lettre sur l'humanisme*, p. 173.

5. Le verbe *vergessen* (*cf.* l'anglais *to forget*) doit être compris comme le geste par lequel on manque *(ver)* la prise, plutôt que comme *oblitare, effacement.*

PRÉSENT, PRÉSENCE ET ÉVÉNEMENT

On a tendance à voir aujourd'hui en Heidegger celui qui a dénoncé la « métaphysique de la présence » propre à la pensée occidentale et qui a du même coup mis en évidence la dimension de l'avenir comme dimension fondamentale de l'expérience humaine. On invoque sa critique du nihilisme, son appel à un « autre commencement » et sa problématique du retournement du danger en salut pour déceler dans sa pensée une reprise de la sotériologie qui caractérise la compréhension messianique de l'histoire, et on ne cesse de tout expliquer à cet égard par la répétition de son affirmation « Seul un Dieu peut encore nous sauver »[1] qui fait désormais figure de slogan résumant toute la pensée de ce « cryptothéologien »[2] que n'aurait cessé d'être Heidegger.

Et si nonobstant tous ces motifs de pensée traversant indubitablement son œuvre, on avait néanmoins affaire avec Heidegger à un penseur du *présent* et de l'*événement*? Ce qu'il faudrait alors et avant tout éclaircir, c'est le malentendu persistant qui conduit à voir dans son œuvre une mise en question radicale d'une soi-disant « métaphysique de la présence », syntagme derridien et non heideggérien, qui y demeure pourtant indécelable.

Il s'agit donc d'éclaircir les points suivants : Que signifie le primat que Heidegger donne à l'avenir dans *Être et temps*? Quel sens donner à la thèse selon laquelle être veut dire présence dans la tradition occidentale? La

1. Cette phrase qui se trouve dans l'une des réponses de Heidegger aux journalistes du *Spiegel* lors de l'interview donné le 23 septembre 1966, mais publié seulement après la mort de Heidegger, en 1976 (Voir M. Heidegger interrogé par « Der Spiegel », *Questions et réponses sur l'histoire et la politique*, Paris, Mercure de France, 1977, p. 49) a servi, selon un procédé journalistique souvent employé aujourd'hui, de titre global à cet interview lors de sa parution, ce qui a eu pour conséquence d'en augmenter considérablement l'importance.

2. Expression de Karl Löwith, qui affirme que Heidegger est un « théologien sans dieu, dont l'ontologie fondamentale est issue de la théologie » dans *Ma vie en Allemagne avant et après 1933*, Paris, Hachette, 1988, p. 47.

problématique de cet autre commencement qu'est la pensée de l'*Ereignis* doit-elle être comprise comme une nouvelle forme de messianisme ?

LA QUESTION DU PRIMAT DE L'AVENIR DANS L'ANALYSE EXISTENTIALE

Considérons tout d'abord la manière dont Heidegger comprend la temporalité extatico-horizontale qui constitue à ses yeux le sens même de l'existence. Le *Dasein* qui est à chaque fois "mien", au sens où il ne s'agit pas là du partage d'une essence commune, mais à chaque fois de la *singularité* d'une existence, n'est pas *dans* le temps compris comme le cadre dans lequel se déroulent les événements du monde : c'est au contraire le temps compris comme l'*ekstatikon* pur et simple qui est la *modalité* propre de son être. Mais cette temporalité propre du *Dasein* qui se distingue de ce que Heidegger nomme dans *Être et temps* l'*intratemporalité* des choses du monde n'est accessible au *Dasein* que lorsque celui-ci se comprend lui-même comme un être *mortel*, c'est-à-dire lorsqu'il anticipe sa propre fin, son propre être-révolu, comme ce qui constitue la possibilité extrême de son être, et non pas comme un simple accident contingent qui lui surviendrait de l'extérieur. Par cette anticipation de la mort dans laquelle Heidegger voit l'avenir authentique, c'est-à-dire non pas ce qui *n'*est *pas encore* présent, mais la dimension à partir de laquelle il peut y avoir un présent et un passé, le *Dasein se donne à lui-même son temps*. Car dans ce que Heidegger nomme l'anticipation, le *Vorlaufen*, de la mort (littéralement le fait d'aller au devant d'elle) il ne s'agit pas pour le *Dasein* de se demander combien de temps encore l'en sépare, mais de saisir son propre être-révolu comme possibilité de chaque instant.

Il est important de souligner que c'est une telle conception de la temporalité originelle comme avenir authentique que Heidegger avait découvert dans la première et dans la seconde épître de St Paul aux Thessaloniciens qu'il commentait dans le cours du semestre d'hiver 1920-1921 qu'il consacrait à une « Introduction à la phénoménologie de la religion »[1]. Ce qu'il développe dans ce cours, c'est une phénoménologie de l'expérience de la *faktische Leben*, de la vie dans sa facticité et c'est dans ce contexte qu'il est amené à commenter les épîtres de Saint Paul. Car ce qui advient avec l'expérience chrétienne, c'est une nouvelle conception de l'eschatologie, distincte, précise Heidegger, des eschatologies

1. *Cf.* M. Heidegger, *Phänomenologie des religiösen Lebens*, (Ga 60), Frankfurt am Main, Klostermann, 1995, p. 87 *sq.*

babylonienne, persane et juive[1], au sens où la relation chrétienne authentique à la parousie, à cette seconde venue en présence du Christ qui manifeste la fin des temps, n'est pas l'*attente (Erwartung)* d'un événement futur[2], mais l'*éveil* à l'imminence de cette venue[3]. C'est en ce sens qu'il faut comprendre le début du chapitre V de la première épître aux *Thessaloniciens* : « Quand aux temps *(khronoi)* et aux moments *(kairoi)*, vous n'avez pas besoin, frères, qu'on vous écrive là-dessus. Car vous-mêmes vous savez exactement que le jour du Seigneur vient comme le voleur la nuit ». Avoir un rapport à la parousie signifie non pas être en attente d'un événement non encore advenu, mais être *présentement* en éveil, ce qui implique que la signification paulinienne de l'eschatologie, d'attente d'un événement futur, s'est transformée en un rapport d'accomplissement avec Dieu, *ein Vollzugzusammenhang mit Gott*, l'imminence de la parousie renvoyant à la *modalité* essentielle de la vie dans la facticité, l'incertitude. La question « *quand ?* », si importante dans la religion qui a inventé l'idée eschatologique, celle d'une fin du monde, en même temps qu'une conception linéaire de la temporalité, à savoir la religion de la Perse antique, celle qu'enseignait Zarathoustra, que la religion judaïque dans sa période prophétique a reprise à son compte[4], s'est transformée en la

1. *Ibid.*, p. 111.

2. *Ibid.*, p. 102. Heidegger veut en effet distinguer ce rapport à la parousie en tant qu'il définit de manière authentique l'espérance chrétienne de l'attente *(Erwarten)* d'un événement futur.

3. *Ibid.* p. 104. Plus loin, p. 112, l'opposition est entre *Erwarten*, qui suppose la représentation de ce qui va venir, et *Erharren*, l'attente impatiente, dont Heidegger dit qu'elle est un *douleuein theô*.

4. L'invention d'une temporalité orientée vers un jugement dernier où chacun doit rendre compte de ses actions passées n'est pas le fait des seules religions abrahamiques, mais elle apparaît déjà, comme on l'ignore trop souvent, dans la Perse zoroastrienne, à laquelle on doit l'idée même d'une doctrine du salut, d'une *sotériologie* (du grec *sôtêr*, "sauveur"). On trouve en effet dans le monothéisme mazdéen (de *Ahura Mazda*, le Seigneur Sage, dieu unique que reconnaît le zoroastrisme) non seulement la référence à la venue d'un *Saoshyant* (sauveur et bienfaiteur) qui annonce le *messiah* qu'invoquent les prophètes de l'*Ancien Testament* et le *christos* des *Évangiles*, termes qui ont en hébreu et en grec le même sens, celui d'« oint » (l'onction étant le sacre des rois), mais aussi l'idée d'une résurrection des corps, ainsi que les notions d'enfer et de paradis impliquées par la dimension cosmique d'une rétribution des actes accomplis durant la vie dans le cadre d'un "Jugement dernier", lequel deviendra le thème principal du prophétisme apocalyptique post-exilique. Le plus célèbre des mots persans repris dans l'*Ancien Testament* est en effet celui de "paradis" (le persan *pairi-daeza*, qui signifie enclos, jardin, ayant donné l'hébreu *pardes* et le grec *paradeisos*) qui désigne le séjour promis aux justes. Mais celui-ci, dans le mazdéisme, ne peut véritablement s'identifier au royaume divin que la venue du Sauveur rend possible qu'à la fin des temps, au moment de la transfiguration du monde qui advient avec la résurrection générale, et que le *Nouveau Testament* nomme lui aussi *apokatastasis pantôn*, le rétablissement de toutes choses.

question du « *comment* vivre ? » – à savoir sur le mode de l'éveil. Elle ne renvoie pas à un temps objectif, au temps du monde, mais à un savoir déjà possédé de l'authentique relation à soi-même en tant que temporalité, savoir par lequel le chrétien *devient* ce qu'il est déjà « en fait ». Car ce qui intéresse Heidegger dans l'expérience chrétienne originelle, ce n'est pas le fait qu'elle soit foi en tel ou tel contenu de la révélation, mais c'est qu'elle est expérience de la vie dans sa *facticité*, c'est-à-dire expérience d'une vie qui ne prend pas de distance théorique à l'égard d'elle-même, mais se comprend en demeurant à l'intérieur de son propre accomplissement. Parce qu'elle ne tente pas de donner de l'existence une représentation « objective » au moyen de repères chronologiques et de contenus calculables, elle demeure livrée à l'indétermination de l'avenir et au caractère non maîtrisable du temps, et c'est à partir de là seulement que Dieu peut acquérir une signification. Elle se situe ainsi moins dans le *khronos*, le temps considéré dans sa totalité, que dans le *kairos*, le moment opportun. C'est donc non sur le futur, nom de l'avenir dans cette conception linéaire du temps qui est le fondement des représentations eschatologiques, que l'accent est mis, mais bien sur ce qui constituera dans *Être et temps* le présent authentique, à savoir l'instant de la décision. Les caractères kairologiques caractérisent en effet la vie dans sa facticité précisément parce qu'ils déterminent le rapport qu'elle entretient avec le temps et qui est un rapport d'*accomplissement*[1]. C'est ce rapport d'accomplissement non objectivable avec le temps que Heidegger, reprenant un terme que Dilthey lui-même doit à Yorck von Wartenburg, nomme dans *Être et temps* « historialité ».

Il semble donc qu'en 1920, Heidegger, qui, malgré sa récente rupture avec le catholicisme, se considère encore comme un « théologien chrétien »[2], mais se prépare pourtant déjà à déclarer, ce qu'il fera en 1922, que la philosophie, lorsqu'elle se comprend de manière radicale, est athée[3], a trouvé dans l'expérience chrétienne originelle le schème de ce qu'il nommera en 1927 *Eigentlichkeit*, authenticité. Car c'est à ce niveau que se pose pour l'existant la question de la cohésion de son existence, ou encore celle de son pouvoir-être un tout. Heidegger a auparavant montré que,

1. *Cf.* M. Heidegger, *Phänomenologische Interpretation zu Aristoteles, Einführung in die phänomenologische Forschung*, (cours du semestre d'hiver 1921-22), (Ga 61), Frankfurt am Main, Klostermann, 1985, p. 137.

2. Lettre du 19 août 1921 de M. Heidegger à K. Löwith cité par Th. Kisiel, « War der frühe Heidegger tatsächlich ein "christlichler Theologe" ? », in *Philosophie und Poesie : O. Pöggeler zum 60. Geburtstag*, éd. A. Gethmann-Siefert, Sttutgart, Frommann-Holzboog, 1988, p. 59 *sq.*

3. M. Heidegger, *Phänomenologische Interpretationen zu Aristoteles*, in *Dilthey Jahrbuch* 6, 1989, p. 246.

parce que le *Dasein* n'est pas indifférent à son propre être, il le « comprend », il *existe* sur le mode de la projection de son propre être, de sorte que dans chacune de ses tâches mondaines, il est à lui-même sa propre finalité – ce que Heidegger nomme le *Worum-willen*[1] et qu'on peut comprendre littéralement comme le but de son vouloir. C'est pourquoi on peut dire qu'il est « en avant » de soi-même et qu'il se précède toujours lui-même comme projet de soi. Or tant que le *Dasein* existe, il est sur le mode de l'incomplétude au sens où quelque chose reste constamment pour lui en attente; et lorsqu'il n'y a plus rien en attente, il n'y a plus de *Dasein* : c'est la mort. C'est de cette aporie que l'analyse existentiale de la mort a pour but de nous faire sortir en montrant que le *Dasein* se comporte par rapport à sa propre fin, qu'il existe comme *être-en-vue-de-la-mort* et que dans le *devancement* de la mort il se donne à comprendre pour la première fois son être-en-avant-de-soi en ce qu'il a de propre. La mort se distingue en effet radicalement de toutes les autres possibilités par lesquelles le *Dasein* se comprend dans la quotidienneté en ceci qu'elle ne propose rien qui puisse être accompli par le *Dasein*[2]. La mort est donc pour le *Dasein* la possibilité par excellence, car elle n'offre aucun aboutissement réalisable, aucune figure de l'effectivité, et c'est justement dans cette ineffectivité que la possibilité se dévoile comme telle dans sa vérité. Ce n'est donc que dans le devancement de la mort que le *Dasein* peut s'éprouver lui-même comme possibilité, pouvoir-être, et non pas comme réalité ontique comme il le fait sans cesse dans la quotidienneté. Il comprend alors qu'il n'est pas sur le mode de l'être-en-attente, car celui-ci ne caractérise que le réel ontique. Cette manière de se concevoir soi-même comme inachevé ou incomplet ne prend forme que dans la mesure où le *Dasein* se comprend lui-même à partir de l'horizon de la préoccupation et en rapport avec l'effectivité et l'effectuabilité propres à cet horizon. Dans le devancement de la mort, le *Dasein* éprouve le fait que toutes les possibilités d'effectuation se fondent sur la pure possibilité d'être-dans-le-monde, laquelle ne peut jamais être « effectuée », « réalisée » et donc « supprimée », mais demande au contraire à être constamment renouvelée comme possibilité. On comprend alors que l'unité de l'existence ne puisse être comprise à partir de la *somme* des

1. M. Heidegger, *Sein und Zeit*, Tübingen, Niemeyer, 1963, § 18, p. 84.

2. *Ibid.*, § 53, p. 262 : « La mort en tant que possibilité ne donne au *Dasein* rien à " réaliser " ni rien de réel qu'il pourrait *être* lui-même. Elle est la possibilité de l'impossibilité de tout comportement par rapport à..., de tout exister. Dans le devancement de cette possibilité, elle devient " toujours plus grande", c'est-à-dire qu'elle se dévoile comme ce qui ne connaît absolument aucune mesure, aucun plus ou moins, mais signifie au contraire la possibilité de l'impossibilité incommensurable de l'existence. »

possibilités d'effectuation que se donne le *Dasein* ou qu'il prend en charge, car cette somme est, tant qu'il existe, effectivement incomplète. C'est donc uniquement par rapport à la compréhension qu'il a de lui-même dans la quotidienneté que le *Dasein* peut être dit incomplet, au sens où à ce niveau il demeure dans la *dispersion.*

Le *Dasein* en tant *qu'être-en-vue-de-la-mort* ne peut qu'endurer celle-ci comme possibilité de l'impossibilité sans mesure de l'existence. Ce qui ne veut nullement dire l'attendre, car une telle attente la pourvoirait encore d'une effectivité à venir. Il s'agit bien plutôt de se tenir dans l'*imminence* de la mort, c'est-à-dire de lui conserver son caractère de pure possibilité, ce que Heidegger nomme le *devancement* de la mort, par lequel le *Dasein* s'élance par avance dans la possibilité qu'elle est et la dévoile ainsi comme possibilité de la fermeture à l'être. Le *Dasein* n'est en effet *ouvert* à soi-même, aux autres et au monde que pour autant que le menace constamment la possibilité de la fermeture à tout ce qui est. De cette possibilité « indépassable », il ne peut jamais devenir maître. Cette structure constitutive de l'existence que Heidegger nomme *ouverture (Erschlossenheit)* ne peut être pleinement comprise que lorsqu'elle est rapportée à une fermeture plus originelle qu'elle, une fermeture qui ne disparaît pas dans et avec l'ouverture, mais demeure au contraire sa source impérissable. C'est ce qui advient dans ce mode insigne de l'ouverture *(Erschlossenheit)* du *Dasein* que Heidegger nomme *résolution (Entschlossenheit)* : c'est la différence de particule (*ent-* au lieu de *er-*) qui marque le passage de l'*état* d'ouverture à la *prise en charge* de celui-ci. Car l'existant advient à son être propre lorsqu'il comprend qu'*il y a* l'ouverture et *non pas* seulement la fermeture et que ce « non pas » ne signifie pas seulement une remarque subsidiaire, mais la condition même de possibilité de la compréhension de l'ouverture comme telle. Il s'agit en effet pour le *Dasein* de comprendre qu'il est de fait ouvert, mais qu'il pourrait ne pas l'être et que la fermeture totale, c'est-à-dire la mort en tant que constamment imminente, le menace tant qu'il existe. Il n'y a donc de résolution qu'en connexion avec un être proprement en vue de la mort, ce que Heidegger a nommé devancement, et c'est la raison pour laquelle ces deux moments vont se trouver réunis dans la *résolution devançante* pour former le pouvoir-être-un-tout existentiellement propre du *Dasein*[1].

La résolution devançante, c'est-à-dire l'exister "authentique" du *Dasein* en vue de sa fin présuppose que le *Dasein* puisse, dans la mesure où il *existe* sur le mode de la *possibilité* plutôt qu'il n'*est* sur celle de la *réalité*,

1. SZ, § 62, p 301.

ad-venir à lui-même en général. Se comprenant lui-même à partir de sa possibilité la plus haute, c'est-à-dire la mort, le *Dasein* est sur le mode de l'avenir, il est *zukünftig*, à savoir avenant ou à venir. Et il l'est *toujours*, qu'il se comprenne lui-même à partir de son pouvoir-être dans l'exister en mode propre ou comme une réalité subsistante dans l'exister en mode impropre. Car se comprendre comme être-en-vue-de-la-mort veut dire pour le *Dasein* qu'il assume également son être-jeté. Or la prise en charge de l'être-jeté ne signifie rien d'autre que le fait d'être en propre ce qu'il *était déjà* sur un mode impropre. Ce que le *Dasein* peut être, ce n'est rien d'autre en effet que son *avoir-été* et ce n'est qu'en anticipant sa fin qu'il est possible pour le *Dasein* d'assumer sa condition originelle[1]. Le *Dasein* ne peut être son « passé » qu'en revenant à celui-ci pour l'assumer à partir de l'avenir. Comme le souligne Heidegger, « l'avoir-été jaillit d'une certaine manière de l'avenir »[2], parce qu'il n'a y a de « facticité » que pour une existence, c'est-à-dire dans l'horizon d'un pouvoir-être. L'avenir au sens propre, ce n'est donc pas un maintenant qui n'est *pas encore* devenu réel, comme c'est le cas dans une conception linéaire du temps, mais la venue du *Dasein* à son pouvoir-être le plus propre, ce qui advient dans le devancement de la mort. De même, parce que le *Dasein* n'est pas de l'ordre du subsistant, du donné par avance (du *Vorhandene*), il n'est jamais au sens strict « passé », mais il a au contraire toujours déjà été et il le demeure tant qu'il est : *l'avoir-été* (l'allemand dit plus précisément *être-été : gewesen sein*) est le phénomène originel de ce que nous nommons le « passé ». C'est donc en *advenant* sur le mode du *retour* à soi que la résolution devançante rend *présent* l'étant qui vient à sa rencontre dans le monde ambiant : c'est ce phénomène unitaire d'un avenir qui rend présent en ayant été que Heidegger nomme *temporalité*[3]. Or, dans la temporalité « authentique », au contraire de ce qui se passe au niveau « inauthentique », où le présent constitue un moment séparé, celui de la déchéance au monde de la quotidienneté, la présentation de l'étant intramondain, c'est-à-dire l'ouverture de la situation, du « là » du *Da-sein*, advient dans le « clin d'œil » de l'« instant » *(Augen-blick)* et demeure donc incluse dans l'avenir et l'avoir-été[4].

La temporalité, loin de constituer le « sens interne », l'« intériorité » d'un « sujet », se révèle au contraire être « l'*ekstatikon* par excellence », « *le*

1. *Ibid.*, § 65, p. 326
2. *Ibid.*
3. *Ibid.*
4. *Ibid.*, § 65, p. 328.

"hors-de-soi" originaire en et pour soi-même»[1]. Il s'agit en effet, en nommant « ekstases de la temporalité » l'avenir, l'avoir-été et le présent, de mettre l'accent sur la *temporalisation* comme mouvement ou événement pur et non pas comme sortie de soi d'un «sujet» qui serait d'abord «en soi ». C'est au contraire le propre des conceptions traditionnelles du temps que de penser la temporalisation par rapport à un étant qui en serait la raison ou le support en donnant ainsi au temps lui-même une « subsistance », celle des «maintenants» successifs. Cette temporalité «ekstatique», loin de présupposer l'intemporalité d'une «subjectivité» ou d'une «ipséité», rend seulement au contraire possible la permanence du soi, la *Selbstständigkeit*[2], en tant que cette « autonomie » du *Dasein* n'est pas ce qui de celui-ci échapperait au temps, mais bien plutôt ce qui le constitue « temporellement » et «en propre » en tant qu'existence finie[3]. C'est précisément pour tenter d'échapper à la finitude de la temporalité originaire que s'impose la conception « vulgaire » (c'est-à-dire linéaire) d'un temps infini à l'intérieur duquel s'insèreraient les multiples temporalités finies: parce qu'on tient pour impossible *a priori* la finitude du temps, on se demande comment le temps infini de la génération et de la corruption peut bien se changer en une temporalité finie au lieu de se demander selon *quel mode de temporalisation* la temporalité au sens propre c'est-à-dire finie devient une temporalité impropre, c'est-à-dire in-finie[4]. Le temps en effet n'*est* pas, mais il se temporalise, et cette temporalisation ne résulte pas de la succession des «ekstases» temporelles, mais s'accomplit dans leur *cooriginarité*: chaque ekstase a son autonomie au sens où elle ne peut être déduite d'une autre, mais, en tant que moments constitutifs de l'unité de la temporalité, les ekstases sont interdépendantes les unes des autres et ne peuvent se déployer isolément. C'est pourquoi Heidegger déclare que « la temporalité se temporalise entièrement dans chaque ekstase »[5], ce qui implique que toute temporalisation met nécessairement en jeu les trois ekstases à la fois. L'ekstase qui a à chaque fois le primat indique simplement le sens de la temporalisation. Il y a donc des modes différents de temporalisation, selon que la priorité est donnée à telle ou telle ekstase, rendant ainsi possible la multiplicité des modes d'être du *Dasein* et avant tout son « inauthenticité » qui se temporalise à partir d'un présent compris à partir de la tâche mondaine qu'il est en train d'accomplir, alors que son

1. *Ibid.*, § 65, p. 329.
2. *Ibid.*, § 64, p. 323.
3. *Ibid.*, § 65, p. 329.
4. *Ibid.*, § 65; p. 331.
5. *Ibid.*, § 68, p. 350.

authenticité se temporalise à partir de l'advenir à soi-même du *Dasein*. Car de même qu'un présent impropre, qui consiste en la présentation de l'étant, s'oppose au présent au sens propre, qui est l'instant, de même un avenir impropre, déterminé comme le fait de s'attendre à *(Gewärtigen)*, s'oppose à l'avenir au sens propre, le *devancement*.

Il faut donc être attentif à la manière dont Heidegger comprend l'avenir, qui, dans *Être et temps*, est toujours et uniquement pensé comme la venue à soi, l'advenir du *Dasein*, au sein d'une temporalité finie. Lorsque, après le « tournant », le *Dasein* sera compris comme le lieu de l'adresse de l'être à l'homme, Heidegger pourra dire, comme il le fait dans les conférences qu'il consacre en 1957 au « Déploiement de la parole », que l'avenir correctement pensé n'est rien d'autre que le présent *(Gegenwart)*, car sous ce terme il faut comprendre non pas le maintenant momentané, mais ce qui atttend *(wartet)* à notre encontre *(entgegen)*, que nous nous exposions ou non en propre à lui [1]. Dans un texte qui date de l'année suivante, il est également dit, par contraste avec *Sein und Zeit* où il était affirmé que l'histoire a son centre de gravité dans l'avenir [2] que « l'histoire *(Geschichte)* véritable est, en un sens essentiel, pré-sence *(Gegen-wart)* », au sens où « *Gegen-wart*, c'est ce qui attend à notre encontre *(uns entgegenwartet)*, attend que nous nous exposions à lui, et comment – ou bien attend que nous nous y refusions ». Compris en ce sens, ajoute Heidegger, il est « l'à-venir rigoureusement pensé », c'est-à-dire ce qui « régit le présent comme une exigence *(Zumutung)* où il y va du *Da-sein* de l'homme » [3]. On voit clairement ici comment le « devancement » qui constituait l'avenir au sens propre dans *Sein und Zeit* est désormais compris comme cette disposition caractéristique du rapport au présent qu'est la *Zumutung*, mot qui en allemand renvoie à l'idée d'une exigence, d'une prétention ou présomption [4].

1. *Cf.* M. Heidegger, *Acheminement vers la parole*, trad. fr. F. Fédier, Paris, Gallimard, 1976, p. 199.

2. SZ, § 74, p 386.

3. M. Heidegger, « Grundsätze des Denkens », *Jahrbuch für Psychologie und Psychotherapie*, Heft 1, 3, 1958, p. 34; trad. fr. « Principes de la pensée », dans *Martin Heidegger*, Paris, L'Herne, 1983, p. 74.

4. Précisons à ce propos que l'expression *jemand etwas zumuten* veut dire « croire quelqu'un capable de quelque chose », et *sich zuviel zumuten* « présumer trop de ses forces ».

LA QUESTION DU SENS DE L'ÊTRE COMME PRÉSENCE DANS LA TRADITION OCCIDENTALE

On sait que la question que pose Heidegger et qui est à l'origine de *Être et temps* est celle du sens à donner au mot « être » et on connaît la réponse qu'il y donne : « Être veut dire, depuis les Grecs, présence, *Anwesenheit* », formule que l'on trouve pour la première fois dans le cours de 1925-26 intitulé « Logique. La question de la vérité » [1] et qui se retrouve en au moins une vingtaine d'occurrences tout au long de l'œuvre, et encore dans la conférence sur « Temps et être » de janvier 1962 [2].

Heidegger rappelait en effet dans l'introduction à son traité de 1927 que la philosophie commence, comme le déclare Platon, dès qu'on cesse de raconter des histoires, c'est-à-dire dès que l'on renonce à expliquer une chose par le recours à une autre, selon le schème généalogique qui gouverne la pensée mythique, et que l'on décide de s'en tenir à ce qui est *présentement donné*, à savoir ce que Parménide nommait *to eon*. Or l'ontologie antique comprend l'être à partir du temps, mais sans qu'elle ait un savoir exprès de cette fonction ontologique fondamentale du temps. Elle le considère au contraire comme un étant parmi d'autres, comme l'atteste le tout début du traité aristotélicien sur le temps [3], où il est demandé, avant même de déterminer sa nature, si le temps fait ou non partie de l'étant. Comme on le sait, cette première interprétation circonstanciée du phénomène du temps est, selon Heidegger, demeurée déterminante pour toute conception ultérieure du temps [4]. On peut cependant trouver un témoignage attestant que les Grecs ont compris l'être à leur insu à partir du temps dans la détermination grecque de l'être comme *parousia* ou *ousia* [5]. *Ousia* est en effet le terme fondamental qui désigne pour Platon et pour Aristote l'être de l'étant compris comme étantité. C'est dans un cours postérieur à *Être et temps*, le cours du semestre d'été 1930 intitulé *De l'essence de la liberté humaine* que Heidegger analyse en détail la plurivocité de ce terme [6]. Dans la langue courante, il signifie la demeure et le bien-fonds, c'est-à-dire

1. Cf. M. Heidegger, *Logik. Die Frage nach der Wahrheit*, Gesamtausgabe Band 21, Frankfurt am Main, Klostermann, 1976, p. 193.

2. *Cf.* Hermann Mörchen, « Heideggers Satz : "Sein heisst An-wesen" », in *Martin Heidegger Innen- und Aussen-ansichten*, Frankfurt am Main, Suhrkamp, 1989, p. 176-200.

3. *Cf.* Aristote, *Physique* IV, 10, 217 b.

4. SZ, § 6, p. 26.

5. SZ, § 6, p. 25.

6. *Cf.* M. Heidegger, *Vom Wesen der menschlichen Freiheit*, (Ga 31), Frankfurt am Main, Klostermann, 1982, p. 45 *sq.*, trad. fr. *De l'essence de la liberté humaine*, Paris, Gallimard, 1987, p. 52 *sq.*

ce qui est constamment disponible, constamment *présent*. C'est cette signification fondamentale qui a rendu possible l'usage technique du terme comme nom de l'être de l'étant dans la langue philosophique. La signification temporale de l'*ousia*, qui est demeurée cachée à Platon et à Aristote eux-mêmes, est donc celle d'une « présence constante » *(beständige Anwesenheit)*. C'est à partir de ce sens caché que l'on peut comprendre pourquoi *ousia* sert à former les termes de *parousia* (présence) et d'*apousia* (absence). La thèse que Heidegger développe à cet égard consiste à affirmer que *parousia* constitue simplement une formulation plus claire du sens d'*ousia* qui fait donc apparaître son sens proprement temporal[1].

Le sens ontologico-temporal d'*ousia* est donc « présence » *(Anwesenheit)*, ce qui signifie que l'être de l'étant est compris en rapport avec un mode déterminé du temps, le présent *(Gegenwart)*. Qu'est-ce qui explique ce primat dévolu au présent ? Heidegger montre qu'il provient du « fil conducteur » que choisit l'ontologie grecque. Toute ontologie doit en effet nécessairement se donner une voie d'accès à l'être. Or la pensée grecque philosophique et pré-philosophique définit l'homme comme un *zôon logon ekhon*, comme un vivant possédant la parole. Cet accent mis sur le *logos* comme dimension propre à l'humanité explique que Platon donne à la philosophie, c'est-à-dire à l'ontologie, le nom de dialectique que, dans le *Sophiste*, dialogue auquel Heidegger a consacré son cours du semestre d'hiver 1924-25[2], il définit comme la discussion du rapport qu'entretiennent entre eux les genres suprêmes. Si la dialectique, avec Aristote, devient superflue, ce n'est pas parce qu'il ne la comprend plus, mais parce que ce dernier a vu ses limites : le *legein* n'est pas en effet l'unique fil conducteur de l'ontologie, le *nœin*, c'est-à-dire la pure appréhension de ce qui est déjà là, dans lequel Aristote voit le lieu d'origine de la vérité, est le mode le plus simple d'accès à l'être dont Parménide a déjà fait le fil conducteur de son interprétation de l'être dans le fragment 3 de son Poème : *to gar auto noein estin te kai einai*, « le même est à la fois penser et être ». Or *legein* et *noein* ont la même structure temporale : celle de la pure « présentation » de quelque chose qui se montre à travers eux. C'est la raison pour laquelle l'étant qui apparaît dans la lumière du *logos* ou de la *noesis* ne peut être conçu que comme présence, c'est-à-dire comme *ousia*.

1. *Ibid.*, p. 61-65 ; trad. fr. p. 67-71.

2. *Cf.* M. Heidegger, *Platon : Sophistes*, Gesamtausgabe Band 19, Frankfurt am Main, Klostermann, 1992 ; trad. fr. *Platon : Le Sophiste*, Paris, Gallimard, 2003.

C'est donc cette signification temporale de l'être qui traverse toute l'histoire de l'ontologie que la « destruction », qu'il faut comprendre, comme Heidegger lui-même le souligne dans son cours du semestre d'été 1927, comme une « dé-construction » *(Abbau)*[1], a pour but de mettre au jour. Il s'avère donc nécessaire de transformer la question *directrice* de la philosophie : qu'est-ce que l'étant ? en ce qui se nomme maintenant la question *fondamentale* : quelle est l'essence du temps pour que l'être puisse se fonder en lui ?[2] Ce qui détermine la nécessité de cette transformation, c'est uniquement la mise au jour du *caractère de question*, de la *Fraglichkeit*, de la question directrice. Déployer pleinement la question directrice exige en effet de s'interroger sur la structure formelle de toute question et sur le mode d'être de l'étant qui questionne[3]. C'est ainsi que ce qui est question directrice pour une pensée qui ne voit dans l'homme qu'un étant parmi d'autres devient question *fondamentale* pour une pensée qui s'interroge sur le *fondement* de la possibilité de la compréhension de l'être : le temps en tant qu'il est un tel fondement est donc à la fois ce qui rend possible ce qui est questionné, l'être, et celui qui questionne, l'homme. Ce qui devient alors « incontournable », c'est la question de l'essence de l'homme en tant qu'elle est toujours comprise dans celle de l'être[4]. Le problème de l'interprétation de l'être de l'étant ne se pose plus en effet à partir d'une orientation unilatérale sur l'étant pré-donné, sur ce que Heidegger nomme la *Vorhandenheit*, il inclut une enquête sur l'événement de la donation elle-même (sur le « donner » du « *es gibt Sein* ») qui n'advient qu'avec l'*ouverture* de l'*existence* humaine. L'interprétation de l'être implique ainsi nécessairement l'analytique du *Dasein*.

Que veut dire en effet l'allemand *An-wesen*, mot que Heidegger écrit parfois avec un trait d'union entre *an* et *wesen* ? Heidegger explique dans son cours de 1935 « Introduction à la métaphysique » qu'il désigne à l'origine « une propriété rurale close sur elle-même »[5], ce qu'il répète dans son cours de 1951-52 « Qu'appelle-t-on penser ? » en soulignant que *wesen*, qui est le même mot que *währen*, demeurer, appartient au radical *vasati* en

1. M. Heidegger, *Die Grundprobleme der Phänomenologie*, Gesamtausgabe Band 24, Frankfurt am Main, Klostermann, 1975, p. 31, trad. fr. *Les problèmes fondamentaux de la phénoménologie*, Paris, Gallimard, 1985, p. 41.

2. Ga 31, p. 116, trad. fr. p. 117.

3. SZ, § 2.

4. Ga 31, p. 125, trad. fr. p. 125.

5. M. Heidegger, *Einführung in die Metaphysik*, Niemeyer, Tübingen, 1966, p. 46, trad fr. *Introduction à la métaphysique*, Paris, P.U.F., 1958, p. 71.

sanscrit, qui signifie « il habite, il séjourne »[1]. Mais le trait fondamental du mot lui vient de la préposition *an* qui indique un mouvement d'approche qui entre en conflit avec un mouvement de retrait, ce que les Grecs ont exprimé par le jeu des propositions *para* et *apo* dans l'opposition *parousia* et *apousia*. Il n'y a donc d'être que dans la mesure où il surgit hors de l'occultation et vient dans la proximité afin d'être perçu, mais où il cherche en même temps aussi l'occultation et se retire. C'est aussi ce qui est dit dans le mot *alètheia*, à savoir la co-appartenance de l'ouvert et de l'occultation. En 1936, dans « L'origine de l'œuvre d'art » Heidegger insistait déjà sur le fait que « le lieu ouvert au milieu de l'étant, l'éclaircie, n'est jamais une scène rigide au rideau toujours levé et sur laquelle se déroulerait le jeu de l'étant » et il ajoutait que « l'être à découvert de l'étant, ce n'est jamais un état qui serait déjà là, mais toujours un avènement *(Geschehnis)* »[2]. Le *Dasein* est, dans son *da*, dans son « là », à la fois approché par l'étant et exposé au retrait. Dire de l'étant qu'il est *an-wesend*, c'est donc comprendre implicitement la présence comme un *événement*, ce que selon Heidegger les Grecs ont pensé sans jamais pourtant l'expliciter. Car ce qui s'est imposé au cours de la tradition, c'est la détermination de l'être au sens de présence *constante*, c'est-à-dire subsistante et sans rapport au *Dasein*. Comme Heidegger l'expliquait en 1931-32, dans son cours sur l'Allégorie de la caverne et le *Théétète* de Platon, le concept grec de l'être perdit sa signification originelle, à savoir la pré-sence, *Anwesenheit*, et le rapport au temps qu'elle impliquait fut « refoulé » *(abgedrängt)*[3]. C'est en effet ce qui a lieu avec la détermination platonicienne de l'être comme *idea*, mot que Platon emploie pour qualifier ce que prend en vue un regard qui vise non le changeant, mais l'immuable, de sorte que tout ce qui dans l'étant est changeant et mobile est représenté à partir d'un être stable[4]. C'est en 1946, dans son commentaire de la parole d'Anaximandre que Heidegger met le mieux en évidence le caractère transitoire du séjour de l'étant dans l'ouvert, ce qui implique que « ce qui vient à chaque fois à la présence *(das jeweilig Anwesende)*, le présent *(das Gegenwärtige)* se déploie à partir de l'absence »[5]. Et Heidegger ajoute : « C'est ce qu'il faut dire précisément du

1. M. Heidegger, *Was heisst Denken?* Tübingen, Niemeyer, 1954, p. 143, trad. fr. *Qu'appelle-t-on penser ?*, Paris, P.U.F., 1959, p. 217.

2. M. Heidegger, *Holzwege*, Frankfurt am Main, Klostermann, 1950, p. 42, trad. fr. *Chemins qui ne mènent nulle part*, Paris, Gallimard, 1980, p. 59.

3. M. Heidegger, *Vom Wesen der Wahrheit. Zu Platons Höhlengleichnis und Theätet*, Gesamtausgabe Band 34, Frankfurt am Main, Klostermann, 1988, p. 144.

4. *Cf.* M. Heidegger, « Contribution à la question de l'être » (1956), *Questions I*, Paris, Gallimard, 1968, p. 212.

5. M. Heidegger, *Holzwege*, p. 323, trad. fr. p. 421.

présent véritable, que la représentation ordinaire voudrait disjoindre de toute absence ». C'est donc seulement lorsque la présence et l'absence sont pensées dans leur co-appartenance que le caractère temporel de la présence vient à la lumière.

De tout ceci résulte que la pensée de l'être comme retrait ne doit pas être opposée à la pensée de l'être comme présence, dans la mesure du moins où le caractère temporel de celle-ci n'y est plus « refoulé ». C'est ce qui explique que dans la conférence de 1962 sur « Temps et être » Heidegger réffirme dès le début que « être, depuis le matin de la pensée européenne-occidentale et jusqu'à aujourd'hui, veut dire le même que *Anwesen* » et que « dans ce mot d'*Anwesenheit* parle le présent *(Gegenwart)* »[1]. Mais dire que l'être est ainsi implicitement compris à partir du temps, n'est-ce pas là une affirmation arbitraire ? Heidegger lui-même pose la question de savoir ce qui autorise une telle caractérisation de l'être. Voici sa réponse : « Cette question vient trop tard. Car ce type de l'être, il y a beau temps qu'il s'est décidé et s'est mis en route sans que nous y soyons pour rien. Par conséquent nous sommes contraints *(gebunden)* de caractériser l'être comme *Anwesen.* »[2] Il ne s'agit donc pas de mettre en question le privilège accordé à la présence dans la tradition occidentale définie globalement comme une « métaphysique de la présence ».

Ce qu'il s'agit d'interroger, c'est uniquement le privilège donné à la présence *constante*, ce que nous pourrions nommer la métaphysique de la substance ou de la *Vor-handenheit*, à savoir de l'être sous la forme non seulement de ce qui est « devant » nous (l'être en tant qu'objet de représentation) mais aussi de ce qui est « avant » nous, sous la forme de la présence déjà accomplie et réalisée[3]. *Anwesenheit*, la venue en présence, a au contraire le sens d'un événement, celui de la sortie hors de l'occultation, de la *Verbergung*, laquelle ne disparaît pas purement et simplement avec l'éclaircie, mais demeure au cœur même de celle-ci. Dans la conférence de 1962, Heidegger suggère que l'être en tant qu'*An-wesen* pourrait être compris comme un *laisser* advenir à la présence, une désoccultation *(Entbergen)* qui peut être comprise comme un donner[4]. Dans cette

1. M. Heidegger, « Temps et être », *Questions IV*, Paris, Gallimard, 1976, p. 14 ; *Zur Sache des Denkens*, Tübingen, Niemeyer, 1969, p. 2. (désormais cité ZSD)

2. *Ibid.*, p. 20, ZSD, p. 6 (traduction modifiée).

3. *Cf.* M. Heidegger, *Prolegomena zur Geschichte des Zeitbegriffs* (cours de 1925), (Ga 20), Frankfurt am Main, Klostermann, 1979, p. 270 : « Dieses *Schon Anwesende* ist das Seiende innerhalb der Umwelt, das wir als das *Vorhandene* im Gegensatz zu dem Zuhandenen bezeichnen ».

4. *Questions IV*, p. 18 ; ZSD, p. 5.

perspective, l'être devrait donc être compris à partir du donner, et non à partir du fonder. Le concept de fondation appartient en effet au mode métaphysique de pensée, qui comprend l'être comme présence constante. Car un fondement est quelque chose qui est déjà là, *vorliegend*, et qui repose au fond[1]. En pensant l'être sous la figure du fondement, la métaphysique pense bien en quelque sorte la différence de l'étant et de l'être, du présent et de la présence, mais, parce que l'être ne signifie pour elle que la présence de ce qui est présent et non l'*événement* même de la présence (le *an* de *an-wesen*), un événement qui est simultanément présence et absence, le se retirer de l'être advenant au profit de l'apparition des étants, elle ne saisit pas ce qui est à l'origine de l'être lui-même, et qui est un donner, *ein Geben*. Ce qui demeure ainsi impensé, en faveur de la prise en vue de l'être de l'étant compris comme *idea*, aspect, c'est le caractère « temporal » ou « historial » de l'être. Car : « un donner qui ne donne que sa donation, mais qui, se donnant ainsi, pourtant se retient et se soustrait »[2], c'est là précisément ce que Heidegger nomme un destiner, un *Schicken*.

L'être est donc pensé comme ce qui est ainsi « destiné » dans chacune de ses mutations, de ses *Wandlungen*, qui constituent ce que Heidegger nomme à partir du milieu des années trente *die Seinsgeschichte*, l'histoire de l'être. Cette histoire, qui est celle des diverses retenues ou époques de l'être, est ainsi celle du « demeurer-manquant » *(Ausbleiben)* de l'être, comme l'expliquait Heidegger dans un des premiers textes qu'il ait consacré à la notion d'histoire de l'être, daté de 1944 à 1946 et intitulé « La détermination ontologico-historiale du nihilisme ». Heidegger voit en effet dans ce défaut de l'être qui se fait ainsi attendre (car c'est là aussi le sens de *ausbleiben*) ce qui se déploie comme nihilisme[3], dont on sait qu'il représente pour Heidegger non pas seulement la situation fondamentale de l'homme moderne, mais le mouvement de fond de toute l'histoire occidentale. Car par cet événement, l'homme se voit jeté dans l'étant ainsi détaché de l'être et, parce qu'il se représente l'être sous la figure de l'étant, il s'érige lui-même comme l'étant qui se rend maître de l'étant sous la figure de l'objet[4]. Ce qui caractérise donc la métaphysique dans son histoire qui n'est autre que celle du nihilisme, c'est le fait que l'homme ne comprend l'être qu'à partir de l'étant, sans voir que « ce qui est est ce qui advient »[5]. Car ce

1. *Ibid.*, p. 65 ; ZSD, p. 36.
2. *Ibid.*, p. 23 ; ZSD, p. 8.
3. M. Heidegger, *Nietzsche II*, Pfullingen, Neske, 1961, p. 383, trad. fr. *Nietzsche II*, Paris, Gallimard, 1971, p. 307.
4. *Ibid.*, p. 379, trad. fr. p. 303.
5. *Ibid.*, p. 388, trad. fr. p. 311.

qui ne cesse de se promettre dans l'histoire, c'est la non-occultation de l'être : c'est en effet par cette promesse de sa vérité que l'être se retient soi-même dans chacune des époques de son histoire[1]. Ce qui demeure ainsi impensé, c'est la détresse de l'être, ou plus exactement l'être en tant qu'il est la détresse même du fait de son besoin de venir s'abriter dans l'étant[2]. On comprend à partir de là que ce qui menace l'être dans son essence destinale, ce qui constitue donc le danger lui-même, ce soit précisément l'oubli de la détresse, de sorte que la détresse extrême se confond avec l'absence de détresse. L'expérience que fait l'homme moderne, c'est celle d'une absence d'habitat, de demeure, d'une *Heimatlosigkeit*, dont on pourrait dire qu'elle est à mettre en rapport avec sa méconnaissance du caractère « événementiel » de la présence, de cet *Anwesen* dont Heidegger rappelait qu'il veut d'abord dire bien fonds, demeure. C'est ce qui explique, comme le souligne Heidegger, que l'homme moderne tende à compenser cette absence de demeure par la conquête organisée de la planète terre et son extension dans l'espace cosmique, car « l'absence de détresse dans le rapport à l'être se consolide avec le besoin intensifié de l'étant et par celui-ci »[3].

A cette détresse extrême qui se confond avec l'absence de détresse, il ne s'agit nullement de porter remède, toute visée sotériologique, toute idée de « rédemption » ou de « réconciliation » se voyant radicalement invalidées dans la perspective qui est celle de Heidegger, du moins après la période du rectorat[4]. On aurait tort en effet de penser que, lorsqu'en 1953 il cite dans sa conférence sur « La question de la technique » le vers célèbre de *Patmos* : « Là où est le danger, là croît aussi ce qui sauve » (*Wo aber Gefahr ist, wächst das Rettende auch*)[5] il comprenne le verbe « *retten* » (sauver) au sens d'arracher une chose à un danger et de la rétablir dans son état antérieur. Heidegger se réclame au contraire du sens premier de ce terme qui signifie « libérer une chose en son être propre »[6], la « reconduire à son essence, afin de faire apparaître celle-ci, pour la première fois, de la façon

1. M. Heidegger, *Nietzsche II*, p. 383, trad. fr. p. 307.

2. *Ibid.*, p. 390, trad. fr. p. 313.

3. *Ibid.*, p. 395, trad. fr. p. 316.

4. Voir en particulier le passage de *Die Geschichte des Seins* (1939-1940), (Ga 69), Frankfurt am Main, Klostermann, 1998, p. 31, où Heidegger affirme que le commencement historial n'est ni chrétien ni païen, le paganisme n'existant lui-même que du point de vue chrétien, et qu'il n'est donc pas religieux, ce qui veut dire que seul il se tient dans une attente non frelatée, qui ne compte pas sur la délivrance ou le salut de l'homme.

5. M. Heidegger, *Essais et conférences*, Paris, Gallimard, 1958, p. 38 (*Vorträge und Aufsätze*, Pfullingen, Neske, 1954, p. 36).

6. *Ibid.*, p. 177-78 (150).

qui lui est propre »[1]. Il ne s'agit en effet ni de « surmonter » le nihilisme, ni de sortir de la détresse, mais bien plutôt de les éprouver comme tels. Heidegger conclut alors son texte sur ces mots : « Connaître la *Notlosigkeit*, la détresse en tant que telle, c'est là la *Notwendigkeit*, la nécessité », mot qu'il faut comprendre au sens de ce qui permet de retourner (*wenden*) la détresse[2].

Ce tournant, cette *Wende*, qui nous fait nous tourner vers, et non pas non détourner de, la détresse elle-même n'est rien d'autre que cette entrée dans l'*Ereignis* dont on pourrait penser qu'elle est l'accomplissement de ce qui s'est promis tout au long de l'histoire de l'être, à savoir la vérité, la non occultation de celui-ci. Heidegger souligne en effet dans le protocole du séminaire qui a suivi la conférence de 1962 – protocole revu et complété par lui-même – que « pour la pensée entrant dans l'*Ereignis*, l'histoire est terminée »[3]. Mais il s'agit ici de tout autre chose que d'une fin de l'histoire au sens hégélien, c'est-à-dire d'une parousie de l'absolu dans un savoir absolu qui consacrerait l'identification effective de l'être et de la pensée[4]. Car la fin de cette promesse de la vérité de l'être qu'est l'histoire époquale de la métaphysique – époquale au sens où l'être se retient et se soustrait dans sa vérité de manière différente dans chacune de ses destinations – ne signifie pas l'arrêt de celles-ci, mais bien au contraire leur assomption en propre, ce qui ne veut cependant pas dire leur « relève », leur *Aufhebung*.

Comment penser cette fin qui n'en est pas une, mais où néanmoins la tension d'une promesse inaccomplie ne subsiste plus ? En d'autres termes, comment penser l'entrée dans l'*Ereignis* sans faire de celui-ci un événement déjà accompli ou un événement demeurant encore à venir ?

LA QUESTION DU RAPPORT DE L'HOMME À L'*EREIGNIS*

Dans la conférence de 1962, Heidegger, afin de laisser apparaître la dimension aléthéique de l'être, être au sein de la clairière duquel l'occultation, la *lèthè*, est retenue, s'est proposé de penser l'être sans l'étant, c'est-à-dire « sans égard à une fondation de l'être à partir de

1. *Ibid.*, p. 38 (36). *Cf.* « Die Kehre » (1965), *Die Technik und die Kehre*, Pfullingen, Neske, 1962, p. 41 (« Le tournant », *Questions IV*, p. 148, où Heidegger explique que « ce qui en propre sauve *(das eigentlich Rettende)* est ce qui prend en garde *(das Wahrende, die Wahrnis)*.

2. M. Heidegger, *Nietzsche II*, p. 397, trad. fr. p. 318.

3. M. Heidegger, *Questions IV*, p. 75.

4. *Ibid.*, p. 87.

l'étant »[1], ce qui ne veut pas dire, précise le protocole, que l'étant soit devenu inessentiel, mais qu'il s'agit de penser l'être, la présence du présent, autrement que ne le fait la métaphysique[2]. Ce qui est en question, c'est moins l'interprétation théologique que la métaphysique donne de l'être comme *summum ens* et *causa sui* que l'interprétation que la différence ontologique peut alors recevoir, selon laquelle l'être est pensé à partir de l'étant et demeure ainsi sous sa domination. La notion de différence ontologique – dont il faut rappeler qu'elle est déjà là de manière latente dans le *Dasein* puisque « exister est pour ainsi dire synonyme d'"effectuer cette distinction" » comme le dit Heidegger dans les *Problèmes fondamentaux de la phénoménologie*[3] – demeure en effet liée au mode transcendantal de pensée, au sens où elle implique un dépassement des étants en direction de l'être. C'est pourquoi Heidegger va jusqu'à la juger funeste *(verhängnisvoll)* dans les *Beiträge zur Philosophie*[4], déclarant même dans son séminaire du Thor en 1968 qu'elle constitue « le plus grand danger pour la pensée » parce qu'elle amène à la représentation de l'être comme un étant[5]. Dans son séminaire suivant (Le Thor 1969), Heidegger affirme même que dans l'*Ereignis*, « avec l'être disparaît la différence » et que la référence à celle-ci de 1927 à 1937 doit être considérée comme une « impasse nécessaire »[6]. Cela ne veut pourtant pas dire qu'il faille maintenant penser l'identité de l'être et de l'étant, mais bien plutôt, comme il l'explique dans *Identité et différence*, l'événement même de la différence et non pas seulement son résultat, les différents, les termes qui diffèrent[7]. C'est alors qu'il s'agit d'abandonner le terme de *Differenz*, issu du latin *disfero*, lui-même issu du grec *diaphero*, pour les vocables allemands de *Unterschied*, qui signifie littéralement l'entre *(unter)* de ce qui est séparé *(geschieden)*, et d'*Austrag*, doublet germanique du latin *dis-fero*, qui signifie dans l'allemand courant arrangement ou conciliation, mais que Heidegger entend dans le sens premier du verbe qui lui correspond, *austragen*, qui veut dire porter jusqu'à son terme, jusqu'à cet accomplissement qu'est l'accouchement, c'est-à-dire la séparation de l'enfant et de la mère. Ce que Heidegger propose ainsi de penser, c'est cette « ségrégation » de l'être et de l'étant, dont on pourrait dire ici, en plagiant Merleau-Ponty,

1. *Questions IV*, p. 13; ZSD, p. 2.
2. *Questions IV*, p. 63-64; ZSD, p. 35.
3. Ga 24, p. 454; trad. fr. p. 383.
4. M. Heidegger, *Beiträge zur Philosophie*, § 132, p. 250.
5. *Questions IV*, p. 237.
6. *Ibid.*, p. 302.
7. *Questions I*, p. 298; *Identität und Differenz*, Pfullingen, Neske, 1957, p. 61.

qu'elle n'est jamais « chose faite »[1]. C'est de la même manière que Heidegger aura recours, en particulier dans l'essai intitulé « Moira », qui est une partie non prononcée du cours *Qu'appelle-t-on penser ?* de 1951-52, à la notion de *Zwiefalt*, duplicité, pour faire apparaître que la différence ne se confond pas avec une simple distinction de pensée et qu'elle n'est donc pas une relation entre deux termes *déjà* présents, *vor-handen*, mais l'avènement de leur distinction *et simultanément de leur relation*. De cela Heidegger tire une conséquence importante, à savoir que c'est maintenant l'être qu'il s'agit de penser à partir de la différence et non le contraire[2].

Dans la conférence de 1962, Heidegger tente de la même manière de penser l'être à partir du donner, impliqué dans la formule « *es gibt Sein* », ce qui exige là aussi l'abandon de la détermination de l'être comme fondement de l'étant[3] pour faire apparaître l'être comme déploiement de la présence de ce qui est présent. Ce qu'il s'agit de penser alors sous le nom d'*Ereignis*, c'est ce qui donne lieu à ce déploiement et le « laisse » être[4], amenant l'être ainsi à ce qu'il est en propre, à savoir *Anwesenheit*, venue en présence. Certes ce terme ne doit pas être pris dans son sens habituel d'« événement », comme le souligne bien Heidegger[5]. Il n'en demeure pas moins que *er-eignen* veut bien dire porter au propre, si l'on en croit du moins l'étymologie populaire, qui rattache ce verbe au mot allemand *eigen*, qui veut dire propre. Il est donc bien possible, pour souligner le caractère verbal et non nominal de ce terme, de le traduire par « événement appropriant ». Mais ce processus de propriation n'advient pas de lui-même, il requiert pour ainsi dire la collaboration de l'homme. C'est ce que Heidegger a bien mis en évidence dans *Identité et différence*, où il est dit que l'homme et l'être sont appropriés l'un à l'autre[6].

C'est pour rendre compréhensible le sens de cette co-appartenance de l'être et de l'homme que Heidegger évoque alors la véritable étymologie d'*Ereignis*, mot qui inclut une référence à *Auge*, à l'œil et au regard. C'est en faisant jouer ensemble les deux étymologies, la populaire et la scientifique, que Heidegger peut définir l'*Ereignis* comme ce qui prend en

1. *Cf.* M. Merleau-Ponty, *Le visible et l'invisible*, Paris, Gallimard, 1964, p. 158 où il est question de « la ségrégation du "dedans" et du "dehors" », et p. 290, où il est affirmé que le dédoublement de la transcendance en être et néant n'est jamais « chose faite ».

2. *Questions I*, p. 300 ; *Identität und Differenz*, p. 63.

3. *Questions IV*, p. 19 ; ZSD, p. 6.

4. *Ibid.*

5. *Ibid.*, p. 42 ; ZSD, p. 21.

6. *Questions I*, p. 270 ; *Identität und Differenz*, p. 28.

vue, regarde l'homme en le portant à son propre[1]. Le propre de l'homme réside donc dans cet être-appelé et regardé[2], et même dans un être-employé *(gebraucht)* par l'*Ereignis* pour la propriation des étants[3]. Il semble donc qu'avec l'*Ereignis* nous ayons atteint le concept qui comprend tout, le concept suprême[4]. Mais c'est alors le même danger, celui d'hypostasier ce qui n'est qu'un processus, qui menace à nouveau dans cette démarche régressive dont Heidegger lui-même reconnaît qu'elle ressemble à celle de la théologie négative[5]. C'est pourquoi ce qui est le plus propre à l'*Ereignis*, c'est précisément l'*Enteignis*, le dépropriement. De même en effet que l'occultation appartient à l'*alètheia* non comme une addition, quelque chose de surajouté, mais au contraire comme ce qui constitue son cœur même[6], le dépropriement est le cœur même de l'*Ereignis*, ce par quoi il protège ce qu'il a en propre et préserve ainsi l'être d'une désoccultation sans limites qui serait d'ailleurs équivalente à une occultation sans limites, car il ne peut jamais y avoir qu'une clairière limitée de la présence. Ce n'est pas seulement en effet l'obscurité totale qui rend aveugle, mais également le trop plein de lumière, comme Platon déjà le montrait bien dans l'Allégorie de la caverne : pour voir et être vu, ce qui est requis, c'est précisément cette opposition des contraires qui formait la pensée fondamentale d'Héraclite. Ce n'est donc pas seulement la lumière qu'il s'agit de penser, comme c'est le cas dans cette « métaphysique de la lumière » qu'est la philosophie occidentale, mais ce qui rend possible l'éclairement de l'être et sa saisie par le regard humain, à savoir la « clairière » *(Lichtung)* dans laquelle la lumière elle-même, grâce à son contraste avec l'obscurité dont elle provient, peut devenir perceptible[7].

Le phénomène le plus originel, c'est donc l'*Enteignis*, le dépropriement, de la même manière que dans *Être et temps*, le ne pas être

1. *Cf.* M. Heidegger, *Unterwegs, zur Sprache*, Pfullingen, Neske, 1959, p. 260, où il est question de l'*Ereignis* et de son *Er-äugen des Menschenwesens*, ce que la traduction française rend par « amenant à voir le déploiement de l'être humain » (*Acheminement vers la parole*, trad. fr. F. Fédier, Paris, Gallimard, 1976, p. 249).

2. Il s'agit là de l'exact opposé de ce qui fonde la métaphysique occidentale et prépare ainsi à l'identification de la philosophie et de l'anthropologie à l'époque moderne, à savoir la primauté donnée au regard humain sur l'être qui caractérise la détermination platonicienne de l'être comme *eidos*, comme ce « visage » des choses pris en vue par l'homme.

3. *Cf.* M. Heidegger, « La parole d'Anaximandre » (1946), *Chemins qui ne mènent nulle part*, p. 387 *sq*.

4. *Questions IV*, p. 43-44, ZSD, p. 22.

5. *Ibid.*, p. 83, ZSD, p. 51.

6. *Cf.* M. Heidegger, « La fin de la philosophie et la tâche de la pensée », *Questions IV*, p. 136, ZSD, p. 78.

7. *Ibid.*, p. 127 *sq.*, ZSD, p. 72 *sq.*

chez soi dans le monde constituait déjà le phénomène le plus originel et non pas cette familiarité avec le monde qui caractérise la quotidienneté[1]. L'*Ereignis* est donc en lui-même *Ent-eignis*, dépropriement, c'est-à-dire le fond sans fond de l'être, son abîme *(Ab-grund)*. C'est uniquement par la pensée du dépropriement que Heidegger rompt décisivement avec l'idée qui a commandé toute l'histoire occidentale, celle de l'être pensé comme absolu, c'est-à-dire comme ce qui n'entretient de lien avec aucune autre chose. Car la finitude de l'être dont il est question dans les textes immédiatement postérieurs à *Être et temps* dans *Qu'est-ce que la métaphysique ?* et dans *Kant et le problème de la métaphysique*[2] – est encore pensée par rapport à la transcendance du *Dasein* dont l'être est la projection finie, alors que la finitude de l'*Ereignis* provient de la limite interne au destiner lui-même, qui, précisément pour destiner, doit demeurer dans l'abri abyssal qui lui est propre[3]. La finitude de l'*Ereignis* est pensée à partir du concept de propre et de propriété *(Eigentum)* que Heidegger veut distinguer de celui d'ipséité et de soi : le propre, c'est ce qui appartient à quelque chose, ce qui la fait être ce qu'elle est, et non pas ce qui fait d'elle un « sujet » susceptible de prendre possession d'autre chose et de se l'annexer. Le concept heideggérien d'*Eigentum* n'a donc rien à voir avec la prise de possession qui est toujours comprise comme privatisation, comme l'indique l'étymologie du latin *proprius* qui vient, comme le fait remarquer avec pertinence le traducteur d'*Unterwegs zur Sprache*, de *pro-privus*[4].

Quel est maintenant le rapport que l'homme peut entretenir avec ce processus de propriation auquel il appartient, ce qui veut dire qu'il ne peut jamais le placer en face de lui et le considérer comme ce qui engloberait tout ? On ne peut pas en effet dire de l'*Ereignis* qu'il est, ni même qu'il y en a, car, comme Heidegger le souligne, ce serait prendre les choses à contresens, « tout comme si on voulait faire dériver la source du fleuve lui-même »[5]. On ne peut donc dire qu'une chose : l'*Ereignis ereignet*, l'appropriement approprie, selon ce mode de pensée tautologique dont Heidegger dit à la fin de son dernier séminaire qu'il est le sens originaire de la phénoménologie en tant que celle-ci n'est pas tant une méthode que le chemin qui nous reconduit là où nous sommes toujours déjà[6] et où a lieu de

1. SZ, § 40, p. 189.
2. Cf. *Questions I*, p. 69 ; *Kant et le problème de la métaphysique*, Paris, Gallimard, 1953, p. 301.
3. M. Heidegger, *Questions IV*, p. 93 ; ZSD, p. 58.
4. Voir M. Heidegger, *Acheminement vers la parole*, p. 28 (note du traducteur).
5. M. Heidegger, *Questions IV*, p. 47 ; ZSD, p. 24.
6. « Séminaire de Zähringen » (1973), *Questions IV*, p. 338-339.

manière inapparente ce qu'il faudrait peut-être nommer, avec Goethe, l'*Urphänomen*, le phénomène originaire [1], à savoir la venue à la présence en tant que telle. Une telle « phénoménologie de l'inapparent » [2] nous reconduit à notre lieu natal, à cette *Heimat* à laquelle nous appartenons et où nous demeurons toujours déjà, mais à notre insu. Le chemin phénoménologique prend ainsi, comme Husserl l'avait aussi remarqué, la forme d'un éveil, éveil hors de l'oubli de l'être, éveil qui n'est nullement l'annulation de cet oubli, mais une manière au contraire de se tenir debout, de s'installer en lui [3] et d'y trouver en quelque sorte sa demeure.

Rien apparemment n'a donc été changé. Tout est demeuré le même. Car ce voyage qu'est la pensée ne nous a pas fait passé d'un endroit à l'autre, selon ce mouvement que la philosophie a nommé transcendance et dépassement. Il s'est plutôt agi de faire nôtre l'oubli, de l'assumer comme ce qui constitue notre partage, dans ce mouvement que Heidegger nomme *Verwindung* et qu'il oppose à toute tentative de passage au delà, à toute *Über-windung*. Mais cela ne veut pourtant pas dire que tout serait accompli, car la pensée demeure, comme Heidegger n'a cessé de le souligner, des *Beiträge* et de la *Lettre sur l'humanisme* à la conférence de 1962 [4], une pensée préparatoire et avant-coureuse : *vorläufig*, mot qui veut dire à la fois préliminaire et transitoire, provisoire. C'est pourquoi une telle pensée a encore la forme de l'attente, de la *Warte*. Mais ce qu'elle a laissé derrière elle, c'est la tension qui accompagne l'*Erwarten*, cette attente d'un au-delà qui est le fondement de toutes les représentations messianiques. Dans le dialogue écrit en 1944-45 qui sert de commentaire à *Gelassenheit*, Heidegger distingue en effet très nettement cette attente ouverte qu'est le *Warten* de l'*Erwartung*, l'attente orientée, qui suppose la représentation de ce qui est attendu [5]. Apparentée à la *Gelassenheit* est la patience *(Geduld)* dont Heidegger faisait déjà l'éloge dans son cours de 1930/31 consacré à la *Phénoménologie de l'esprit* de Hegel, la définissant comme le « calme pressentiment qui s'éveille tandis que nous prenons fidèlement en garde ce dont nous devons vouloir qu'il soit » [6]. Dans une note ajoutée à un passage de son cours de l'année suivante, où il était question, à propos du *Théétète*

1. *Cf.* « La fin de la philosophie et la tâche de la pensée », *Questions IV*, p. 128, ZSD, p. 72.

2. « Séminaire de Zähringen » (1973), *Questions IV*, p. 339.

3. *Ibid.*, p. 59, ZSD, p. 32.

4. *Cf.* M. Heidegger, *Lettre sur l'humanisme*, trad. fr. R. Munier, Paris, Aubier Montaigne, 1964, p. 172.

5. *Cf.* M. Heidegger, *Questions III*, Paris, Gallimard, 1966, p. 195.

6. M. Heidegger, *La « Phénoménologie de l'esprit » de Hegel*, Paris, Gallimard, 1984, p. 123.

de Platon, du *Seinsbezug*, de la nature du rapport que nous entretenons avec l'être, il précisait que « la pure *proximité* à l'essentiel » n'est pas « la prise de possession *(Bemächtigung)*, mais la retenue du pressentiment *(Ahnung)*, un savoir de *ce qui vient* »[1]. On retrouve ici, avec la notion de « pressentiment » la dimension, propre au présent, de la pré-tention.

De cette attente sans objet qu'est donc la *Gelassenheit*, cette « détente » par rapport à toute volonté de dépassement, Heidegger dit qu'elle est ce qu'il visait dans *Sein und Zeit* par le mot d'*Entschlossenheit*, résolution[2], à savoir « le fait, proprement assumé par le *Dasein*, de s'ouvrir pour l'ouvert »[3]. S'ouvrir pour l'ouvert, ou comme Heidegger le disait aussi dans les années trente, « libérer la liberté »[4], ce sont bien là des manières d'être proprement ce que nous sommes déjà toujours. Une telle « authenticité », qui n'est autre que celle de la pensée, ne suppose pourtant nul « héroïsme » ou « volontarisme », nul « comportement qui s'enflerait en une attitude »[5], mais s'allie au contraire à cette retenue, cette *Verhaltenheit* dont Heidegger dit déjà dans les *Beiträge* qu'elle constitue la tonalité fondamentale, la *Grundstimmung*, de la pensée qu'il nomme initiale[6]. Un tel relâchement n'est pourtant pas « désinvolture » – traduction une fois proposée par Beaufret de *Gelassenheit* –, mais au contraire endurance, *Ausdauer*, de ce qui nous constitue en propre, et qui est moins l'existence que ce que Heidegger, dès 1949, dans son Introduction à *Qu'est-ce que la métaphysique ?*, proposait de penser comme sa vérité, à savoir l'instance, l'*Inständigkeit*, la persévérance dans l'appartenance à l'ouvert[7]. C'est à partir de là qu'il faudrait tenter de comprendre ce que Heidegger dit de l'attente du signe que nous adresse ce « dernier dieu » dont il est question dans les *Beiträge*[8]. Car de cette attente, il déclare qu'elle ne peut nous laisser espérer nulle rédemption, ce qui serait au fond la défaite de l'homme, mais au contraire seulement l'engagement de notre être le plus

1. Ga 34, p. 330,
2. M. Heidegger, *Questions III*, p. 213.
3. *Ibid.*, p. 214.
4. Voir en particulier le colloque de Davos où Heidegger déclare : « Le seul rapport adéquat à la liberté est que la liberté se libère elle-même en l'homme » E. Cassirer-M. Heidegger, *Débat sur le kantisme et la philosophie* (Davos, mars 1929), Paris, Beauchesne, 1972, p. 39 (texte allemand dans la quatrième édition de *Kant und das Problem der Metaphysik*, Frankfurt am Main, Klostermann, 1973, p. 257.)
5. M. Heidegger, *Questions III*, p. 214 *sq.*
6. M. Heidegger, *Beiträge zur Philosophie*, § 13, p. 33-34.
7. M. Heidegger, *Questions I*, p. 34-35.
8. M. Heidegger, *Beiträge zur Philosophie*, § 256, p. 409-410.

originel dans l'être lui-même[1]. Nulle rédemption – *keine Erlösung* –, mais l'engagement dans ce qui constitue notre être le plus originel, dans ce que Heidegger dès *Sein und Zeit*, a nommé *Da-sein*, être-là, qui est toujours aussi être avec les autres dans l'espace et le temps, ce qui veut dire : assumer jusqu'au bout cette *présence*. Appel à être ce que nous sommes et auquel nous ne pouvons jamais que répondre, non pas « Me voici »[2] – où résonne encore l'écho de l'égologie des modernes –, mais simplement « présent ».

A la fin du protocole du séminaire de 1962, on trouve une citation énigmatique, celle d'un passage d'un roman de Hans Erich Nossack, intitulé « *Unmögliche Beweisaufnahme* », « Procédure impossible »[3] qui pourrait servir ici de conclusion :

> Mais l'accusé ne voulait rien en savoir. Qu'il faille être présent *(da sein)* s'il s'agit de répondre à l'appel, d'accord. Mais par soi-même lancer l'appel, c'est le plus extrême fourvoiement où l'on pourrait se jeter.

1. M. Heidegger, *Beiträge zur Philosophie*, § 256, p. 413.

2. Parole d'Isaïe que Lévinas aime à citer. Voir en particulier *Autrement qu'être, ou au-delà de l'essence*, La Haye, Nijhoff, 1974, p. 186.

3. La traduction de ce roman, d'atmosphère « kafkaïenne », a été publiée chez Gallimard sous le titre « Spirales. Roman d'une nuit ».

ORIGINE DES TEXTES

Tous les chapitres de cet ouvrage reprennent, dans une version nouvelle, et pour certains, profondément remaniée et augmentée, des articles déjà publiés dans les revues ou dans les ouvrages collectifs dont les références suivent. Nous remercions les directeurs des publications concernées de nous avoir permis de les reproduire ici.

« La pensée à venir : une phénoménologie de l'inapparent ? », *L'avenir de la philosophie est-il grec ?*, sous la direction de C. Collobert, Québec, Fides, 2002, p. 135-148.

« Le concept de monde chez Heidegger après *Être et temps* », *Alter*, *Revue de Phénoménologie*, n°6, 1998, p. 119-136.

« Heidegger : espace, lieu, habitation », *Les Temps modernes*, *« Heidegger. Qu'appelle-t-on le lieu ? »*, n° 650, juillet-octobre 2008, p. 140-157.

« Le temps chez le dernier Heidegger », *Heidegger*, *Les Cahiers d'Histoire de la philosophie*, sous la direction de M. Caron, Paris, Cerf, 2006, p. 273-293.

« The critique of anthropologism in Heidegger's thought », *Appropriating Heidegger*, J. E. Faulconer and M. A. Wrathall (ed.), United Kingdom, Cambridge University Press, 2000, p. 119-134.

« La question de l'être de l'homme dans l'*Introduction à la métaphysique* » *L'Introduction à la métaphysique de Heidegger*, J.-Fr. Courtine (éd.), Paris, Vrin, 2007, p. 213-233.

« Heidegger, penseur de la modernité, de la technique et de l'éthique », *Po&sie*, Paris, Belin, n° 115, 2005, p. 34-41.

« Heidegger et la théologie », *Revue Philosophique de Louvain*, tome 92, N°2-3, mai-août 1994, p. 226-245.

« Situation du nihilisme. La réponse de Heidegger à Jünger », *Nietzsche et le temps des nihilismes*, sous la direction de J.-F. Mattéi, Paris, P.U.F., 2005, p. 131-144.

« Being and Justice », *Interrogating the Tradition. Hermeneutics and the History of Philosophy*, C. E. Scott and J. Sallis (eds), Albany, State University of New York Press, 2000, p. 179-190.

« Heidegger et la question de l'histoire », *Rencontres philosophiques*, Actes des journées académiques des professeurs de philosophie, DAFPEN de Paris, CNDP, Paris, 2000, p. 103-110.

« La fin de la philosophie et l'autre commencement de la pensée », in *Heidegger, Questions ouvertes*, Collège international de Philosophie, Osiris, Paris, 1988, p. 125-141.

« Présent, présence et événement chez Heidegger », *Heidegger, le danger et la promesse*, G. Bensussan et J. Cohen (dir.), Paris, Kimé, 2006, p. 111-184.

TABLE DES MATIÈRES

ACHEVÉ D'IMPRIMER
EN NOVEMBRE 2011
PAR L'IMPRIMERIE
DE LA MANUTENTION
À MAYENNE
FRANCE
N° 785175C

Dépôt légal : 4e trimestre 2011